北京联合大学校级规划教材

会展营销教程

HUIZHAN
YINGXIAO
JIAOCHENG

庾为 ◎ 编著

首都经济贸易大学出版社
Capital University of Economics and Business Press

·北京·

图书在版编目(CIP)数据

会展营销教程/庾为编著. ——北京:首都经济贸易大学出版社,2020.2

ISBN 978-7-5638-3051-0

Ⅰ.①会… Ⅱ.①庾… Ⅲ.①展览会—市场营销学—高等学校—教材 Ⅳ.①G245

中国版本图书馆CIP数据核字(2020)第004621号

会展营销教程

庾　为　编著

责任编辑	季云和
封面设计	砚祥志远·激光照排　TEL:010-65976003
出版发行	首都经济贸易大学出版社
地　　址	北京市朝阳区红庙(邮编100026)
电　　话	(010)65976483　65065761　65071505(传真)
网　　址	http://www.sjmcb.com
E-mail	publish@cueb.edu.cn
经　　销	全国新华书店
照　　排	北京砚祥志远激光照排技术有限公司
印　　刷	北京九州迅驰传媒文化有限公司
成品尺寸	170毫米×240毫米　1/16
字　　数	330千字
印　　张	18.75
版　　次	2020年2月第1版　2024年1月第1版第3次印刷
书　　号	ISBN 978-7-5638-3051-0
定　　价	43.00元

图书印装若有质量问题,本社负责调换

版权所有　侵权必究

前　言

本书紧密结合我国会展业发展实际，立足于会展营销实务，旨在培养和提升学生会展项目策划、营销与管理的实践能力。全书共分十章，全面介绍了会展营销环境分析、会展营销调研、会展营销战略、会展营销策略以及会展营销管理等基本理论与相关实务。

本书可作为高等院校会展经济与管理专业本科或高职的教学用书，也可作为会展从业者提升营销业务能力的参考书。本书的编写在注重前瞻性和系统性的同时，力求体现实用性和可操作性。本书的特色可以总结为以下三点：

一是前沿性。借鉴国内外会展营销研究领域的前沿理论，紧密结合我国会展营销实践，力求做到与时俱进，与我国会展业快速发展的现状相适应。

二是实用性。书稿编写力求做到理论与实践高度融合，加入了较多的应用性和可操作性内容，每一章习题中均设置实训环节，以强化对学生会展项目营销与策划能力的训练。

三是生动性。每一章均精心挑选国内外最新的会展营销案例进行分析，一方面使理论阐述深入浅出、内容通俗生动，另一方面通过案例分析增强理论认识，同时体现理论的实践意义。

作为北京联合大学校级规划教材，本书获得了北京联合大学规划教材建设项目资助。本书的出版得到了首都经济贸易大学出版社编辑兰士斌的帮助，在此谨致谢意。近年来我国会展营销领域的一些研究成果，为本书编写提供了有益帮助，特别是华谦生所著《会展策划与营销》、刘大可所著《会展营销教程》等，使编者获益良多。在此，向这些学术界的专家、同人表示由衷的感谢！

由于作者水平有限，书中肯定有不少不足或疏漏之处，恳请同行专家和广大读者批评指正。

目 录
CONTENTS

第一章　会展营销导论 / 1
　　第一节　会展与会展营销 / 3
　　第二节　会展营销的相关概念 / 12

第二章　会展营销环境 / 27
　　第一节　会展营销环境的内涵与特点 / 29
　　第二节　影响会展营销的宏观环境 / 32
　　第三节　影响会展营销的微观环境 / 41
　　第四节　会展营销环境分析 / 45

第三章　会展营销调研 / 54
　　第一节　会展营销信息系统 / 56
　　第二节　会展营销调研的内容与程序 / 61
　　第三节　会展营销调研的方法与技术 / 67

第四章　会展营销战略 / 81
　　第一节　会展营销战略概述 / 83
　　第二节　会展市场细分 / 88
　　第三节　会展目标市场选择 / 96
　　第四节　会展市场定位 / 98

第五章　会展产品与服务 / 109
　　第一节　会展产品的内涵与特点 / 111
　　第二节　会展产品的生命周期营销策略 / 116
　　第三节　会展产品的品牌营销策略 / 121
　　第四节　会展服务策略 / 128

第六章　会展定价方法与策略 / 141
　　第一节　影响会展定价的主要因素 / 143
　　第二节　会展定价方法 / 149
　　第三节　会展定价策略 / 152

第七章　招展和招商 / 164
　　第一节　招展策略 / 166
　　第二节　招展代理商 / 181
　　第三节　招商策略 / 191

第八章　会展宣传与推广 / 201
　　第一节　会展宣传与推广概述 / 202
　　第二节　会展广告 / 212
　　第三节　会展新闻宣传 / 221
　　第四节　会展宣传推广方案的撰写 / 231

第九章　会展营销管理 / 237
　　第一节　会展营销管理概述 / 238
　　第二节　会展营销计划 / 242
　　第三节　会展营销组织 / 246
　　第四节　会展营销控制 / 252

第十章　会展营销新方式 / 263
　　第一节　会展客户关系管理 / 266
　　第二节　会展整合营销传播 / 273
　　第三节　会展网络营销 / 284

第一章
会展营销导论

学习目标

- 理解会展营销与市场营销的关系;
- 理解会展活动的内涵;
- 掌握会展营销的定义与特点;
- 掌握会展营销所涉及的相关概念;
- 理解招展与招商之间的关系;
- 能够将市场营销学的基本理论与会展营销进行有效对接,为后续章节的学习做好铺垫。

引　言

　　会展营销是会展活动的组织者以满足参展商和专业观众的需求为核心,组织和开展的一系列商务活动。完整的会展营销活动包括会展市场分析、关系营销与服务系统设计、会展产品定价、招展与招商、会展项目的宣传推广等诸多工作。有效开展会展营销对会展项目的成功举办起着举足轻重的作用。

　　本章将对会展营销的内涵及特点进行深入阐述,使读者能够了解会展营销的基本概念,掌握会展营销活动的主要内容,建立正确的营销理念。同时,本章作为全书的导引,力求帮助读者对会展营销建立初步的感性认识,为后续章节的学习做好铺垫。

引导案例

　　营销工作是成功举办一个会展项目的核心环节。再好的会展项目,如果不能有效地找到目标客户并满足其需求,就无法实现该项目的市场价值。这里以"首届中国江苏酒类及副食品交易会"为例,为读者介绍会展营销策划的流程和实施要点。

首届中国江苏酒类及副食品交易会(以下简称"江苏糖酒会")是由江苏省经贸委牵头,由江苏省酒类管理办公室、酒类流通协会和南京国展中心共同承办的。展会的口号之一是"振兴苏酒"。江苏省经贸委对本次展会非常重视,力图借此契机推动苏酒的全面发展。在这个大前提下,展会得到了江苏省各地区经贸委的大力支持,江苏名酒比较集中的地区如宿迁、徐州、淮安等市的经贸委明确表示将组团参展,为展会的招展提供了保证。

展会的举办要有差异化的卖点,主办方在卖点策划方面做了以下工作:

首先,采取"以展带会,以会促展"的基本思路。在展会举办的同时召开行业高峰论坛,特别邀请江苏省副省长、商务部主管会展的领导、中国酒类商业协会的秘书长、白酒学会的专家、供应链管理专家协会的领导到会做精彩演讲,从政策、市场等角度阐述行业的发展前景。对参展商来说,能够参加这样的行业高峰论坛是有很深远的意义的。

其次,专门组织经销商参会。对参展商而言,参展效果在很大程度上取决于参会经销商的数量和质量。为此,主办方专门组织经销商参会,精心设计经销商邀请函,根据酒类流通协会提供的江苏省上千家经销商资料,以邮件、传真、信函等方式寄发,邀请各经销商到会观展。

再次,为参展商举办新产品推介会。主办方充分利用南京国展中心的资源优势,免费提供场地为需要做现场推介的参展商服务,并负责为厂家邀请经销商,同时做好相关的服务工作。

此外,展会现场设专门的媒体接待处和专业观众接待处,由主办方集中收集专业观众名片,会后将整理的名片资料提供给各参展企业,以便企业后续联系和跟进。

最后,展会期间邀请媒体对江苏几大参展酒类品牌进行专访,比如洋河、双沟等企业都有媒体专访,这样就大大提升了参展企业的形象,帮助它们进一步发展。

为保证本届展会招展和招商工作的顺利进行,主办方对展会进行了精心的宣传推介,采取了以下宣传与推广策略:

(1)与行业内门户网站,如糖酒商务网、中国糖酒网、新浪网、中国企业网等合作。合作采取广告互换的方式:对方为展会做宣传,展会为网站做会刊广告或者提供免费标准展位。这样就在行业内有了一定的宣传效果,而且双方均不产生费用。

(2)在江苏省内的产酒大市进行区域性宣传,选择宿迁、徐州、南通等地的区域性报纸各做几期广告,广告时间选择在开幕前一个月,因为此时是招展的高峰期。这次持续近两周的广告攻势,效果非常明显,招展电话不断,最后宿迁展团有将近40个标准展位,徐州食品类展团有超过30家、近40个展位,大大超出了预期。

(3)派专人到同年3月在成都举办的全国糖酒会上招展,重点瞄准华东地区的参展企业。现场沟通的效果非常明显,很多参加全国糖酒会的企业最后也参加了本届江苏糖酒会。

(4)由于举办地是南京,所以南京本地的宣传必不可少。主办方制作了宣传本届展会的电视短片,在江苏省电视台、南京电视台等多个电视台的频道播放,时间持续一个月。

(5)在行业内影响力比较大的杂志,如《糖烟酒周刊》《新食品》《酿酒科技》等分别刊登了15期招展广告,并附带性地发布了一些软文。这几种杂志发行量大且目标客户非常集中,是行业内非常有影响力的刊物,从专业层面上保证了展会的权威性。

(6)开展前一个月,召开了第一次新闻发布会,邀请《江南时报》《新华日报》《现代快报》《扬子晚报》《南京日报》《金陵晚报》等南京主要媒体记者到场,并散发了系列宣传稿件;开展前半个月,又集中在南京几大报纸媒体全面宣传了一周,做了前期预热,为展会现场人气的提升打下了基础。

(7)在南京国展中心租用了一块400多平方米的户外广告牌,用于本次展会的宣传,户外招展广告矗立了两个月,宣传效果良好。

由首届江苏糖酒会的营销策划实例可见,主办方运用了现代市场营销的理念与手段,使该展会在题材选择、卖点策划、市场定位以及宣传推广等方面均有所创新,最终保证了展会的成功举办。

思考:

1. 首届江苏糖酒会的前期策划与具体实施中有哪些亮点?
2. 该展会在宣传与推广方面有哪些值得借鉴之处?

第一节 会展与会展营销

会展营销是市场营销理论在会展领域的具体应用,换言之,它是利用现代市场营销的理念与手段,把会展活动这一特殊的产品营销出去。为此,有必要先了解会展的内涵以及市场营销的相关理论。

一、会展的内涵

要给任何一个事物下定义,首先应对该事物的内涵与外延进行界定。会展有广义和狭义之分:

广义的会展在国际上通称为 MICE(M:Meeting;I:Incentive;C:Convention;E:Exhibition),是会议、展览、大型活动等集体性活动的总称,是指围绕特定主题、多人在特定时空的集聚交流活动。其概念的内涵是指在一定地域空间,由众多人聚集在一起形成的定期或不定期、制度或非制度的传递和交流信息的社会活动;其概念的外延包括各种类型的会议、展览、奖励旅游以及各种事件活动,如庆典活动、节庆活动、文化活动、体育活动等。

狭义的会展仅指会议和展览。欧洲是会展业的发源地,会展在欧洲被称为CE(Convention and Exposition)或者ME(Meeting and Exposition)。其中,会议指人们为了解决某个共同的问题或出于不同的目的聚集在一起进行讨论、交流的活动,它往往伴随着一定规模的人员流动和消费。会议的形式包括产品推介会、学术交流会、行业高峰论坛、企业内部会议、客户联谊会等。展览指在固定或一系列的地点、特定的日期和期限,通过展示实现产品、服务、信息交流的社会活动。展览的形式包括博览会、展览会、展销会、交易会、贸易洽谈会等。

在实践中我们发现,一些会议和展览是公益性的,以宣传、教育或文化传播为目的,如科普展、成就展、反腐倡廉展等,这类展览通常由政府部门或其他公共机构组织,不以营利为目的。而另一些会议或展览,如绝大多数的贸易性展览会或经营性会议,则完全是经济领域的活动,它们的特征是以追求经济利益为主要目的,由营利组织以企业化方式运作。此种以营利为目的的商业性会展活动属于更为狭义的会展活动。

本书的研究对象是商业性会展,即前述最后一个层面的会展活动(图1-1中虚线框中的部分)。营销是一种商业行为,而以公益性为主的会展活动,是不需要商业意义上的营销的,因此,本书站在会展组织者的角度,研究如何对商业性会展项目策划和实施市场营销活动,以帮助会展组织者实现盈利最大化。书中除非特指,所提到的均为商业性会展。

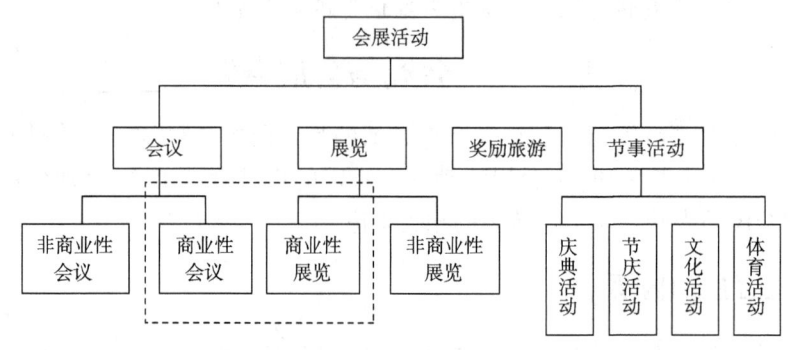

图1-1 会展活动示意图

二、市场营销的内涵

如前所述,会展营销是利用现代市场营销的理念与手段,为商业性会展项目策划和实施市场营销活动。在学习会展营销以前,我们先对市场营销的基本理论进行回顾和梳理。

(一)市场营销的定义

市场营销是企业在变化的市场环境中,旨在满足客户需求、实现企业预期目标的商务活动过程,包括市场调研、产品开发、目标市场选择、产品定价、渠道设计、产品促销、服务提供等一系列与市场有关的业务经营活动。①

图1-2是市场营销活动示意图。由图中可见,市场营销活动并不仅仅局限于商品流通领域(售中活动),而是贯穿于企业经营销售全过程,向前可追溯到售前活动(如发现市场机会、调研客户需求、策划产品卖点、进行产品定位等),向后可延伸至售后活动(如售后服务、征求客户意见与反馈、维系客户关系等)。

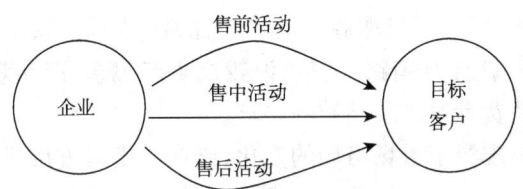

图1-2 市场营销活动示意图

在市场营销中,"市场"特指产品的目标客户。市场营销的本质就是研究客户,更准确地讲是研究客户的需求,研究如何以客户的需求为中心,组织和开展营销活动。

(二)市场营销观念

市场营销观念是企业从事市场营销活动所遵从的指导思想和行为准则,它反映了一个企业的经营思想和经营态度,其核心问题是:以什么为中心来开展企业的经营活动?

一般认为,生产观念、产品观念、推销观念、市场营销观念和社会营销观念是五种具有代表性的经营观念。不同的营销观念,其形成是与一定的生产力发展水平、商品供求状况、市场条件相适应的,在不同的条件下各有其存在的必然性和合理性。

1. 生产观念

生产观念是一种古老的营销观念,产生于20世纪20年代前,其核心思想

---

① 纪宝成:《市场营销学教程》(第三版),中国人民大学出版社,2003年版,第17页。

是:只要有生产,就会有销路。生产观念的产生有其特定的市场条件:一是在卖方市场条件下,产品供应短缺,明显供不应求;二是某种产品的市场前景被普遍看好,企业只要能够提高生产效率,降低产品生产的单位成本,就会诱发出大量的潜在需求;三是价格竞争是市场竞争的主要形式,为了体现出价格方面的竞争优势,企业必须采取手段降低成本。还有就是在计划经济体制下,企业依照政府的计划进行生产,无须考虑生产之外的其他经营活动。

在生产观念指导下的企业,其营销工作的重点在于生产环节,企业通过产品标准化、降低制造成本、增加产量以及提高劳动生产率,就可以获得可观的利润。企业的中心问题是如何提高劳动生产效率,建立广泛的分销网络,并在物资短缺的条件下为市场提供价廉物美的产品。在我国,在计划经济时代,生产观念曾是许多企业长期奉行的经营观。

2. 产品观念

如果说生产观念是"以量取胜"的话,产品观念则是"以质取胜",其核心思想是:只要产品好,就会有销路。应该说较之生产观念,产品观念有所进步,因为它至少考虑到消费者对产品品质的要求。

产品观念的出现源于市场格局的变化,当产品由卖方市场向买方市场过渡时,虽然产品在总量上仍然供不应求,但是消费者对产品结构提出了更高的要求,而且购买行为趋于理性化。在市场竞争压力之下,企业关注的中心问题开始由产品的生产总量转向产品的质量和功能。

在产品观念指导下的企业,其营销工作的重点在于如何生产出功能齐全和品质优良的产品。但是,这种营销观过多地把注意力放在产品上,而不是放在市场需求上,只看到自己的产品质量好,而看不到市场需求在变化,可能导致企业经营陷入困境。大量事实证明,经久耐用、货真价实的产品并不会永远畅销。

3. 推销观念

推销观念产生于卖方市场向买方市场转化的时期,同类产品的供应激增,消费者可挑选的余地加大,生产企业之间的竞争日渐激烈。推销观念的核心思想是:光有好的产品是远远不够的,必须大力推销,消费者才会采取购买行动。

在推销观念指导下的企业,其营销工作的重点在于推销,通过大力使用推销术和广告术,激发顾客的购买欲望,并采取各种手段促使顾客发生购买行为。

推销观念是在市场需求由卖方市场转变为买方市场的条件下出现的。随着市场竞争愈发激烈,企业会逐渐认识到,不能仅埋头于生产,还要面对市场,与消费者沟通，进而把产品销售出去。推销观念较之前两种营销观有所进步，它开始重视与消费者的沟通，以及产品的宣传和市场推广，但这种营销观仍是以生产为中心，从企业的角度出发的，在本质上依然是生产什么就销售什么。

4. **市场营销观念**

市场营销观念是一种全然不同于前三种营销观的现代营销理念，其核心思想是：企业利润目标及其他目标能否实现，企业能否在市场竞争中取胜，最终取决于消费者是否购买其产品以及该企业能否全方位地满足消费者的需求，因此，要以消费者的需求为中心组织生产和经营活动。

在营销观念指导下的企业，考虑问题的逻辑顺序不是从既有的产品出发，以现有的产品去吸引或寻找顾客，而是从目标顾客的需求出发，研究并准确把握其需求。营销的出发点不再是"生产什么就销售什么"，而是"消费者需要什么，企业就生产什么，进而满足其需求"。这是一种以消费者为中心，或者说既以消费者为起点、又以消费者为终点的营销过程。

市场营销观念的出现使企业的经营思想发生了根本性的变革。美国营销学家西奥多·莱维特曾对市场营销观念与前三种营销观进行过深刻的比较，并指出"营销就是一个发现、创造、激发和满足客户需求的紧密结合的商业流程"。从本质上说，市场营销观念是一种以消费者需求为导向的经营哲学，其四个支柱分别是市场中心、顾客导向、协调的市场营销和利润，而前三种营销观的四个支柱分别是工厂、产品导向、推销和盈利。

5. **社会营销观念**

社会营销观念产生于20世纪70年代西方资本主义国家出现能源短缺、通货膨胀和环境污染严重、消费者保护运动盛行的形势下。其核心思想是：企业营销不仅要满足消费者的需求并因此获利，而且要符合全社会的整体利益和长远利益。

不可否认的是，单纯的市场营销观念提高了人们对消费需求的期望，加剧了满足眼前消费需求和长远社会福利之间的矛盾，导致产品更新过快、环境污染严重、有限资源被过度利用等问题。正是在这种背景下，社会营销观念应运而生。社会营销观念强调企业在制订市场营销战略时，要统筹兼顾三方面的利益，即企业利润、消费者需求的满足和社会利益，它是市场营销观念的重要补充与完善。近年来流行的绿色营销正是社会营销观念的具体体现。

以上介绍的五种市场营销观念中，生产观念、产品观念、推销观念被归类为传统营销观，而市场营销观念、社会营销观念属于现代营销观。这两类营销观在出发点、营销导向、营销目的、实现手段等方面均存在明显差异（见表1-1）。

表1-1 两类营销观的比较

	出发点	营销导向	营销目的	实现手段
传统营销观念	产品	生产者导向	通过扩大销售获利	增加生产或加强推销
现代营销观念	需求	消费者导向	通过满足需求获利	包括售前、售中、售后活动在内的整体市场营销

三、会展营销的定义与特点

(一)会展营销的定义

从前面的叙述可知,市场营销研究如何以目标客户的需求为中心,组织和开展营销活动。那么,会展营销中的目标客户是哪些人呢？首先是参展商,他们是会展产品的主要购买者,是会展组织者的主要营销服务对象。除了参展商外,观众也是会展组织者需要关注和服务的目标客户,尤其是那些出于贸易目的而来,从事的职业一般与展览题材密切相关的观众,我们称之为专业观众、采购商或买家。会展营销就是会展组织者以参展商和专业观众的需求为核心,组织并开展的一系列市场营销活动。

本书将会展营销定义为：会展活动的组织者以满足参展商和专业观众的需求为核心,组织和开展的一系列市场营销活动,包括对会展项目和会展服务的策划、设计、定价、宣传推广、招展、展后服务等的计划和执行过程。

(二)会展营销的特点

会展行业所特有的一些属性,使得会展营销活动具有以下特点：

1. 营销产品的特殊性

与一般的实体商品相比,会展产品有其独有的特点。首先,会展产品是满足参展商和观众需求的有形产品和无形服务的集合体,这就决定了会展营销具有有形的产品营销和无形的服务营销的双重特性。其次,会展产品作为一种"服务产品",只有在会展活动举办期间到现场才能"完整地消费",具有不可储存性。最后,会展产品具有不可标准化和质量难以控制的特点。会展产品的上述特点决定了会展营销具有与实体商品营销活动所不同的特点。

2. 营销内容的整体性

会展活动的举办时间、地点、主题及内容都是参展商和观众所关心的,因此,会展营销的内容必须具有整体性,既包括举办会展的外部环境,如城市的安全状况、旅游综合接待能力等,又包括会展活动的创新之处、能够给目标客户带来的独特利益以及配套服务水平等,这一切都会影响到参展商的参展决策以及观众的参观决策。①

3. 营销手段的多样性

在会展营销实践中,会展活动的组织者吸收和借鉴整合营销理念,综合运用各种有效的营销手段,包括人员销售、广告、直复营销、新闻宣传、营销公关、机构推广、网络营销等,力求全方位、多角度、高渗透地与目标客户进行沟通。从传统媒体(如电视、报纸、广播)到新兴媒体(如手机、互联网),从大众媒体到专业媒体(如各类行业期刊、会展杂志、行业网站),再加上会展场馆内外、户外路牌、交通设施等众多媒体形式,媒体选择可谓异彩纷呈、丰富多样,通过密集性、高频度的会展宣传与推广,以产生预期的营销效果。

4. 营销对象的参与性

参展商和专业观众是会展组织者的营销服务对象,他们在会展营销中不仅是被服务的一方,有时也是营销的主导者。在许多时候,会展组织者虽然谙熟会展活动的组织与策划流程,但对会展题材所涉及的专业领域并不十分了解,因而在会展举办的整个过程中还需广泛征询参展商和专业观众的意见与建议,根据自身能力,结合参展商和专业观众的意见反馈调整营销内容,以更好地满足他们的需求。例如,2015年第22届北京国际图书博览会举办期间,主办方专门打造了1 500平方米的绘本展专区,包括阅读区、活动区和游戏区,组织了丰富的互动体验活动,将平面阅读延伸为立体阅读,为观众打造了有趣的阅读氛围,实现了"一起读、一起听、一起玩"的观展体验。在会展活动中,参展商和观众的参与性都很强,会展组织者应设法与他们实现互动,进而提升其对会展活动的满意度。

四、会展营销的内容

(一)分析市场机会

当前我国会展市场的竞争日趋激烈,绝大部分会展产品已由卖方市场转变为买方市场,对会展组织者而言,有利可图的市场机会日渐减少。只有对包括营销环境、市场结构、客户需求、竞争者行为等在内的一系列情报信息进行深入调研和系统分析,才能识别、评估和发现市场机会,进而在市场竞争中站稳脚跟并有所建树。

(二)选择目标市场

在对市场机会进行评估后,会展组织者需要选择进入某一个或某几个目标市场。目标市场的选择建立在市场细分的基础上,会展组织者根据目标客户对

---

① 任鄂湘:《论会展营销创新策略》,《改革与战略》,2007年第4期。

会展产品和服务的不同需求,把会展客源市场划分为若干子市场,再根据自身的实际情况,选择进入不同的目标市场。选择目标市场时一般要考虑以下因素:一是该市场应具有一定的规模和发展潜力;二是竞争者未完全控制;三是该市场符合组织目标、资源和能力。

(三)制订会展营销组合策略

针对所选定的目标市场的需求,会展组织者有计划地运用各种可控制的市场营销手段,并将其组合成一个系统的整体优化策略,以达到营销目标并取得最佳经济效益。此处的营销组合策略包括产品策略、定价策略、渠道策略和促销策略(见图1-3)。

图1-3 会展营销组合策略

图1-3中,产品是指会展组织者向参展商及观众提供的旨在满足其参展或参观需求的有形产品和无形服务的集合体,定价是指会展组织者为各种可供出售的会展产品和服务定价,渠道是指会展项目由组织者转移至目标客户的路径及其规划,促销是指会展组织者整合各种宣传与推广手段,与目标客户进行有效沟通。

知识链接

会展营销中可供出售的产品有哪些?

会展组织者举办展会的首要目的是希望通过为参展商和观众提供贸易平台并从中获得经济收益。展会作为一种由一系列要素构成的综合性服务产品,需要可供出售的"载体"以使组织者获得最终收益。通常情况下,会展营销中可

供出售的产品包含以下四个板块:

1. 展位

展位是供参展商展示商品与技术的空间,通常由会展组织者按一定的价格从会展中心"批发"过来,然后按照一定的销售策略和技术要求划分成若干块小的空间,"零售"给参展商,中间的差价是会展组织者的首要收益来源。

2. 广告

展会举办过程中蕴含着非常多的广告机会,因此,广告产品是会展组织者重要的销售对象。展会中可开发的广告形式很多,如会刊广告(在展会会刊上发布广告)、网络广告(在展会的网站上发布广告)、展馆室内广告、户外广告、胸卡广告、手提袋广告、观众门票广告等。会展组织者开发的广告形式越丰富,其出售广告产品的盈利点就越多。

3. 商业赞助

商业赞助是参展企业为了获取展会举办期间特殊的宣传机会而向会展组织者提供资金或者实物支持的行为。商业赞助是会展组织者推出的重要产品,是其重要的收入来源之一。

4. 展会门票

展会的性质不同,对入场券的管理也有所不同。一般来说,观赏价值较高的展会需要出售入场券,这对会展组织者来说也是一笔不菲的收入。但专业性展会通常观赏价值不是很高,所以一般不出售入场券,只要观众通过网络或者现场注册,就可以免费入场参观。

(资料来源:刘大可:《会展营销教程》(第二版),高等教育出版社,2013年版。)

(四)会展营销管理

会展营销管理是会展组织者对会展营销活动进行计划、组织、执行和控制的过程,旨在创造、建立和维持与目标客户的良好关系,实现会展营销目标。其中,会展营销计划既包括较长期的战略规划,决定会展项目的发展方向和目标,又包括具体的会展营销活动计划;会展营销组织是为执行营销计划而组建的一个高效的营销组织机构,需要对组织人员实施筛选、培训、激励和评估等一系列管理活动;会展营销控制是会展组织者跟踪营销活动的每一个环节,从而确保营销活动按照计划目标运行而实施的一套完整的工作程序,旨在改善营销活动程序,提高会展营销效率。

上述内容既是会展营销活动的主要工作内容,也是本书的研究框架,本教材将对以上内容分别进行研讨和讲解。其中,第二、三章分别讨论会展营销环境、会展营销信息与调研;第四章研究会展营销战略,包括会展市场细分、会展目标市场选择和会展市场定位;第五、六、七、八章探讨会展营销的产品策略、定价策略、招展和招商策略以及宣传与推广策略;第九章专述会展营销管理。

第二节 会展营销的相关概念

本节介绍会展营销的相关概念,以便读者对会展营销活动有初步认识,同时为后续学习做好铺垫。

一、会展组织者

顾名思义,会展组织者是会展项目的组织者和提供者。在实际运作及对外联络、媒体宣传中,会展组织者常常包括主办方、承办方、协办方、支持单位等相关机构(见图1-4)。

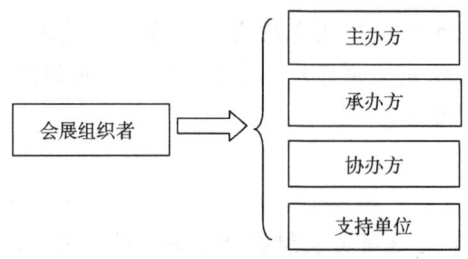

图1-4 会展组织者的构成

(一)主办方

主办方是负责制订会展活动的实施方案和计划,对整个会展活动进行统筹、组织和安排,并对该会展活动承担主要法律责任的机构。从我国会展运作实践看,主办方分为三种情况。第一种情况,主办方就是会展项目的实际策划、组织、操作与管理者,如中国国际机床展览会(CIMT)的主办单位——中国机床工具工业协会就是该展会的实际策划、组织、操作与管理者。第二种情况,主办方不直接参与会展项目的实际策划、组织、操作与管理,但对该会展项目承担主要法律责任。第三种情况,主办方既不参与会展项目的实际策划、组织、操作与管理,也不对会展项目承担法律责任。

上述第二和第三种情况均属于名义主办,其主办方多为政府主管部门。之所以出现这种情况,是因为希望利用主办方的影响力和号召力来提升会展项目的规格和档次,有利于招展与招商。会展项目究竟需要哪种形式的主办方,在策划举办展会时要根据实际需要做出安排。

(二)承办方

承办方是受主办方委托,负责会展项目的策划、组织、服务与管理,并承担主要财务责任的机构。承办方对会展营销的各个方面均会产生重大影响,是会展组织者系统中较为核心的机构。除上述职能外,大部分承办单位还负责会展项目的招展、招商和宣传推广等工作。

（三）协办方

协办方是协助主办方或承办方,部分地承担会展项目的策划、组织、操作与管理等工作,一般不承担财务责任。

（四）支持单位

支持单位是指对会展主办方或承办方的工作起支持作用的组织或机构。支持单位基本上不参与展会的招展工作,也不对展会承担任何财务责任。

 小案例

第43届世界广告大会的组织机构

以"创意点亮世界"为主题的第43届世界广告大会于2014年5月8日至11日在北京国家会议中心举行。该会议的组织机构为：

主办单位：国家工商总局、北京市人民政府

承办单位：中国广告协会、北京市工商局

协办单位：北京广告产业园区等29家国家广告园区、中国商务广告协会、
中国广告主协会、国际广告协会各国分会

特别支持单位：中央电视台

以上我们介绍了会展组织者及其分工。需要指出的是,一些会展书籍及文章常常把会展组织者与组展商视为同一概念。本书认为,二者之间还是有区别的,政府、同业商协会、会展公司、媒体以及其他组织都有可能举办展会,它们都是会展组织者;而组展商一般是指营利性的会展公司。二者是不同的概念,不能混为一谈。

 知识链接

独立组展商协会

独立组展商协会(简称SISO)的总部设在芝加哥,在全球拥有170余家会员,世界上有影响、实力雄厚的展览会组织者,如法兰克福展览公司、励展博览

集团、蒙哥马利展览公司等均是该协会的会员。该协会的会员每年在全世界举办 3 000 多个贸易展览会。美国商业性展览会有两类组织形式,一类是由行业协会组织,另一类是由 SISO 的会员来组织。近年来,SISO 会员所举办的展览会已占美国展会总数的 45%,并有逐年扩大的趋势。

(资料来源:百度百科 http://baike.baidu.com)

二、参展商

参展商是会展产品的主要购买者,是会展组织者的主要营销服务对象。随着会展业的快速发展,越来越多的企业认识到通过参加展会进行产品推广已成为重要的市场营销手段。美国贸易展览局的一份调查显示:制造业、通信业和批发业中,2/3 以上的企业经常参加会展;金融、保险等服务性行业虽然只能展示资料和图片,但依然有 1/3 以上的公司将会展视为主要的营销手段。在德国,企业将参展作为生产研发之后的头等大事,它们认为没有哪一项商业活动能像参展这样每天与数十个客户面对面交谈,并最终促成签约。①

一般来说,企业参展主要出于以下考虑:一是展示品牌、树立企业形象;二是与目标顾客进行集中沟通,将新产品信息快速准确地传达给目标客户,并接收到他们的即时反应;三是可以了解到行业内的前沿信息、最新发展动态和行业发展趋势,为企业战略决策提供参考;四是能够收集到有关竞争者、分销商和新老顾客的大量信息。

为取得理想的参展效果,参展商必须在展前、展中、展后做好相应的工作,具体包括:展前收集展会信息,做好参展决策,培训参展人员,进行展台设计与搭建;展中有效地展示与宣传产品,进行贸易洽谈,收集行业、竞争者以及客户信息,等等;展后对潜在客户进行追踪,对参展效果做出评估,进行展后总结。

五步制胜——谈参展商的展会营销

企业参展是一个复杂的系统工程,从制订参展计划、市场调研到展位选择、展品征集、报关运输,再到客户邀请、展场布置、广告宣传、组织成交直至展品回运,形成了一个相互影响、相互制约的有机整体。参展商要在展会营销中取得预期效果,需要做好以下工作:

---

① 孙晓兵:《会展营销五步制胜》,《企业改革与管理》,2009 年第 7 期。

(1)制订适宜的参展策略。包括明确参展目的,选择展会,周密计划好展前、展中、展后活动,进行营销策略效果预评估以及布置好作为补充的网上展览等。每个企业由于各自情况不同,其参展的目标也有所不同,在决定参展之前,必须设定好参展目标,再从策划的角度考虑如何有效配置资源。

(2)选择展位。选择合适的展台位置是企业参展计划的重要部分,特别要考虑人潮在整个会场内移动的方向,并依此挑选展位。一般来说,最佳的展台位置是会场的入口或入口两侧:一是位置显眼,"开门见山";二是刚入场的观众大都体力充沛,参观兴致很高。其次是出口处,其位置的显眼程度和入口处相当,不过因为观众经过此处时多少都有些倦意或已经谈妥了业务,所以人气指数较入口处稍逊一等,但观众此时已经对展会的情况心中有数,所以在这里和客户最终谈成业务的成功率还是较高的。主要人行干道的两头或"十"字干道的中心四角处、问讯处、新闻中心以及各类基础服务设施(如餐厅、小卖部、洗手间)附近也是人潮流量较大的地方。值得一提的是,跨国企业或知名国企的展位一般都是大家关注的热点和目标,在它们周围选址也是不错的选择。

(3)做好展台设计。展台是显示参展企业实力和产品特色的窗口,有个性、有视觉冲击力的展台设计可以使企业在众多参展商中脱颖而出。展台设计的根本任务是帮助企业达成参展目标,因此要能体现企业的形象,能吸引观众的注意,能提供展示工作的功能环境。展品是参展企业给观众留下深刻印象的最重要因素,在展品的选择上应遵循三条原则,即针对性、代表性和独特性。针对性是指展品要符合展出的目的,代表性是指展品要能体现企业的技术水平和生产能力,独特性是指展品要有别于竞争对手的同类产品。在展示方式上,除展品外,一般还需要配以图表、照片、模型、道具、模特或讲解员等真人实物,借助装饰、布景、照明、视听设备等展示手段进行说明、强调和渲染。总之,展台设计应做到内容与形式统一、整体与局部统一、科学与艺术统一、继承与创新统一。

(4)选派优秀的参展人员。参展人员的职业素质、服务意识、沟通交流能力、亲和力等对提升展出效果非常重要,因此,选择合适的参展人员并进行展前培训与准备至关重要。展台人员的配备应从以下方面来考虑:其一,根据展会性质选派相关部门的人员参展;其二,根据工作量的大小决定参展人员的数量;其三,注重人员的基本素质,如相貌、声音、性格、能动性等;其四,加强现场技能培训,如专业知识、产品性能、演示方法等。此外,对一些技术含量高的产品,参展企业应派出高层经理人员及技术主管在场。许多专业买家都希望在展览现场与经理人员、技术主管交谈,以了解更多的情况和对交易条件进行磋商,这也是企业管理层直接接触市场、掌握第一手市场信息的极好机会。除此之外,参展人员的仪容、仪表、言行也需进行严格规范,应当禁止出现以下行为:穿奇装异服;留怪异发型;在展台上吸烟、吃东西、打电话、玩手机;与同事闲谈聊天,到处闲逛;怠慢参观者,或以貌取人,根据参观者的衣着好坏而采取不同的态度;对参观者提出的问题漫不经心,态度冷漠;对观众软磨硬泡,强迫对方购买等。

第五步,注意展后沟通。在展会期间,对那些关注公司产品或实力较强的买家,要及时派出业务负责人与之接触,安排更深入的商务洽谈。要对在展会上所收集到的信息进行快速而有效的分类处理,并尽可能快速地与潜在客户建立进一步联系,使合作落到实处。后续跟进主要有三种方法:直接材料邮寄、电话营销和上门拜访。企业可根据不同客户的情况,灵活运用这些方法,使后续跟进顺利展开,为深入合作做好铺垫。

(资料来源:孙晓兵:《会展营销五步制胜》,《企业改革与管理》,2009年第7期,本书有所删改。)

三、观众

观众是会展组织者的另一大类营销服务对象。展会的观众一般分为两类,即专业观众和一般观众。

(一)专业观众

专业观众是出于贸易目的而来的,他们所从事的职业一般与展览题材密切相关。例如,汽车展的专业观众是那些专门从事汽车生产、贸易、研发的人士,如汽车厂商、汽车零配件商、汽车研发及设计工作者、汽车专业院校的专家、研究人员、各地政府主管汽车产业的官员、相关行业协会人员及媒体记者等。

拥有一定数量与质量的专业观众是展会成为"品牌展"的重要标志之一。展会成功的关键在于能否给参展商和专业观众搭建沟通交流、贸易洽谈的平台。如果会展组织者邀请到的专业观众数量多且质量好,就会给参展商创造更多的贸易机会,企业参展的效果就好,其对展会的满意度高,下届展会参展的积极性也会相应提高。可以说,专业观众是展会发展的生命线。

综观我国会展营销的发展历程,有相当长的一段时间存在主办方重参展商而轻观众邀请的现象,原因很简单,参展商是会展产品的直接购买者,可以为主办方带来直接的经济利益。但是随着会展市场的不断成熟以及营销观念的发展,越来越多的会展组织者认识到专业观众对展会可持续发展的重要意义。香港雅式展览服务有限公司董事长朱裕伦指出:"组织好专业观众,让参展商满意,你的展位就供不应求了。"青岛金诺会展有限公司的负责人也认为,以往会展公司片面追求参展商数量和展览面积的增长,表面上看,这两者的增长确实可以促成展会收入水涨船高,但殊不知,如果没有一定规模的专业观众,再多再好的展品也难以获得专业的市场评价和成交,展会将不会长久。会展组织者必须认识到,邀请高质量的专业观众到会参观,是为参展商提供最好的服务。

（二）一般观众

参观展会的观众除了专业观众外,还有一般观众,他们主要是以增长见识、开阔视野为目的来参观展会。一般观众对增加展会人气、活跃展会气氛、扩大参展商的广告效应和知名度有一定作用。但一般观众过多,也会对展会(特别是专业展)的正常商务活动造成一些负面影响,如人声嘈杂、现场拥挤、秩序混乱,以及影响参展商与专业买家的业务洽谈等。对此,一些业内人士认为,专业展是会展业发展的趋势,展会需要的是专业观众,他们才是主办方的目标观众,是参展商的潜在客户。企业参展主要是希望见到专业观众,并不期望过多的一般观众,因此,专业展需要控制一般观众的数量,不能喧宾夺主。目前一些专业展专门设置了对专业观众的开放时间,就是出于此考虑。还有一些展会组织者对参观者进行严格的控制,符合条件方可参观展览,力求在一定程度上保证展会的质量,协助参展商提高参展效益。

知识链接

专业展取胜不在观众多寡

在邀请和组织专业观众方面,我们应建立这样的观点,即观众的质量比数量更重要。德国在我国举办的展会,与我国举办的同类展会相比,对媒体公布的到会观众人数要少很多。例如,慕尼黑国际博览集团在上海举办的物流展,会后统计的观众数量只有9 000多人,尽管观众人数不多,但并不影响展会的声誉。对此,专家指出,物流展主要是针对专业观众,观众在拿到入场券之前必须进行预登记,慕尼黑国际博览集团能够准确地知道参观者的人数和性质,媒体和未登记的嘉宾并不算作观众。对专业展会而言,最重要的是观众的质量而非数量。参展商只有与其目标买家之间有了密切接触的机会,才有可能进行商务交流,参展商的参展目的也才能达成。如果参展商面对的只是很多的普通观众,他们就需要花费更多的时间和精力从其中分辨出真正的客户。

四、会展服务商

会展服务商是受主办方委托、为展会提供各种服务的机构。比较常见的会展服务商包括场地提供商(即展馆)、展台搭建商、展品运输商、展会指定旅游公司和酒店等,它们在展会举办期间与参展商和观众直接接触,它们服务质量的好坏直接影响到参展商和观众对展会的整体评价。

(一)展馆

举办展会的展馆有室内场馆和室外场馆之分。办展机构在选择展会的场地提供商(即展馆)时,要结合展会的题材和定位。室内场馆多用于举办一般的展览题材的展会,室外场馆多用于举办那些展品超大、超重及其他特殊题材的展会。另外,有些展会,如机械设备展,对展馆的高度、地面承重有特殊要求;有些展会定位是高档次的,如奢侈品展,对展馆各方面的要求都很高,在选择展馆时就要格外注意。

除此之外,主办方选择展馆还要综合考虑该展馆的成本、展期安排以及场馆设施和服务等因素。

 小案例

上海国家会展中心

上海国家会展中心是由中华人民共和国商务部和上海市人民政府于2011年共同决定合作共建的大型会展综合体项目,总投资约160亿元,于2015年1月19日竣工。

上海国家会展中心总建筑面积147万平方米,是目前世界上最大的建筑单体和会展综合体。主体建筑以伸展柔美的四叶幸运草为造型,采用轴线对称设计理念,体现诸多中国元素,是上海市的标志性建筑之一(见图1-5)。

图1-5 上海国家会展中心鸟瞰图

(1)超大的展览面积。上海国家会展中心可供展览面积为50万平方米,包括40万平方米的室内展厅和10万平方米的室外展场。室内展厅由13个单位面积约为3万平方米的大展厅和3个单位面积为1万平方米的小展厅组成,全方位满足大中小型展会对展览面积的需求。

(2)超强的承重能力。上海国家会展中心一层的4个大展馆(1,2,3,4.1号馆)地面荷载高达每平方米5吨,是目前世界上承重能力最强的展厅。一层的4个双层大展馆(5.1,6.1,7.1,8.1号馆)和1个小展厅(北厅)地面载荷每平方米3.5吨。二层的5个大展馆(4.2,5.2,6.2,7.2,8.2号馆)和两个小展厅(东厅、西厅)地面荷载每平方米1.5吨。即使是对展厅承重能力要求最高的重型机械类展览会,上海国家会展中心亦可轻松承载。

(3)超高的展示空间。上海国家会展中心的1至3号馆均为单层无柱展厅,净高32米;4至8号馆为双层大展厅,其中一层展厅净高12米,二层展厅净高17米,整个展厅仅有8根立柱。无与伦比的展示空间为展商形象的高品质呈现提供了无限的可能性。

(4)丰富的会议设施。除展览设施外,上海国家会展中心还拥有丰富的会议场地和先进的会议组织体系,从几十人的小型会议到几百人的大型国际会议,均能轻松应对。其中,90~400平方米的小型会议室42个,400~600平方米的中型会议室8个。室内软件功能完善,硬件设施齐备,会议环境舒适。

(5)完善的周边配套。上海国家会展中心地处虹桥商务区核心区西部,与虹桥交通枢纽直线距离仅1.5公里,通过空中连廊、地下通道及地铁2号线与虹桥火车站、虹桥机场紧密相连,周边高速路网四通八达,1~2小时可到达长三角各主要城市,航空2~3小时可直达亚太主要经济城市。上海国家会展中心还配套了15万平方米的商业中心、18万平方米的办公设施和7万平方米的五星级酒店。

[资料来源:上海国家会展中心官方网站(www.neccsh.com)。]

(二)展台搭建商

展台搭建既是一项专业性很强的工作,也是关系到展会整体形象和展出效果的重要工作。随着会展行业内部专业分工的日益细化,很多会展组织者都把展台搭建工作交给专门的搭建商,自己则致力于搞好展会的招展招商和组织管理工作。会展组织者通常会选择几家展台搭建商来具体负责搭建工作,而展台搭建商则根据参展商的不同要求做出相应的展台设计方案并进行施工搭建。展台搭建商不仅要对会展主办方负责,还要对有搭装要求的参展商负责,一方面要将参展商的展出理念通过展台搭建艺术地体现出来,另一方面要能全面领会主办方的办展目的和展会定位,在展台设计时把握展会的整体形象。

(三)展品运输商

展品运输是展会筹备过程中的一项重要工作。参展商的展品只有安全及时地到达展会现场,才能按计划布展和展出,而从事此方面服务的就是展品运输商。和展台搭建一样,展品运输也是一项专业性很强的工作,会展组织者通常不会亲自办理,而是交由一些专业的物流公司或运输公司来负责。展品运输包括来程运输和回程运输,所运输的除展品外,也包括展架、展具、布展用品、维修工具、宣传资料和招待用品等其他物料。对展品运输商而言,需要的不仅是精通物资管理知识和技能的专业人才、通畅的物流渠道和仓储中心,更重要的是专业、高效的物资配送手段和完备的信息网络。

无论是展台搭建商还是展品运输商,主办方都应严格选拔,以确保其能够提供优质服务。例如,中国国际机床展览会(CIMT2019)的主办方为规范和提升展会服务水平,对该展会的主场服务商和运输总代理进行公开招标,最终通过对投标方的公司实力、展会服务经验、总体运营方案及团队能力等方面的综合考量和评定,确定该展会的主场服务商中标单位为北京笔克展览服务有限公司、北京迈恒和泰展览有限公司,运输总代理中标单位为中国外运北京公司、中展运国际运输(北京)有限公司。

(四)展会指定旅游公司和酒店

会展活动涉及交通、住宿、餐饮、旅游等一系列问题,如参展商和特邀买家的往返机票预订,他们在展会期间对住宿、观光游览的需求等。举办展览会这样有大量人员聚集的活动,吃、住、行、游等许多问题都需要会展组织者的协调和指引。

为满足参展商和观众的需求,提高目标客户的满意度,大多数会展组织者都会向参展商和专业观众指定旅游公司和酒店,这是一个多赢的选择。以指定酒店为例:从主办方的角度看,这是一个提供给目标客户的服务项目;从参展商和观众的角度看,可以以较低的折扣解决住宿问题;从酒店的角度看,可以获得大量稳定的客源。

会展服务商除上述常见的几种外,还包括提供展会宣传资料印刷的印刷商、提供会展广告策划的广告商、提供现场礼仪服务的服务商、提供观众注册登记的服务商等。近年来,一些提供行业咨询、管理信息系统、网络信息服务和传媒服务的新兴服务商也进入会展经济产业链的各个环节,为会展活动提供全面服务。

需要注意的是,尽管会展组织者将很多服务外包给了服务商,但从参展商和观众的角度看,这些服务是展会提供的,是与展会服务融为一体的,他们会将服务商的失误归结到展会身上。因此,会展组织者决不能把服务外包出去后就不闻不问,而应严格甄选和委托高质量的服务商,并对其进行全过程的监督与管理,谨防因服务商的问题影响到会展活动的整体形象。

五、招展与招商

招展和招商是会展营销中的两项极为重要的工作。会展组织者通过将展位销售给参展商以赚取展位费,这一过程叫"招展";会展组织者在积极销售展位的同时,进行买家和专业观众的邀请工作,这一过程叫"招商",即邀请和组织对参展商的产品具有潜在购买能力的目标企业或相关人员到展会现场参观。

会展活动的成功举办离不开参展商和观众的参与,参展商是展会存活的根基,而观众是展会发展的生命线。招展和招商之间关系密切,相辅相成。一方面,如果招展效果好,参展企业尤其是行业知名企业多、展品新、信息集中,观众到会参观就更加踊跃;另一方面,如果招商效果好,观众数量多且质量好,参展商的展出效果就有保证,企业参展的积极性就会更高。

如前所述,很长一段时间以来,国内组展机构都将营销的重点放在参展商身上,出现所谓的"重招展、轻招商"现象。随着会展市场的日益成熟以及会展营销理念的不断发展,已有越来越多的组织者认识到专业观众对展会发展的重要意义,并将营销重点转向专业观众或买家。一些会展组织者专门制订"特邀买家计划",对重要买家给予免费往返机票、展会期间星级酒店免费住宿以及其他不同形式的服务,旨在确保参展商会见到有影响力的买家,促成参展商与采购商之间的贸易合作。

鉴于招展和招商工作对展会成功举办的重要作用,会展组织者除了自行招展、招商外,通常还会借用外部力量,即利用代理商做大、做活展会的招展和招商工作。办展机构通常会指定一个或多个代理商,相关公司、行业协会或商会、专业媒体、外国驻华商务机构甚至个人,都有可能成为招展或招商代理。为保证招展和招商工作顺利有序地展开,办展机构须严格甄选代理商,同时在合作过程中应对代理商进行有效的管理、协助与激励。相关内容将在本书第七章做详细介绍,此处不再赘述。

本章小结

会展营销是市场营销理论在会展领域的具体应用,换言之,就是利用现代市场营销的理念与手段,把会展这一特殊的产品营销出去。

会展有广义、狭义之分。广义的会展是会议、展览、大型活动等集体性活动的总称,狭义的会展仅指会议和展览,而更狭义的会展特指以盈利为目的的商业性会展活动。本书的研究对象是商业性会展,即站在会展组织者的角度,研究如何为商业性会展项目策划和实施市场营销活动,以帮助会展组织者实现盈利最大化。

市场营销是企业以满足目标客户的需求为中心,组织和开展一系列商务活动的过程,此处的"市场"特指产品的目标客户。会展营销的目标客户是参展商和专业观众。因此,我们将会展营销定义为:会展活动的组织者以满足参展商和专业观众的需求为核心,组织和开展的一系列市场营销活动,包括对会展项目和会展服务的策划、设计、定价、宣传推广、招展、展后服务等的计划和执行过程。

会展营销具有营销产品特殊性、营销内容整体性、营销手段多样性、营销对象参与性等显著特点,会展营销工作的主要内容包括分析市场机会、选择目标市场、制订会展营销组合策略,以及进行会展营销管理等。

本章还介绍了会展营销的相关概念,包括会展组织者、参展商、观众、会展服务商、招展与招商等,便于读者对会展营销活动建立初步的认识,同时为后续章节的学习做好铺垫。

习题

一、名词解释

市场营销　　会展营销　　主办方
参展商　　　会展服务商　专业观众
招展　　　　招商

二、简述题

1. 简述会展活动的内涵。
2. 简述五种市场营销观。
3. 与实体商品的营销活动相比,会展营销的突出特点表现在哪些方面?
4. 什么是会展营销组合策略?它包含哪些内容?
5. 参展商的主要工作内容有哪些?
6. 简述招展与招商的关系。

三、论述题

1. 如何理解"专业观众是展会发展的生命线"这句话?
2. 作为会展组织者,如何处理好与会展服务商的关系?

四、案例分析题

德国会展营销的8个特点

综观德国会展业发展,研究和利用产业发展趋势、合理的主题定位、积极的观众参与、打通整条产业链、与客户建立合作伙伴关系、全方位的网络化服务、实施全球营销战略、精心安排相关活动,是德国会展营销的8个特点,也是其展会成功的主要特征。

一、研究行业发展趋势,融入展会新题材

有"行业晴雨表"之称的展会需要实时跟踪所属行业的最新动态,适时通过新立、分列、拓展、合并等方式调整展会题材,以保持强大的生命力。例如,享誉世界的汉诺威工业博览会,从2004年开始举办"过程控制自动化和制造自动化工业展",这实际上是两个展会的合并,合并后的汉诺威工业博览会覆盖面更广,题材取舍方案更加完善,且"过程控制自动化和制造自动化工业展"还可以充分利用汉诺威工博会庞大的客户资源和影响力。与此同时,随着企业内部物流概念的逐步推广,原来作为汉诺威工博会中一个题材的"国际企业内部物流展"(CeMAT)则被分离出来单独办展。

二、精心策划展会主题,建立"展会航母"

精心策划展会主题,赋予每届展会以准确的定位,使该展会从众多同题材展会中脱颖而出,这无疑成为塑造品牌展会的核心工作。德国展会非常注重在主题的鲜明性和时代特色方面做文章,给业内及观众以深刻的印象。

德国的办展机构注重运用品牌形象策略打造"展会航母",挖掘相关相似展会题材中的共同点,给予这些展会以相同或相似的市场定位,采用相同或相似的营销策略,服务于彼此有密切联系的目标市场。这样不仅有利于增强展会品牌的整体含金量,而且可以降低推广成本。

杜塞尔多夫展览公司建立的主题为"移动休闲"的展会群,就是将均为年度举办的国际旅行车展、国际水上运动及船艇展、欧洲老爷车及概念车展、国际远足及徒步旅行技术装备展整合在一起,彼此服务于有密切联系的休闲旅游目标市场。

三、突出人性化和亲和力,与观众互动

德国展会把文化元素融入其中,给大众开辟领略世界文化、畅游科技创新的空间。展会主题体现专业精神,具有时尚元素,文化和时代气息都很浓厚。主办者经常有意识地将展会打造成为行业教育平台。在德国展会上,经常可以见到该行业的研究教育及培训机构的展位,它们带来最新的研究成果和教育理念。同时,很多与该行业相关专业的大学生也带来自己的设计作品、科技发明与商业计划。德国绝大多数展会在门票方面给予学生半价优惠，鼓励与该展会行业相关专业的学生参观。

例如，全球IT及办公技术领域最大的展会——CeBIT（德国汉诺威信息及通信技术博览会）就提出了"掌握未来的精神"的响亮口号，为观众营造了内涵极其丰富和深远的IT技术完整概念，通过灵活多样的新产品展示，为观众展现了IT技术的美好前景。展会对参展商也是极好的交流和学习机会，对于国际IT产业则起到了引导新潮流的作用。

四、打通整条产业链

将展会打造为所属行业信息交流、产品展示、贸易合作的综合平台，打通整条产业链，使展会可持续发展。在德国展会上，一个投资者可以配齐从生产设备、技术指导、原料甚至相关的物流配送、企业员工培训等所有环节的产品和服务。

例如，慕尼黑展览公司主办的房地产展会ExpoReal汇聚了房地产行业的资深专家，提供从规划咨询到融资、设计建造、销售和物业管理等一系列产业链的全程服务，使整个房地产产业链上所有的相关者都能参与交流，互动合作。再如，杜塞尔多夫展览公司主办的国际水上运动及船艇展，从钓鱼钩到豪华游艇，从海事救援到海事艺术，从潜水运动到水上旅游开发，应有尽有，用18个展馆、23万平方米的展览面积，打造出水上运动的综合平台。

五、与客户结成合作伙伴

参展商的连续参展率和观众的连续参观率是衡量展会是否成功的两个重要标准。相关研究表明，开发一个新客户比留住一个老客户的成本要高许多倍。展会主办者在不断开发新客户的同时，必须尽力留住老客户，与客户结成合作伙伴关系，形成展会与客户双赢的局面，最终实现良性循环。为此，必须为客户提供全方位的服务，以期提高参展商和观众对展会的忠诚度。全方位的服务体现在展前、展中和展后各个阶段，包括从展会策划、宣传与推广、专业观众组织、相关活动安排，到主办方所有对外文件、信件的格式化、标准化等许多细微之处。

慕尼黑展览公司旗下的国际体育用品博览会(ISPO)从2002年起开始实行会员制，并推出ISPO卡。ISPO卡具有省时、省钱、优惠多等诸多特点。如会员持有2002年夏季ISPO卡，可以免费参观慕尼黑冬、夏季ISPO，盐湖城冬、夏季户外用品展和慕尼黑高尔夫展5个展会；而到了2003年，可免费参观的展会增加到8个(6个在德国，2个在英国)。持有ISPO卡的会员在展会期间可以免登记、免排队、免费使用慕尼黑的公交系统，在展览中心餐饮和停车均可打折，甚至在全德国都可以享受优惠。更重要的是，持卡者即成为ISPO社区成员，可以常年得到 ISPO 周到的专业化服务。

六、永不落幕的网络化展会

德国展会的官方网站往往是展会和展会所在行业的综合信息平台,信息丰富,在线服务功能强大,拥有为参展商、观众和媒体提供行业信息、展会信息和在线服务等诸多功能。德国大部分展会的官网在参展商目录中设有在线预约功能,观众可以通过此功能在展会开幕前有针对性地预约参展商,并告之参观时间和感兴趣的产品等信息,便于参展商提前做出安排。

值得一提的是,杜塞尔多夫展览公司的展会网站还专门设计了观众个人参观规划程序,观众注册后可以随时向自己的程序中添加目标参展商,规划个人的参观计划,该程序最后可形成一个 PDF 文件,供观众下载打印。同时,主办方可以通过相关程序了解到观众的目标参展商,并及时对展会相关内容做出调整。

七、实施全球营销战略

德国很多展会之所以规模大、国际化程度高,原因在于主办方建立了庞大的全球销售网络,通过在世界各地设立办事处和代表机构,广泛引进国际招展代理,摆脱单一的"点对点"营销模式,形成多级传播架构,使展会推广和营销效力大大增强。

著名的纽伦堡玩具博览会从 2005 年开始,与德国的另一大著名展会法兰克福图书博览会联手,提出"让玩具进入图书贸易,让少儿图书进入玩具贸易"的定位。纽伦堡玩具博览会为少儿图书经销商设立联合展台,并围绕展会主题举行作品朗诵会及相关讲座;法兰克福图书博览会则设立了游戏、拼图和特许产品的主题展台。两大展会在相关市场开展联动,促进了各自展会的创新和推广,并实现了互利双赢。

八、活动是展会成功的组成部分

德国展会尤其注重相关活动的策划。在展会期间举办技术交流会、产品发布会、行业会议及其他表演活动,对提高展会的含金量具有举足轻重的作用。在策划相关活动时,应特别注意以下几点:一是活动的专业性及论题的前瞻性;二是活动主持者在行业内的权威性;三是活动的趣味性及互动参与性;四是活动在时间上要精心安排,避免"撞车"或影响展会的进行。

例如,在杜塞尔多夫国际水上运动及船艇展举办期间,作为展会的战略合作伙伴,德国 LTU 航空公司将公司成立 50 周年的庆祝活动安排在展场同期举行,利用杜塞尔多夫展览中心,为观众提供从旅游目的地推介、公司业务推介到各项室内体育活动等多项活动。此外,在展厅内部建造了沙滩足球场地、水球比赛场地,吸引大批观众到场。该活动的主题与本次展会的主题"体验水上激情"极为一致,对展会的举办起到了相得益彰的促进作用,同时也提升了展会人气,树立了良好的展会品牌形象。

(资料来源:樊明:《从八个主要办展特点浅析德国会展成功的因素》,黑龙江会展网,2009年5月4日。)

思考:

(1)德国的会展组织者在会展营销方面有哪些值得我们借鉴的做法?

(2)收集国内会展营销方面的相关资料,分析我国会展营销现状中存在哪些不足,并提出改进建议。

第二章
会展营销环境

学习目标

- 理解会展营销环境的内涵与特点;
- 掌握影响会展营销环境的宏观因素;
- 掌握影响会展营销环境的微观因素;
- 理解营销环境的变化对会展营销活动所产生的影响;
- 能够对会展营销环境进行系统分析;
- 能够基于营销环境的变化提出具体的应对措施。

引 言

开展会展营销活动是为了更好地满足参展商和观众不断变化的需求,同时也是为了使会展组织者获得更好的经济效益和社会效益。要实现这些目标,就需要对会展营销环境进行深入调研和系统分析。只有深入、细致地对会展营销环境进行调查研究和分析,才能准确、及时地把握参展商和观众的需求,认清展会所处市场环境中的优势与劣势。会展营销活动的实践充分证明,营销环境分析是开展会展营销活动的立足点和根本前提。

本章对影响会展营销活动的各种环境因素进行深入阐述,对会展营销环境的内涵与特点,其对会展营销活动所产生的影响,以及会展组织者如何对营销环境进行分析并做出积极应对等内容进行详尽介绍。希望通过本章的学习,使读者了解影响会展营销的各种宏观及微观市场环境,掌握会展营销环境的分析方法,能够进行营销战略或策略调整,积极应对营销环境的变化。

 引导案例

从工程机械展看工程机械行业的回暖

"随着工程机械行业的复苏,参展企业报名非常踊跃,展馆已无法容纳,又增加了一个临时展馆。即使如此,还是有200多家报名晚的企业没能分到展位。"中国贸促会机械行业分会国际展览部相关负责人告诉记者。

从这位负责人的表述中不难看出,2018年11月27日至30日在上海新国际博览中心举办的2018中国国际工程机械、建材机械、矿山机械、工程车辆及设备博览会(简称bauma China 2018)盛况空前。今年该展会规模大大超过预期,参展商和观众数量均较上届有明显增加。主办方负责人介绍,本届展会的参展商总数为3 350家,较上届增长了13%;观众人数为212 500人次,较上届增长了25%;展览面积突破33万平方米,较上届增长了10%。

本届展会的空前盛况与机械行业的整体回暖密不可分。相关资料显示,自2012年以来,机械行业经历了长达5年的向下调整,目前工程机械行业正进入发展的新时期,核心驱动力来自"需求的市场化回归,产能的市场化出清"。未来国内市场增长来自过去10多年来巨大保有量的旧机更新需求,以及每年仍在增长的固定资产投资带动的新机需求。2018年7月下旬,国务院会议及政治局会议都明确了"保基建促投资"的发展基调,更是给基建投资吃了一颗"定心丸"。同时,积极的财政政策、PPP项目投资回暖以及宽松的货币政策,全方面保障了基建项目的顺利进行。

中国贸促会机械行业分会副秘书长高军认为,国家采用对基础设施建设的投资来刺激各行业的发展,工程机械行业是其中受益的一个行业。本届展会期间,中联重科签订超40亿元大单,三一集团首日订单总额近20亿元,山河智能成交额2.6亿元,铁建重工斩获订单额超2亿元……bauma China 2018俨然成了参展商们的一场饕餮盛宴。

除此之外,从一系列新展品的亮相也可以看出,智慧与环保已成为主旋律,新能源与无人设备已成为未来工程机械行业发展的新趋势。多款大吨位无人驾驶压路机、无人挖掘机、智能吊装机器人重磅推出,不计其数的节能、节油、高效率产品在展会现场涌现,让观众大饱眼福,充分满足了不同细分市场客户的需求。

(资料来源:《中国贸易报》,2018年12月5日,作者:苏旭辉。)

思考：
1. 会展营销与外部环境有什么关系？
2. 你认为影响会展营销的环境因素有哪些？
3. 宏观环境因素对会展营销的影响有哪些鲜明特征？

第一节 会展营销环境的内涵与特点

会展营销环境是展会赖以生存和发展的空间。营销环境的变化既可以为会展营销活动带来市场机会，也可能造成威胁。会展营销的本质就是会展活动的组织者适应环境变化，并对变化着的环境做出积极反应的动态过程。会展组织者对所处的市场环境进行全面的、正确的了解和分析，及时检测和把握市场环境的变化，对环境变化可能带来的市场风险进行及时应对与规避，能够促进会展活动健康、持续地发展。

一、会展营销环境的内涵

会展营销环境是指影响办展机构与目标客户（主要指参展商和专业观众）建立并保持互利关系等营销管理能力的各种角色和力量，它可分为宏观营销环境和微观营销环境。会展营销环境存在于办展机构的营销系统外部，这些因素和力量大多难以控制或不可控制，是影响会展营销活动及其目标实现的外部条件。

宏观营销环境是指存在于办展机构之外的并为其本身所不能控制的各种外部力量，如经济环境、政策法律环境、社会文化环境、自然生态环境等。它们对会展营销的影响具有两个显著特征，即强制性和不确定性。它们或为会展营销带来市场机会，或造成潜在威胁。虽然宏观环境对会展营销活动产生的影响是间接的，但其影响作用却是巨大的。例如，政府对会展产业发展提供政策支持、信息技术对会展产业产生影响、我国加入世界贸易组织、《内地与香港关于建立更紧密经贸关系的安排》正式实施、2008年北京奥运会举办、2010年上海世博会举办等重大事件带给我国会展业的发展机遇等，这些虽然不与具体的会展营销活动发生直接联系，却直接影响到会展组织者制订营销战略的方向和具体的营销策略。

微观营销环境是指由办展机构内部、目标客户、营销中介、会展服务商、竞争者、社会公众等构成的市场环境，它们与会展营销活动紧密相关，并直接影响会展营销的结果和效益。

会展影响会展营销活动的主要环境因素见图2-1。

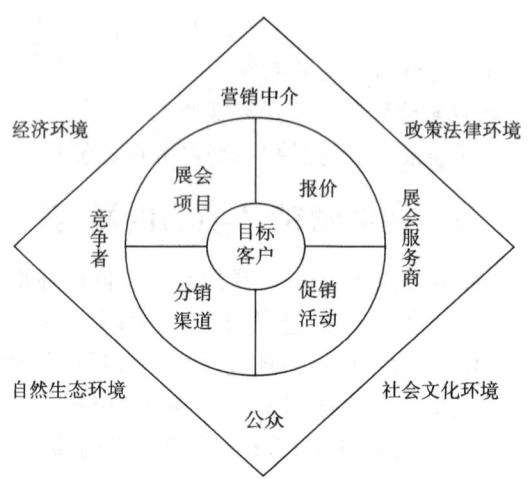

图 2-1　影响会展营销活动的主要环境因素

营销环境是展会赖以生存和发展的空间,其对会展营销活动产生的影响体现在以下几个方面:

第一,营销环境为会展营销带来市场机会。市场营销学的相关理论告诉我们,营销环境的改变可能形成对企业具有吸引力的新领域,从而带来市场机会。具体到会展营销而言,环境机会是会展组织者开拓经营新局面的重要基础,为此,应加强对环境因素的预判和分析,当环境机会出现时善于捕捉和把握,以求得发展的先机。

第二,营销环境给会展营销带来市场威胁。外部环境中也会出现许多不利于会展营销活动的因素,并由此形成挑战。例如,2008年末到2009年初,金融危机席卷全球,作为国民经济的晴雨表和行业发展的风向标,我国会展业遭遇了"寒冬",很多展会遇到招展困难、观众减少、人气不旺等问题,更有一些会展企业面临资金困难甚至倒闭的困境。面对市场威胁,如果会展组织者不采取积极的应对措施规避风险,会导致会展活动陷入困局。有鉴于此,必须加强对环境因素的调研与分析,及时预见环境威胁,将危机减少到最低程度。

第三,营销环境是会展营销活动的资源基础。会展营销活动所需的各种资源,如资金、信息、人才等都是由环境提供的,因此,办展机构应认真分析各种营销环境因素,获取最优的营销资源,以满足自身的发展需要,进而实现营销目标。

第四,营销环境是制订营销战略与策略的依据。会展营销活动受制于环境因素的影响,必须与所处的营销环境相适应。但办展机构在环境面前绝不是无能为力、束手无策的,应该发挥自身的主观能动性并制订有效的营销战略决策去影响环境,这样才能在激烈的市场竞争中占得先机,争取主动。

二、会展营销环境的特点

会展业有其自身独特的行业背景,会展营销环境既具有其他行业领域营销环境所共有的特征,又有其自身鲜明的个性特点,具体表现为客观性、差异性、相关性、动态性、可影响性等方面,以下分别阐述。

(一)客观性

会展营销的外部环境比较复杂,它作为外在的、不以营销者意志为转移的因素,对会展营销活动的影响具有强制性和不可控制的特点。对于外部环境,会展营销人员必须客观地认识和正视它们的存在,才能对其进行准确的分析、研究和考量。例如,青岛市举办"海洋节"就是抓住了青岛是著名的海滨城市的特点,恰如其分地利用城市的自然资源;而"青岛啤酒节"则是以青岛市的产业发展为依托,有效利用了"青岛啤酒"的品牌效应,为青岛市打造了一张响亮的城市名片。

(二)差异性

营销环境的差异性表现为:一方面,不同的企业受不同环境的影响;另一方面,同样一种环境因素的变化对不同企业的影响也不尽相同。不同的国家、民族、地区之间在人口、经济、社会文化、政治、法律、自然资源等方面存在广泛的差异性,这些差异性对会展营销活动的影响各不相同。例如,2010年在北京举办了"首届世界武博运动会",由于我国有着历史悠久的武术文化,武术精神在全球影响深远,由我国举办首届国际性"武博会"显然更容易得到全国乃至全世界武术爱好者的认可。

会展营销环境的差异性促使会展组织者必须采取灵活有效的营销策略,以应对各种市场环境的变化,并不断提高自身的营销能力。例如,北美国际车展(NAIAS)是全球历史最长、规模最大的汽车展之一,它与法兰克福、日内瓦、巴黎和东京国际汽车展齐名,同属国际顶级汽车展。2018年6月23日,NAIAS的主办方宣布,从2020年开始该车展改为每年6月举办,而在过去的几十年里,NAIAS都是每年1月份在底特律举办的。做出如此调整的原因是,近年来NAIAS车展受到同样于每年1月份在拉斯维加斯举办的CES的强力冲击,更多的汽车制造商选择在拉斯维加斯发布重大产品,为避免与CES撞车,展会主办方做出了调整办展时间的明智举措。NAIAS的主办方称,改期后宜人的天气更适合举办户外展示活动,如新车发布、无人驾驶车路试、现场娱乐以及美食享用,可以吸引更多人关注。NAIAS车展正在经历过去30年间最为重大的转变,包括:把舞台移出底特律科技博览会的围墙,街道、城市景色甚至人群都成为舞台的组成部分;设置动态户外体验环节,如驾驶、骑行、赛道、自动驾驶等;甚至还会加入越野挑战,使参观者彻底沉浸在难忘的产品体验中。

(三)相关性

营销环境是一个大的系统,在这个系统中,各种影响因素相互依存、相互作用、相互制约,某一因素的变化可能带动其他因素也发生变化,从而形成新的营销环境。这是由于社会经济现象的出现,往往不是由单一的因素所能决定的,而是受到一系列相关因素的影响。例如,创办于1957年的"广交会"是我国历史最长、规模最大、商品种类最全、到会客商最多、成交效果最好的综合性国际贸易盛会。"广交会"之所以选择在广州举办,除了广东是我国经济较为发达的地区外,还因广州是一个开埠较早的港口城市,享有几百年的盛誉,这里早就是国际商贸的交易地和商品集散地。选择广州作为"广交会"的主办城市不但考虑了经济、文化、地理等因素,还考虑了参展商、采购商的心理和行为因素,这也是"广交会"历时60余年仍长盛不衰的原因之一。

(四)动态性

营销环境是会展营销活动的基础和条件,这并不意味着营销环境是一成不变的,它是一个动态的系统。动态变化的营销环境可能为企业带来新的发展契机,也可能对企业的发展造成威胁。需要强调的是,市场机会与威胁是可以互相转化的,这就要看会展组织者是否具有驾驭市场的营销运作能力。如果不能抓住转瞬即逝的市场机会,而被竞争对手抢得先机,那么市场机会很有可能就变成影响自身发展的市场威胁;而面对同样的市场威胁,如果会展组织者能够审时度势,提前预判并及时规避,市场威胁也可能转化为发展的良好契机。

(五)可影响性

环境是现实存在、不可控制的,但这并不意味着不能对它进行影响和改变。现代营销学认为,企业经营成败的关键在于能否适应不断变化着的市场环境并对其做出积极的反应。"适者生存"既是自然界演化的法则,也是企业营销活动的法则。强调企业对所处环境的反应和适应,并不意味着其对环境是无能为力或束手无策的,相反,应从积极主动的心态出发,能动地适应营销环境。具体到会展营销,办展机构可以通过对内部环境要素的调整与控制来对外部环境施加一定的影响,最终促使某些环境要素向有利于本展会发展的方向转化,或者运用自身的经营资源去影响和改变展会的营销环境,从而创造一个更有利的发展局面。

第二节 影响会展营销的宏观环境

会展营销的宏观环境是指存在于办展机构的营销系统之外,影响会展营销活动及其目标实现的各种外部力量。办展机构分析宏观营销环境的目的在于更好地认识环境,通过自身的努力去适应宏观环境的变化,在不断变化的市场环境中抓住有利于发展的市场机会,规避市场威胁。会展营销的宏观环境主要包括经济环境、政策法律环境、社会文化环境、科技环境、自然生态环境等。

一、经济环境

影响会展营销的经济经济环境主要包括会展举办地的经济发展水平、会展题材所在产业的发展现状和发展前景、会展题材所在产业的市场规模、会展所在地区的区位条件等。

(一)地区经济发展水平

国际展览联盟(UFI)指出:"一个城市或地区如果基础设施相对完备、人均收入在世界中等以上,服务业在GDP中的比重超过制造业且过半、外贸份额占GDP的比重接近或超过10%,则会展业将会在该城市强势增长,并发挥积极作用"。近年来,我国形成了三大会展核心城市——北京、上海、广州,这三座城市的经济发展水平一直位居我国各城市前列,第三产业的生产总值占地区GDP比重均超过50%,依托本地区经济发展水平的飞速提高,这三大城市的会展业均得以蓬勃发展。

以北京市为例,2018年,北京市的GDP首次突破3万亿元人民币,达到30 320亿元,较上年增长了6.6%,人均GDP由2017年的12.9万元提高到14万元,已达到发达经济体标准。2018年,服务业增加值较上年增长了7.3%,占GDP的比重达到87.9%,符合国际展览联盟(UFI)关于地区经济发展水平对会展业影响的提法。[①]

(二)会展题材所在产业的发展现状及发展前景

会展业的发展依托于城市的产业结构、区位优势以及综合经济发展水平。会展经济一定要与地区经济发展相结合,突出区域经济的特点与特色,才能彼此相得益彰:一方面,从区域的特色产业和优势产业入手办展,有利于创建和培植品牌展会;另一方面,特殊地域风情形成独特的人文风情,对举办会展活动具有不可替代的地理、人文优势。例如,以时尚产业著称于世的巴黎,也正是因时装、化妆品等展会的成功举办享有"展览之都"的美誉;"购物天堂"香港则是以珠宝、皮草、玩具等展览著称;而深圳的高交会、东莞的名家具展、大连的国际服装节、重庆的火锅美食文化节等会展品牌的打造,与这些城市本身的经济发

---

① 数据来源:《北京市2018年国民经济和社会发展统计公报》,2019年3月20日。

和产业特点密切相关。因此,当地的产业发展对会展题材的确定影响很大,如果会展题材属于当地的支柱产业、优势产业或者政府重点扶持发展的产业,则会展活动成功举办的概率会比较大。

 小案例

义乌国际小商品博览会

中国义乌国际小商品博览会(以下简称"义博会")是唯一经国务院批准的日用消费品类国际性展览会。展会创办于1995年,截至2018年,已成功举办了24届。义博会以"面向世界、服务全国"为宗旨,办展特色鲜明,国际化水平突出,已成为目前国内最具规模、最具影响、最有成效的日用消费品展会,是商务部举办的三大出口商品展之一。

义乌是目前全球最大的小商品集散中心,被称为"小商品海洋,购物者天堂"。义博会正是依托义乌小商品市场这一产业优势,展览内容涵盖文化办公、体育娱乐、玩具、工艺品、日用品、流行首饰、箱包皮具、玻璃制品等行业。义博会每年吸引数千家企业参展,到会专业观众超过20万人次,其中境外客商超过2万人,展会外贸成交额占60%以上。义博会期间举办的中国(义乌)世界采购商大会、跨境电商高峰论坛、流行趋势发布会等配套经贸活动,使参展客商获得更多有价值的资讯和商机,已成为客商抢占海内外市场的绿色通道。

(三)会展举办地的经济区位条件

会展业一直被认为是高收入、高盈利的行业,会展经济不仅本身能够创造巨大的经济效益,而且还可以带动交通、旅游、餐饮、住宿、通信、广告等相关产业的发展。近年来,我国已形成了以会展核心城市为中心的三大会展产业带,即以上海为中心的长三角会展经济产业带、以北京为中心的环渤海会展经济产业带,以及以广州、香港地区为中心的珠三角会展经济产业带。不久的将来,我国还将形成三个新的产业带,即由重庆、成都、昆明等9个城市组成的西部会展经济产业带,以大连、沈阳、长春为支撑的东北会展经济产业带,以及以郑州、武汉、长沙为中心的中部会展经济产业带。迅速崛起的会展经济已成为国民经济发展的推进器和新亮点,越来越多的城市政府把发展会展业作为一个新的经济增长点,并加大政策扶持力度,给予立法保障,在基础设施建设等方面不断加大投入力度。

 小案例

G20峰会为什么选择杭州?

早在2014年的布里斯班二十国领导人峰会上,就已经确定由中国举办2016年G20峰会,这是G20峰会第一次在中国举办。会议举办地为什么没有选择更有国际会议举办经验的北京、上海,而是选择了杭州?主要有以下四点原因:

第一,杭州是中国传统文化的名片。"上有天堂,下有苏杭",这是人们提到杭州时最常说的一句话。杭州不仅有享誉世界的西湖美景,还有众多的历史文化古迹,作为G20峰会的举办地,杭州的自然资源条件和历史文化要素都非常优秀。

第二,杭州的经济发展增幅显著。G20峰会的定位是全球经济合作论坛,在选择举办城市时,经济发展是一项重要的参考指标。杭州作为长三角经济区的核心城市,经济发展成就令人瞩目,已经成为我国最具经济活力的城市之一。并且,杭州重点发展第三产业,尤其是科技和金融,这更能代表全球的经济增长方式。

第三,发达的互联网经济。全球最大的电子商务公司阿里巴巴的总部就在杭州。杭州的互联网相关产业发展极快,2015年,信息经济对城市GDP增长的贡献率已经超过50%。可以毫不夸张地说,在杭州,点击鼠标就能联通整个世界。

第四,城市形象与G20峰会主题高度契合。2016年G20峰会的主题是"构建创新、活力、联动、包容的世界经济",而杭州的城市形象与上述主题高度契合。

二、政策法律环境

会展营销的政策法律环境是指具有强制性的,对举办会展活动产生影响的政策、法律、管理条例,主要包括会展行业法律法规和与会展业相关的政策法规等。

总体来说,我国会展业发展的法律环境还不是很成熟,相关立法还处于探索和积累经验阶段。我国目前还没有一部独立的会展法,会展领域发生的许多纠纷需要借助于其他经济领域的相关法律如《合同法》《知识产权法》《反不正当竞争法》《专利法》等来协调解决。政府有关部门先后出台过一些规范会展业

发展的管理办法与条例,主要有《商品展销会管理办法》《展会知识产权保护办法》《在境内举办对外经济技术展览会管理暂行办法》《国际科学技术会议与展览管理暂行办法》等。此外,会展题材所在产业的相关政策,政府对消防、安保、工商管理、产品进出口、知识产权保护方面的严格要求也都会对举办会展活动产生不可忽视的影响。

知识链接

我国会展行业监管体制、主要法律法规及政策

一、行业主管部门及监管体制

我国商务部及其服务贸易和商贸服务业司是会展行业的主管部门,负责会展业促进及管理工作,指导、管理境内举办的对外经济技术展览会和赴境外非商业性办展活动。为有效发挥重点展会示范效应,商务部定期组织专家对各省、自治区、直辖市、计划单列市商务主管部门及各行业推荐的展会进行评审,确定若干展会项目作为商务部的年度引导支持展会。中国国际贸易促进委员会作为全国性对外贸易投资促进机构,根据国务院授权,审批和管理各地区、各单位出国举办经贸展览会。

目前我国尚无全国性的会展业协会,部分省、市在国家和地区相关主管部门的领导下成立省、市级会展业协会。中国会展经济研究会作为商务部主管的学术性、全国性的非营利性社团组织,主要组织会展研究人员参与会展政策、会展发展规划及有关法律法规的制定,为各级决策部门提出合理化建议。

二、行业主要法律法规

与会展行业有关的法律法规包括关于会展审批、会展举办方主体资格、展品进出关及运输、其他有关会展管理等方面的规定,主要法律法规见下表。

名称	颁布单位	发文时间	主要内容
《国际科学技术会议与展览管理暂行办法》	科技部、外交部、海关总署、原国家工商行政管理总局	2001年8月	加强对国际科学技术会议与展览管理、鼓励国内科技界、学术界、产业界及相关机构积极举办各类国际科学技术会议与展览,促进国际科学技术交流与合作
《设立外商投资会议展览公司暂行规定》	商务部	2004年1月	鼓励引进国际上先进的组织会议展览和专业交流方面的专有技术设立外商投资会议展览公司,促进我国会展业的发展,创造良好的社会和经济效益

续表

名称	颁布单位	发文时间	主要内容
《展会知识产权保护办法》	商务部、原国家工商行政管理总局、国家版权局、国家知识产权局	2006年1月	加强展会期间知识产权保护,维护会展业秩序,推动会展业的健康发展
《出国举办经济贸易展览会审批管理办法》	中国国际贸易促进委员会、商务部	2006年5月	出国办展须经中国国际贸易促进委员会审批(会签商务部)。组展单位应向中国国际贸易促进委员会提出出国办展项目申请,项目经批准后方可组织实施
《商务部举办展览会管理办法(试行)》	商务部	2006年12月	商务部根据集中资源、合理布局、协调发展和市场化导向的原则,按照展览会对推动国民经济和商务工作的重要程度,对展览会实行分类管理。展览会分类包括重点发展类、参与主办类、支持引导类
《大型出国经贸展览活动管理办法》	中国国际贸易促进委员会	2007年1月	贸促会展览管理办公室对部分大型经贸展览活动实行组委会制管理。大型出国经贸展览活动是指经贸促会批准有两家或两家以上组展单位参加同一展览会且参展规模较大的出国经贸展览活动
《产业结构调整指导目录(2011年本)(2013年修正)》	国家发展和改革委员会	2013年2月	将会展服务(不含会展场馆建设)列为鼓励性产业
《党政机关境内举办展会活动管理办法》	中共中央办公厅、国务院办公厅	2015年	党政机关应当加快转变职能,建立退出机制,注重展会活动的市场化、专业化、国际化功能培育,切实发挥市场在会展业资源配置中的决定性作用。各级党政机关原则上不再举办新的展会活动
《展览业统计监测报表制度》	商务部、国家统计局	2016年	建立以展馆经营者、展览组织者和展览服务商为主要调查对象的展览业统计监测体系,科学、有效地开展展览业统计工作,进一步增加市场透明度,优化市场结构,规范、引导和推动行业有序健康发展

三、行业主要政策

近年来,政府及有关部门陆续出台了关于扶持会展业发展、设定会展业中期发展目标及发展各经济领域展会项目等的支持政策文件,主要文件见下表。

名称	颁布单位	发文时间	主要相关内容
《国民经济和社会发展第十二个五年规划纲要》	十一届全国人大第四次会议	2011年3月14日	营造环境推动服务业大发展,规范提升商务服务业,促进广告、会展业健康发展
《关于深化文化体制改革推动社会主义文化大发展大繁荣若干问题的决定》	十七届六中全会	2011年10月18日	加快发展文化产业,推动文化产业成为国民经济支柱型产业,构建现代文化产业体系,发展壮大会展等产业
《商务部关于"十二五"期间促进会展业发展的指导意见》	商务部	2011年12月20日	做大做强几个综合性龙头展会,搞好搞活若干个区域性重点展会,做精做实一批专业品牌展会,培育几个有一定影响力的境外展会,打造若干展览中心城市和核心展馆,造就一批大型办展实体和人才队伍,形成与国际水平接轨,服务体系完善、服务品质优良、市场竞争有序、专业化程度高的会展业发展格局
《关于进一步做好贸促系统会展工作的意见》	中国国际贸易促进委员会	2014年9月10日	开展贸促系统"大会展"建设,用三到五年时间,形成系统内横向联动、纵向提升、统一开放、协调有力的办会办展机制,集系统内外力量在境内外打造若干个具有平台作用、溢出效应和国际影响力的品牌会展项目,形成规范有效的办会办展模式
《关于加快发展服务贸易的若干意见》	国务院办公厅	2015年2月14日	支持企业赴境外参加服务贸易重点展会,积极培育服务贸易交流合作平台,形成以中国(北京)国际服务贸易交易会为龙头、以各类专业性展会论坛为支撑的服务贸易会展格局,鼓励其他投资贸易类展会增设服务贸易展区

续表

名称	颁布单位	发文时间	主要相关内容
《关于进一步促进展览业改革的若干意见》	国务院办公厅	2015年4月19日	到2020年,基本建成结构优化、功能完善、布局合理、发展均衡的展览业体系。加快"走出去"步伐,大幅提升境外组办展能力,在国际展览业中的话语权和影响力显著提升,培育一批具备国际竞争力的知名品牌展会。支持中小企业参加重点展会,鼓励展览机构到境外办展参展
《商务部办公厅关于切实做好取消部分展览项目行政审批事项后续衔接工作和试运行展览业信息系统的通知》	商务部	2016年3月1日	做好取消省级商务主管部门负责的境内举办对外经济技术展览会办展项目审批后续衔接工作,加强展览业事中事后监督,优化政府服务

(资料来源:中国报告网,www.baogao.com,2017年11月8日。)

三、社会文化环境

文化是根植于一定的物质、社会、历史传统等基础而形成的特定的价值观、审美观、道德观、民风习俗以及宗教信仰等的综合体。会展营销所面临的社会文化环境主要包括社会所共有的价值取向、审美观、道德观、传统习惯、宗教信仰等。上述社会文化因素会对展会的招展、布展、餐饮、住宿、旅游、会展礼仪等方面产生影响。此外,会展营销人员在会展产品和商标设计、广告和服务形式等方面也应考虑到社会文化因素的影响。

四、自然生态环境

会展营销的自然生态环境是指对会展行业的生存和发展产生直接或间接影响的各种天然形成的物质和能量的总体。当前,我国自然生态环境的突出特点是自然资源日益短缺、环境污染日益严重、能源成本趋于提高、政府对自然资源的管理和对环境保护的干预日益加强。绿色、低碳已成为会展业发展的新趋势。办展机构欲为本展会树立良好的公众形象,就应积极了解自然生态环境方面的有用信息,在会展营销中顺应自然生态环境的变化,实施"绿色营销",如策划以降低能耗、循环利用、环境保护为主题的展会,布展时提倡绿色设计,物流中提倡绿色包装,使用环保且能循环利用的展具等。

 知识链接

绿色展览离我们有多远?

绿色展览是指在展览过程中贯彻减量化、重复使用、可循环的3R理念。如果某个展台使用可装配型材,展后能回收再利用,而不是用新的木料喷涂、油漆,展后只能作为垃圾,那么这个展台就是绿色展台。某个展览会若绿色展台达到一定比例,就可以认定为绿色展览。

一、展会"不绿",浪费巨大

近年来,尽管我国展示器材发展速度很快,但从实际情况来看,展会使用的材料仍以木结构为主。目前我国展览工程行业80%以上采用不可回收的一次性木结构材料,在展会现场用其制作加工后形成的废弃物不仅污染环境,还存在安全隐患。而且木结构的展台要采用胶水、油漆、涂料等有害物质,易对自然环境和参展人群造成危害。

据江苏灵通展览系统股份有限公司总裁黄彪介绍,国内某一线会展城市,近年来总布展费用17.6亿元,其中一次性的费用即展台搭建费用为14.1亿元。以此估算,全国每年在商贸展览方面的一次性消耗为450亿元,这还不包括由此引起的固体废弃物运输、填埋或焚烧所产生的处置费用。

有数据显示,大型展览平均产出的废木材达百吨以上,举办一届广交会,现场遗留的垃圾更是高达3 000吨。由于不同主题的展览对展板需求不同,许多木制展板得不到循环利用,成了一次性消费品。而对于废木,由于循环利用不到位,有近半数被焚毁,不仅造成资源浪费,而且污染大气环境。目前我国每年要进口1亿立方米左右的木材弥补国内供求的巨大缺口,如果能将废木材资源充分利用起来,不仅能发展循环经济,也解决了重要的环境问题。

二、绿色环保成会展业竞争利器

江苏灵通展览系统股份有限公司总裁黄彪指出,未来展装材料的发展将呈现三个特点,即环保、简洁、速度。在展览业发达的德国、美国、日本等国家,展台搭建大都采取构件化、精密化、模块化、标准化等方法,如加入更多的小型桁架、折叠展架、布饰结构等。其中,铝合金桁架的使用已经非常普遍,常常利用桁架进行整体展台的搭建。

除了使用可循环利用的展装材料外,使用更易拆装的标准化材料,减少运输载重和运输空间,还能在一定程度上减少能源浪费和碳排放。此外,参展商的现场宣传也应杜绝大量散发纸质传单、购物袋等现象,避免过度使用空调和高

亮度巨幅显示屏等。以网上登记代替现场纸质登记，以U盘拷贝资料或者扫二维码添加企业微信公众号代替现场散发小广告，都是提升展览绿色程度的好办法。

三、"堵后路""开前门"倡导绿色展览

推行绿色展览，路径非常重要。倡导绿色展览要从"堵后路""开前门"两方面着手。"堵后路"就是制定标准，明确什么是绿色展台和绿色展览，展览结束后如何规范处理不可回收材料等。例如，在展览业发达的英、美等国，多年前就出台了会展项目管理标准，明确举办会展活动在运输、通信、市场宣传等方面的节能环保标准。

"开前门"是指政府支持鼓励绿色展览。对生产通用化、标准化、可循环使用展台型材的企业，对主动选择使用绿色材料的参展商，对绿色展览的主承办单位和场馆，应在财政补贴、税收优惠、金融创新等方面适当给予补偿。建议把展览的主承办方作为绿色展览的首问责任人和政府鼓励政策的直接受益方。广交会自2013年推出绿色展览计划，主承办方对绿色参展、绿色会议、绿色布展、绿色撤展都提出了相应措施和计划，效果显著。

目前，国家商务部流通产业促进中心已经牵头发起成立中国绿色会展联盟，加速推进绿色展览。推广绿色展览离不开政府的支持，在体制保障、行业标准制定等方面发挥作用，促进会展业向更专业化、快捷化、环保化的方向发展。

（资料来源：《中国会展》，2017年第9期，作者不详。）

第三节 影响会展营销的微观环境

会展营销的微观环境是指对办展机构服务其客户的能力构成直接影响的各种力量和因素，包括办展机构的内部环境、会展客户、会展服务商、会展营销服务机构、竞争者以及各类公众等。办展机构分析和评估微观营销环境的变化，其目的在于更好地协调自身与各种微观环境的关系，进而促进营销战略目标的实现。

一、办展机构的内部环境

内部环境是指办展机构内部所具备的各种办展条件，包括人、财、物、信息资源和社会资源，以及在展会题材所在产业办展的优势。任何一个企业的市场营销活动都不是某一个部门的孤立行为，办展机构的营销管理部门也不例外。办展机构开展营销活动必须充分考虑到机构内部的环境力量和因素。办展机构内部的组织结构不同于生产性企业，一般都是按项目划分的，实行业务部制，通常设有营销部、运营部、工程部、财务管理部、行政人事部等职能部门；营销部门下辖策划部、外联部、招展招商部等业务部门，与其他部门协同合作，共同完成会展营销任务。

二、会展客户

客户创造财富。对会展组织者而言,最重要的客户是参展商和专业观众。参展商是会展产品和服务的直接购买者,亦是会展组织者的主要营销服务对象,其对会展营销的影响程度远远超过其他环境因素。专业观众出于贸易目的而来,他们从事的职业一般与展览题材密切相关,也称采购商。专业观众的质量越高、数量越多,参展商的展出效果就越好,展会的知名度和品牌效益也就越高,因此,拥有一定数量与质量的专业观众是展会成为"品牌展"的重要标志之一。

展会的成功离不开客户的长期支持与合作,与客户建立良好、稳固的合作关系已越来越重要。近年来,我国会展市场竞争有愈演愈烈之势,展会同质化、竞争白热化现象日渐显现。相关调查显示,我国展会平均每年有高达25%(有些展会更高)的客户流失率,"招展难"已成为会展组织者面临的最大问题。因此,会展营销强调以满足客户的需求、建立和保持良好的客户关系为营销管理的核心,以此确保展会的竞争优势。更有会展组织者将客户关系管理(CRM)引入会展营销管理当中,借助现代计算机技术和电子商务技术选择和管理最有价值的会展客户。

三、会展服务商

会展服务商是指受会展主办方委托、为会展活动提供各种服务的机构,包括展会指定的展品运输商、负责展台搭建的展位承建商、指定旅游公司和酒店、提供展会资料印刷和观众登记的专门服务商等。

会展服务商的变化直接影响到展会的产品价格、服务质量以及利润,从而影响会展营销计划和营销目标的完成。当前很多展会的主办方都把会展服务,如观众现场注册、餐饮、车辆租赁、酒店机票预订等外包给专门的服务商,但是从参展商和观众的角度来看,这些服务都是展会提供的,他们会将服务商的失误归结到主办方身上。所以,即使进行了服务外包,主办方也决不能忽视对服务质量的监督与管理。主办方必须选择和委托高质量的服务商,并时刻监督其服务质量。作为会展营销人员,要时刻关注会展服务商的稳定性、价格变化以及服务质量。

(一)服务供应的及时性和稳定性

场地、搭装材料、设备等资源的保证供应是会展活动顺利举办的基础和前提,此外,会展现场的保安、礼仪、保洁、餐饮等服务中任何一个环节出现问题,都会导致会展活动无法正常进行。会展组织者为了保证各类服务资源的有效支持和及时到位,就必须和服务商保持良好的合作关系,及时了解和掌握服务商的状况。

(二)服务商的价格变化

服务商的价格变动会直接影响办展成本。服务商提高服务价格,会导致办展成本的增加,此时如果随意提高展位价格,就会影响参展商的参展意愿。为此,会展组织者应密切关注和分析服务商的价格变动趋势,能够早做准备、积极应对。

(三)服务商的服务质量

服务商能否提供高质量的产品和服务,将直接影响到展会的整体水平和效果,进而影响到主办方的收益及信誉。为此,会展组织者必须充分了解服务商的产品和服务,分析其质量水平,以保证会展活动取得良好效果。

小案例

世博会餐饮供应服务商征集工作

2009年11月,上海世博会园区第三批餐饮服务供应商正式签约完成。至此,持续10个月的2010年上海世博会园区餐饮服务商征集工作正式落下帷幕,第三批签约上海世博会的餐饮供应商包括浙江老字号五芳斋和上海必胜客公司等著名企业。

餐饮服务作为世博会的配套服务,在世博园区运营中扮演着不可或缺的角色。主办方在园区公共区域共规划了85 000平方米的餐饮服务设施,其中,浦东园区65 000平方米,浦西园区约20 000平方米。

为了给参观者提供丰富多样的就餐选择,同时又能应对大客流用餐的需求,世博会主办方在业态规划上以中西式快餐、美食小吃广场和特色主题餐厅为主,日供餐能力分别为20万份、6万份和4万份。配合适量的中西式正餐、咖啡、茶坊、面包店、甜品店、特色酒吧、外卖以及清真素食等。

自2008年12月27日上海世博会餐饮服务供应商的征集工作开始,先后有500多家企业咨询相关事宜。很多应征企业都充分利用行业经验,发挥聪明才智,制订了优秀的应征方案。专业的评审委员会要求入驻商家能体现中国饮食文化、地方饮食特色,更要符合世界饮食需求,对于原料、品质、供应链、管理等方面都有着近乎苛刻的要求,最后选出三批共100多家餐饮服务供应商、80多个品牌公司或集团。而其中90%的公司或集团在上海拥有店铺或拥有强大的供应链支持。

(资料来源:浙江日报,2009年11月6日,作者不详。)

四、营销服务机构

营销服务机构是指为会展活动提供营销服务的各类机构,如市场调查公司、招展代理、招商代理、广告代理公司等,它们的主要工作是协助主办方策划会展活动,为会展活动进行商业包装和市场推广、开展市场调研、协助招展招商等。一些大型会展公司通常会设立自己的广告部门、招展招商部门以及市场调研部门等,但也有为数不少的办展机构将上述工作以合同方式委托给相关的营销服务机构代为实施。营销服务机构的工作效率直接影响到会展营销的效率与效益,会展组织者需要密切关注、精心选择营销服务机构,力求获得对本展会最有效的营销服务。

五、竞争者

成功的会展活动往往具有很高的利润回报,趋利心理引得各方人士涉足会展领域。目前,我国会展业竞争日趋激烈,国内展馆总量过剩,展会题材同质化严重,市场竞争趋于白热化。

回顾我国会展业发展历程,早期由于国家对展会实施审批制,导致很长一段时间以来,各级贸促会系统单位、政府相关部门、国有会展企业一直是办展的主体力量,会展市场具有很强的行政主导和非市场化特征。20世纪90年代后期,随着我国改革开放的不断深入和市场经济体制的建立与完善,一些外资、协会/商会、民营等组展单位不断涌现,办展主体逐步呈现多元化。21世纪初,我国加入世界贸易组织(WTO),会展业全面对外开放,特别是2004年商务部出台《设立外商投资会议展览公司暂行规定》,对外资企业独立办展权放开后,包括慕尼黑展览、法兰克福展览、汉诺威展览、科隆展览、励展博览等一大批国际会展巨头通过设立办事处或代理机构,与中方合作办展,或者以合资、独资、收购、兼并等多种方式进入我国会展市场。外资会展企业为我国会展业带来了先进的技术、管理经验和经营理念,促进了办展主体的多样化以及行业市场化程度的显著提高,同时也对本土会展企业造成了极大的冲击,加剧了我国会展业的竞争态势。

2008年北京奥运会和2010年上海世博会的成功举办,使我国的国际形象显著提升,与此同时,我国取消了国内展行政审批,会展业迎来了高速发展时期。目前,在非政府主导的商业展会领域,已形成充分竞争的市场格局,而对于政府展,随着政府监管方式转变和放权,也将逐步实行市场化运作模式,一些政府展会项目通过服务外包方式实现了市场化改革实践。

六、公众

现代营销学之父菲利普·科特勒认为,公众是对本机构达成目标有实际或潜在影响的各种群体。具体到会展营销活动,可能对主办方举办展会产生影响的公众包括政府公众、媒体公众、公民团体公众、当地公众、内部公众等,其中,政府公众和媒体公众对展会的影响最大。这些公众虽然不是展会的直接客户,但是他们的需求、好恶、习惯、价值取向等会对会展营销活动产生较大的影响,会展组织者应采取妥善手段,处理好与主要公众的关系,争取公众的支持,为会展活动营造和谐、宽松的社会环境。

(一)政府公众

政府公众在办展过程中主要发挥政策指导、关系协调作用。会展活动举办得成功与否,更多取决于整个行业对其的认可,会展组织者若能得到政府和行业协会的支持与合作,无疑增加了其主办展会的影响力和权威性。

同时,会展活动从宣传包装、组织运营到交通运输等各环节运作都离不开政府的支持。为保持会展行业公平竞争、防止市场混乱现象、完善行业法律法规,同时又要保证足够的透明度,在这些方面都需要政府出面宣传和调控。会展组织者如果能够抓住当地经济发展的特色,与当地的产业发展相结合,并得到政府相关部门的支持,就会获得良好的社会效益和经济效益。

(二)媒体公众

新闻媒体的宣传是塑造会展品牌的重要手段。会展组织者应加强与媒体的合作,保持和新闻媒体的良好关系,善于利用新闻效应,适时适度地对展会进行新闻宣传,形成良性互动,使展会更具吸引力。例如,第15届中国—东盟博览会和商务与投资峰会通过电视、广播、报纸、网络等媒体进行全方位、立体式、多角度的报道,极大地提高了该展会的知名度和美誉度。主办方不仅邀请到来自境内外171家媒体的1 570名记者到会采访,而且与广西日报传媒集团携手共建了中国—东盟博览会全媒体直播中心,对展会进行全程直播报道。

第四节 会展营销环境分析

会展营销环境分析是指会展活动的组织者通过监测、跟踪营销环境的变化及发展趋势,从中发现市场机会和威胁,进而调整营销战略与策略,以适应营销环境的变化。在会展营销环境分析中,最常用的是SWOT分析法。

一、SWOT分析法概述

SWOT战略分析法(简称SWOT分析法)是运用系统分析的方法,将组织内部的优势与劣势、外部环境所带来的机会与威胁相互匹配,并进行综合研究,在此基础上制订相应的发展战略。[1]

---

[1] 唐友明:《基于SWOT分析法的经营战略选择》,《长江大学学报(社会科学版)》,2007年第3期。

SWOT 分析法最早是由美国旧金山大学管理学教授在 20 世纪 80 年代初提出来的。早在 20 世纪 60 年代就有人提出过 SWOT 分析中涉及的内部优势、劣势、外部机会、威胁因素,但只是孤立地对它们加以分析,而 SWOT 分析法用系统的思想将这些似乎独立的因素相互匹配起来进行综合分析。运用该方法,有利于人们对组织所处的情境进行全面、系统、准确的研究,从而制订与之相应的发展计划或对策。

SWOT 分析法的运用包括以下步骤:

第一,分析环境因素。运用各种调查研究方法,分析企业所处的各种环境因素,即外部环境因素和内部能力因素。外部环境因素包括机会和威胁,它们是外部环境对企业发展有直接影响的有利和不利因素,属于客观因素,一般归属于经济、政治、社会文化、技术、市场、竞争等不同范畴;内部环境因素包括优势和劣势,它们是企业自身存在的积极和消极因素,属主动因素,一般归类为管理、组织、经营、财务、销售、人力资源等不同范畴。

第二,构造 SWOT 分析矩阵。将调查得出的各种因素根据轻重缓急或影响程度进行排序,构造 SWOT 矩阵。在此过程中,将那些对公司发展有直接的、重要的、迫切的影响因素优先排列出来,而将那些间接的、次要的、不急迫的影响因素排列在后面(见图 2-2)。

	潜在外部威胁(T)	潜在外部机会(O)
外部环境		
内部环境	潜在内部优势(S)	潜在内部劣势(W)

图 2-2　SWOT 分析矩阵

第三,制订行动计划。在完成环境分析和 SWOT 矩阵的构造后,便可以制订出相应的对策和行动计划(见图 2-3)。

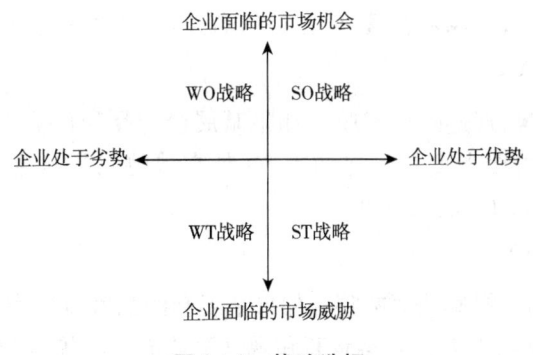

图 2-3 战略选择

在图 2-3 中,SO 战略又称为优势—机会战略,是指将企业内部优势与外部环境机会相匹配,使这两种因素的积极作用都趋于最大;WO 战略又称为劣势—机会战略,是指利用外部机会弥补企业内部劣势,使劣势趋于最小,机会趋于最大;ST 战略又称为优势—威胁战略,是指利用企业优势回避或减轻外部威胁的影响,使优势趋于最大而威胁趋于最小;WT 战略又称为劣势—威胁战略,是指减少内部劣势的同时规避外部环境的威胁,使这些因素都趋于最小,此为防御性战略。

上述战略中,WT 战略是一种悲观的对策,是企业处在最困难情况下不得不采取的对策;WO 战略和 ST 战略苦乐参半;SO 战略最理想,是企业处在最顺畅的情况下十分乐于采取的对策。

二、SWOT 分析法在会展营销中的应用

会展活动的组织者应用 SWOT 分析法指导营销活动的具体做法是:把对本次会展营销有影响的各种宏观因素和微观因素一一列出,综合分析这些因素对举办本次展会所形成的机会和威胁,结合主办方自身的优势和劣势,确定举办本次展会的可行战略和有效对策。会展组织者在评估营销环境、构建 SWOT 战略分析矩阵的基础上,制订相应的营销对策,具体包括以下几种。

(一)SO 战略

利用内部优势,抓住外部机会。如果办展机构资源雄厚(内部优势),发现某行业中尽管有展会存在,但该展会市场覆盖面不广(外部机会),那么就应该采取 SO 战略,进入该行业举办展会。

(二)WO 战略

利用外部机会,克服内部劣势。如果某题材展会的市场机会很大(外在机会),而办展机构内部展会策划、招展招商人才缺乏(内在劣势),那么就应该采

用 WO 战略,培养或招聘展会策划、招展招商人才,举办该题材展会。

（三）ST 战略

利用内部优势,规避外部威胁。如果某展会的品牌优势十分明显（内部优势）,而与之合作的服务商却不尽如人意（外在威胁）,那么主办方就应该采取 ST 战略,寻找更好的会展服务商。

（四）WT 战略

减少内部劣势,规避外部威胁。如果某展会的品牌竞争力较之已有的另一展会弱（内在劣势）,而大部分参展商和观众又认同另一展会（外在威胁）,那么就应该采取 WT 战略,重新对展会进行定位,用新的定位吸引参展商和观众。

下面以厦门国际会展集团公司为例,对其进行 SWOT 分析（见表 2-1）。

表 2-1 厦门国际会展集团 SWOT 战略分析矩阵

内部因素 / 外部因素	内部优势（S） 1. 拥有目前全国一流的展馆,且既不是租赁也不是托管。 2. 无负债。我国很多展馆是贷款盖的,本、息沉重。 3. 现金充足,有利于改造及再投资。 4. 高质量服务水平,承接各类型展览的经验丰富。 5. 国际展览联盟成员。 6. 拥有石材展、佛事用品展两大自办展品牌	内部劣势（W） 1. 缺乏高素质的专业展人才。 2. 目前机制不利于大刀阔斧,一步到位。 3. 与一线城市相比,展览、会议场地不足,资源配置不合理。 4. 展览业管理无先行模式可鉴,营销渠道不畅
外部机会（O） 1. 时逢政府大抓会展经济,以会展拉动本地经济,支持力度大。 2. 城市环境较好,旅游资源丰富。 3. 在各大城市举办的展览因成本、服务质量等原因有向中、小城市移动的迹象,同时国际合作的机会逐渐增多。 4. 厦门的台商优势有着其他城市所不能复制的特点,对台会展合作市场潜力巨大	优势+机会（SO） 1. 借助政府行政资源加大申办展会力度,提高展馆使用率。 2. 巩固已有自办展品牌,培育创新项目,使自办展成为集团业务发展和收入的主要来源。 3. 以扎实的服务质量为业务发展基础,同时拓展国际合作机会,提高知名度。 4. 加强对台会展合作,发挥区域优势	劣势+机会（WO） 1. 建立新型用人机制、薪酬机制、激励机制和内部竞争机制,培养优秀会展人才。 2. 借助知名展会来厦成功举办的事例扩大业内宣传,加强对市场的主动出击,逐步建立完善的销售网络。拟在北京、上海、广州陆续成立销售公司,尽力提高市场占有率。 3. 利用厦门优越的旅游资源,增加对全国巡回展会的申办力度

续表

外部威胁(T)	优势+威胁(ST)	劣势+威胁(WT)
1. 地理位置不好,交通不太方便,城市容量不足。 2. 周边经济较差,产业基础大部分较薄弱。 3. 周边城市都在酝酿建设展馆,福州新展馆已完工。 4. 目前我国会展业正在大洗牌,如发展速度慢,有被边缘化的危险	1. 发挥一期展馆、二期展馆、会议中心的场地优势,捆绑销售,增强竞争实力。 2. 扩大公司业务外延,做到展馆经营业务、专业品牌自办展、会展服务等业务的优势互补。 3. 积极扶持本地其他展览公司的创新项目,培育市场	1. 加强创新管理,增设策划部、调研部等部门,推出新创意、新点子基金等管理举措,完善内部制度,提高工作效率,提升综合竞争力。 2. 将公司工程改造作为常设机构存在。工程改造是公司硬件创新的重要部分。 3. 积极参加各种行业协会或组织,灵活应对环境变化

(资料来源:《中国会展》,2009年第17期,作者:张若萌。)

三、会展组织者如何应对市场机会与威胁

(一)应对市场机会的策略

会展组织者在对营销环境所带来的市场机会进行评估的基础上,可以有的放矢地制订相应的营销对策。常用的策略有以下三种:

1. 及时利用策略

当市场机会与办展机构的营销目标一致,且办展机构又具备利用市场机会的资源条件,并享有竞争中的差别利益时,就应抓住时机,及时调整会展营销策略,充分利用市场机会,求得更大的发展。

2. 待机利用策略

有些市场机会相对稳定,在短时间内不会发生变化,而办展机构暂时又不具备利用市场机会的必要条件,可以积极准备,创造条件,等时机成熟时再加以利用。

3. 果断放弃策略

市场机会十分具有吸引力,但办展机构缺乏必要的条件,无法加以利用,此时应做出决策,果断放弃,因为任何犹豫和拖延都可能导致错过其他有利机会。

(二)应对市场威胁的策略

环境变化对会展营销活动的影响是客观存在的,会展组织者必须给予足够的重视并制订适当的对策。面对市场威胁,会展组织者常用的对策有以下两种:

1. 减轻策略

会展组织者面临环境威胁时,可以通过调整、改变自己的营销组合策略,尽量降低环境威胁对会展营销的负面影响。例如,在通货膨胀情况下,展会筹办的费用会大幅度上涨,导致展会成本增加,在主办方无条件或不准备放弃展会时,可以通过加强组织管理、提高效率来降低成本,以消除费用上涨带来的威胁。

2. 对抗策略

会展组织者面对环境威胁时,可通过自身的努力,限制或扭转环境中不利因素的发展。对抗策略通常被称为积极、主动的策略。会展组织者可以利用各种手段,如执行政府颁布的某项法令、与有关权威组织达成协议等,来抵消外部环境对会展营销造成的不利影响。例如,在举办会展活动时遇到一些不正当的竞争行为,主办方可以拿起法律武器维护自身的合法权益。

本章小结

任何产品的营销活动都是在不断变化的市场环境中运行的,会展营销也不例外。影响会展营销的环境因素分为宏观营销环境和微观营销环境两大类。其中,宏观营销环境是指存在于办展机构之外并为其本身所不能控制的各种外部力量,如经济环境、政策法律环境、社会文化环境、自然生态环境等,它们对会展营销的影响具有两个显著特征,即强制性和不确定性。微观营销环境是指由办展机构内部、目标客户、营销中介、会展服务商、竞争者、社会公众等构成的市场环境。它们与会展营销活动紧密相关,并直接影响会展营销的结果和效益。

会展营销的本质就是会展组织者适应环境变化,并对变化着的环境做出积极反应的动态过程。会展组织者应对所处的市场环境进行全面、正确的了解和分析,检测和把握市场环境的变化,对环境变化可能带来的市场风险进行及时应对与规避,这样才能促进会展项目健康、持续地发展。

SWOT 战略分析法是运用系统分析的方法,将组织内部的优势与劣势、外部环境所带来的机会与威胁相互匹配,并进行综合研究,在此基础上制订相应的发展战略。该方法也是会展组织者分析与评估营销环境的重要方法,具体步骤包括分析环境因素、构造 SWOT 分析矩阵、制订行动计划。面对营销环境所带来的市场机会,会展组织者可选择的应对策略包括及时利用策略、待机利用策略和果断放弃策略;而面对营销环境所带来的市场威胁,会展组织者可选择的应对策略主要有减轻策略和对抗策略。

 习题

一、名词解释

会展营销环境　　宏观营销环境

微观营销环境　　SWOT 战略分析法

二、简述题

1. 会展营销环境有哪些特点?
2. 营销环境对会展营销活动产生的影响体现在哪些方面?
3. 影响会展营销的微观环境因素有哪些?
4. 宏观营销环境和微观营销环境对办展机构的影响有哪些不同?
5. 简述 SWOT 分析法在会展营销中的应用。

三、实训题

以小组为单位深入调研某一会展项目,运用 SWOT 分析法做出该展会的战略分析矩阵,并提出基于环境分析的营销对策。

四、案例分析题

京城十天三个"乐器展",参展商游走于混乱间

自 5 月 23 日至 5 月 31 日的近十天中,在北京中国国际展览中心老馆(以下简称"老国展")和全国农业展览馆相继有三个乐器方面的展览举行,而且都冠以"国际"之名,如此密集、名称相似的展览活动集中举行,在京城掀起了"乐器热",同时也搞得很多参展商晕头转向,上演了一场不和谐的交响曲。

(一)

5 月 31 日至 6 月 3 日,亚洲规模最大、最具权威性和专业性的第十五届中国国际专业音响、灯光、乐器及技术展览会在北京老国展举行。展会由中国演艺设备技术协会主办,展览内容涵盖专业音响、专业灯光、舞台机械、会议系统、视频系统、中西乐器等多个类别的数万种展品,全面、集中地展示了演艺设备领域最新的科技成果。该展会自 1989 年创办以来,一直得到文化部、商务部、科技部的大力支持和国内外众多行业组织、专业人士的通力协作,已成为行业内颇具国际影响的展会之一。展会规模连续多年稳居亚太地区同类展览会之首、世界第三。

5 月 31 日早上 8 点多钟,老国展的大门外就聚集了前来参观的观众,直到下午 2 点多,老国展大门的四五个参观通道均挤满了等待入场参观的观众。观众参观的目的一是了解演艺设备行业的现状,二是与供应商、工程商等合作沟通,增进感情,寻求合作商机。

此次展会乐器馆占用了老国展一号馆的一、二两层,各种吹、拉、弹、拨、打击等乐器应有尽有,步入展会现场,笛子、古筝、二胡、萨克斯、钢琴、扬琴等各种乐器演奏的音乐从四面八方传入耳中。一位来自太原歌舞团的观众说,这次到会主要是想代理一些产品,在这里不但可以看到各种乐器,还可以了解到更多的音响和灯光产品的市场信息。

此次展会的人气确实让同类展会眼热,日本的一个有关灯光的专业展会就专门到这里进行宣传推广,同时,5月30日开展的第十届中国国际乐器展览会也派出工作人员到老国展发放参观券。

(二)

5月30日在北京全国农业展览馆(以下简称"农展馆")开幕的第十届中国国际乐器展览会由中国华兴(集团)公司和北京华兴东方展览有限公司主办。有参观者说,若不是在老国展收到赠票,很多人并不知道在农展馆还有这样一个乐器展。

与老国展人头攒动的热烈场面相比,农展馆外门可罗雀,不时会有几个观众赶来参观,除了1号馆、2号馆大门上的条幅印有第十届中国国际乐器展览会的字样外,几乎没有其他有关乐器展的标志可寻。

在展馆门口的接待台前,组委会用一张小纸片标明,1号馆是西乐,2号馆是民乐,但是整个展馆基本上都是民族乐器。走进1号馆,偌大的展厅只有一家厂商参展,摆放了几架钢琴,一位负责人说,该厂商连续几届参加这个展会,而没有参加老国展的乐器展,那边的展位费比较贵。

参展商对该专业性乐器展褒贬不一。北京美悦提琴制作室的一位参展人员说:"这个展会人太少,效果不行,瞎耽误工夫,展位费也不便宜。往年我们参展时,展会的会刊挺厚,你再看看今年的会刊,就这么薄薄一小本。"这位参展人员将手中的会刊送给了记者。"明年的展会我们不来了,你问问这周围的几家公司,谁还会来参加明年的展会。"这位参展商说,"在这里只见到了几个老客户,来看看琴,新客户一个都没有。我们以往在上海参展,带的展品几乎都被客户订光了,我们明年只参加上海的乐器展。"而北京WA电声乐器研发工作室的参展商对农展馆的展会却持肯定态度,他说:"到这里参观的都是专业人士,我们的代理商就来了很多,不像其他的展会,什么行业的人都有。"内蒙古马头琴乐器厂的厂长说:"国展那边人多是因为同时还有音响和灯光展示,人太杂,乐器特色少,不像这个展会是专业乐器展,像我这里的马头琴那里有吗?"

与此同时,参展商对同一时间密集办展颇有微词。内蒙古马头琴乐器厂的厂长说:"举办展会一哄而上,不到十天就办了三个乐器展览会,谁知道参加哪一个,说不定明年北京就有4个、5个乐器展览会了。"

上海神声民族乐器有限公司的代表说:"几天工夫北京出现三个国际乐器展览会,我们这些外地人真分不准谁是谁,还都以为参加的是老国展的那个展会呢。这隔壁的厂家,前天到老国展去布展,才知道自己参加的不是那里的展会。"

珠海民族乐器有限责任公司王先生参加展会有五六年了,他说,现在的展览会太多了,北京、上海、郑州、广州到处都是,效果大不如前。三年前的展览会无论是人流还是订单都很好。"这次的展览会效果不好,没什么人,与老国展的展览同时举办,观众肯定会被分流。"

(三)

5月23日在北京老国展举行的第九届中国北京国际科技产业博览会也拿出2个展馆作为乐器科技馆进行展示,这是以往展会所没有的。观众都觉得,乐器跟科技挂钩有点儿牵强。据一些展商透露,科博会乐器展是从中国国际专业音响、灯光、乐器及技术展览会中分离出来的,展会面积约8 000平方米,展会的承办方北京市贸促分会与中国演艺设备技术协会原来共同举办中国国际专业音响、灯光、乐器及技术展览会,但由于合作中产生了利益冲突,两家承办方分道扬镳,各自举办各自的乐器展。北京市贸促分会带着自己原有的客户资源另立门户,把乐器展办进了科博会。

科博会乐器展的观众大多是乐器爱好者,展会以零售居多。一些展商反映,科博会乐器展展品划分不明确,搞得整个展馆噪声一片。

6月3日,中国国际专业音响、灯光、乐器及技术展览会闭幕,北京地区的乐器展也从轰轰烈烈归于平静,并将酝酿新一轮的竞争。大多数参展商对北京的展览环境和市场机会表示肯定,但他们也表示:"北京展览市场这么不规范,以后我们就不到北京参展了。"一个展会服务不到位,流失的也许只是几个参展商;一个城市的展览管理不到位,流失的恐怕就是一个展览会,甚至是一个大市场了。

思考:

1. 请你分别点评上述三个展会。
2. 参展商对第二个展会褒贬不一,如果你是主办方,应做何改进?
3. 目前我国展会重复举办,同类展会撞车的现象比较普遍,你认为问题的根源在哪里?

第三章
会展营销调研

◆ 学 习 目 标

- 理解会展营销信息系统的内涵与构成;
- 理解会展营销调研的主要内容;
- 了解会展营销调研的一般流程;
- 掌握会展营销调研的常见方法;
- 熟悉会展营销调查问卷的设计要点与技巧;
- 能够独立完成会展项目的营销调研任务。

引　言

会展市场竞争的日趋激烈以及竞争环境的不确定性,使得会展策划与营销活动越来越依靠信息。会展企业只有掌握充分的营销信息,建立快速反应的营销信息系统,才能识别和选择有利可图的市场机会,从而进行科学的营销决策。

会展营销调研在会展项目的策划与营销中日益发挥着重要作用。一项大型会展活动,从选题、立项策划到展位定价、招展招商,再到会展服务全过程,都离不开广泛、深入的市场调研。有效开展会展营销调研,可以为会展企业制订营销决策提供科学依据。

本章对会展营销信息的含义以及会展营销信息系统的构成进行深入阐述,并对会展营销调研的内容、主要的调研方法与技术、调研程序、调查问卷的设计等内容进行详尽介绍。希望通过本章的学习,使读者了解会展营销信息系统与会展营销调研的基本理论,掌握会展营销调研实务的操作要领,能独立完成会展项目的营销调研任务。

 引导案例

要成功举办一个大型的会展活动,立项策划是关键,而立项策划的关键又

在于科学的市场调研,需要充分掌握各种市场信息,以确保会展项目具有乐观的发展前景。以下给出首届江苏糖酒会立项的前期调研实例,供读者学习与参考。

  酒类交易会在全国会展行业里算是比较普通的展会,由于市场广阔,致使很多区域性城市争相举办酒类交易会。在一定意义上说,这个主题已经被做滥了,很难与持续了几十年的全国糖酒会加以有效区分。在此种情况下,南京国展中心策划了具有区域特色的江苏糖酒会——"首届中国江苏酒类及副食品交易会"。

  早在项目立项之前,主办方就进行了比较全面的市场调查。由于展会的基调是做区域性展会,目标市场为江苏省,故选取的调查对象为江苏省酒类生产企业及经销商,调查的主要渠道是搜寻行业内部资料、亲自致电客户以及亲自拜访。为使调查工作顺利开展,主办方设法得到了江苏省酒类管理办公室的大力支持,后者为其提供了很多重要的行业资料,大大方便了市场调研工作。

  经过两周左右的调查,主办方发现,全国著名的酒厂有800多家,江苏省全省共有酒类经销商23万家。对酒厂来说,部分厂家不愿意参加全国糖酒会,因为太笼统的展会起不到解决区域市场问题的作用,即使参加全国糖酒会,目的也是与现有经销商沟通,所以这些厂家是欢迎这种地区性糖酒会的;对经销商来说,参加全国糖酒会非常容易迷失在浩瀚的产品海洋里,根本没有机会分辨产品的优劣,存在一定的信息不对称,而参加区域性糖酒会就不同了,参展的企业较少,现场环境明朗,有更多深层次沟通的机会。调查结果显示,举办区域特色的糖酒会市场前景不错。

  市场调研过程中还得到一个令人振奋的信息:江苏省政府和江苏省经贸委近年来一直致力于振兴苏酒。作为全国酒类生产消费大省,这几年苏酒的竞争力逐年下降,江苏省政府一直在寻求苏酒的振兴之道。此时举办首届江苏糖酒会,势必对振兴苏酒起到一定的促进作用。于是主办方找到江苏省经贸委,也立即得到了相关领导的重视与支持,展会的市场前景更加看好。在此基础上,展会的组织机构确定为由江苏省经贸委牵头,江苏省酒类管理办公室、江苏省酒类流通协会和南京国展中心为具体承办单位的基本架构。随着招展、招商以及宣传工作的全面启动,举办方激活了前期收集的客户资料,并及时反馈各类市场信息。

  由此案例可知,市场调研是成功举办会展活动的基础,它不仅可以帮助会展主办方识别和选择有利可图的市场机会,而且可以向主办方反馈相关市场信息,为制订会展营销决策提供重要依据。

  思考:

1. 市场调研对会展营销与策划的重要作用有哪些?
2. 主办方实施会展营销活动需要搜集哪些情报信息?

第一节 会展营销信息系统

营销大师菲利普·科特勒曾说过:"要管理好一个企业,必须管理它的未来;而管理未来就是管理信息。"对会展主办方而言,市场竞争的日趋激烈以及竞争环境的不确定性,使会展策划与营销活动越来越依靠信息。会展企业要在日益严峻的市场环境中求生存、谋发展,就必须掌握营销信息,进而建立起快速反应的营销信息系统,为制订营销决策提供科学依据。

一、会展营销信息系统的含义

会展营销信息系统是借助成熟的营销信息系统(Marketing Information System)相关理论,结合会展营销活动的具体特点而形成,是会展企业内部由营销人员、信息处理技术设备和信息处理运行程序组成的一个持续的、彼此关联的系统。该系统及时、准确地对会展营销信息进行收集、分析、评估、选择与传输,以便营销决策者制订营销计划、执行和控制营销活动。会展营销信息系统的构成如图3-1所示。

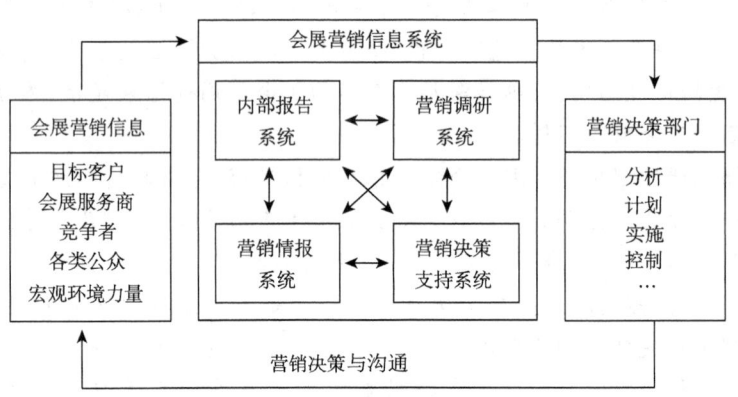

图3-1 会展营销信息系统

由图3-1可知,会展营销信息系统处于会展营销信息与营销决策部门(即信息使用者)之间,由内部报告系统、营销情报系统、营销调研系统和营销决策支持系统四个子系统构成。其中,内部报告系统的信息来自企业内部,如一线销售部门、人力资源部门、财务部门等;通常是定期提供信息,用于会展营销日常活动的计划、管理与控制。营销情报系统主要向会展企业的营销决策部门及时提供有关外部环境发展变化的情报信息,借助该系统,将外部环境发展趋势及最新信息传递给会展企业营销部门,供其进行营销战略决策。营销调研系与前述两个系统的显著区别在于其具有鲜明的任务型特征,即针对会展营销活动中某些特定的具体问题收集数据、分析研究并编写调研报告,以供营销决策部门参考。营销决策支持系统借助各种数学分析模型,对统计数据进行计量分析,帮助营销决策部门分析复杂的营销问题,以便做出更为科学的营销决策。

上述四个子系统根据需要收集信息,对所获取的各种数据资料进行分析与加工整理,然后传导给营销决策部门;营销决策部门进行分析、计划、实施、控制等营销决策,并通过营销沟通手段流回市场,作用于营销环境。

二、会展营销信息系统的构成

（一）会展营销信息

会展营销信息是指会展企业收集、处理的各种与会展营销活动密切相关的情报信息,一般分为宏观环境信息和微观环境信息。会展营销活动处于动态变化的市场环境之中,营销环境既能为展会带来市场机会,也可能造成潜在威胁,会展企业必须密切关注各种营销环境的变化趋势,制订与之相适应的营销战略,抓住市场机会的同时也要注意规避市场风险。

1. 宏观环境信息

宏观环境是指对会展营销可能产生影响而又为会展企业自身所不能控制的各种外部力量。对会展营销活动产生影响的宏观环境信息主要包括：

（1）社会经济环境。社会经济环境包括会展举办地的地区经济发展水平、展会题材所在产业的发展现状和发展前景、展会题材所在产业的市场规模、会展举办地的区位条件等,上述经济环境对会展项目能否成功举办有直接影响。

（2）政策法律环境。政策法律环境包括具有强制性的,对举办展会可能产生影响的各种政策、法律及管理条例,如展会题材所在产业的相关政策;政府对举办展会在消防、安保、工商管理、产品进出口、知识产权保护等方面的严格要求;相关法律如《广告法》《反不正当竞争法》《专利法》对举办展会的影响等。

（3）社会文化环境。社会文化环境对会展活动的影响主要包括人口的数量、质量、结构以及人们的文化修养、传统习惯、宗教信仰等因素,这些因素影响到参展商及观众对展会的招展、布展、餐饮、住宿、旅游、会展礼仪等方面的差异与需求。

（4）自然生态环境。当前我国自然生态环境的突出特点是自然资源日益短缺、环境污染日益严重、能源成本趋于提高、政府对自然资源的管理和对环境保护的干预日益加强。会展企业应积极了解生态环境方面的有用信息,在会展营销中顺应自然生态环境的变化,实施"绿色营销",如策划以降低能耗、循环利用、环境保护为主题的展会,布展中提倡绿色设计,物流中提倡绿色包装,使用环保且能循环利用的展具等。

2. 微观环境信息

微观环境是指与会展营销活动关系密切并能影响会展企业服务客户能力的各种因素,主要由会展企业内部资源、营销中介、会展服务商、客户、竞争者以及各类公众构成。会展企业必须做好微观环境信息的情报收集与市场调研,尤其应加大对目标客户需求和竞争环境方面的调研力度。

(1)会展企业内部资源。这是指会展企业内部所具备的各种办展条件,包括资金、人力、物力以及所掌握的信息资源和能联系的社会资源等。要了解上述资源是否具备在展会题材所在产业办展的优势。

(2)目标客户。对会展企业而言,最重要的目标客户是参展商和专业观众,其次为一般观众。其中,参展商是会展产品的主要购买者,是会展主办方最主要的营销服务对象;专业观众是出于贸易目的而来,也被称为采购商(或买家),拥有一定数量与质量的专业观众是展会成为"品牌展"的重要标志之一;一般观众则是以增长见识、开阔视野为目的前往展会现场参观的普通群体,他们对增加展会人气、活跃展会气氛、扩大参展商的广告效应和知名度有一定作用。对各类目标客户参展或参观需求的调研,是会展营销调研工作的重点。

(3)营销服务机构。是指受主办方委托,为展会提供营销服务的各种组织或机构,如市场调查公司、招展代理商、招商代理商、广告代理商和其他营销服务机构,它们的工作成效直接影响到会展营销的效果。

(4)会展服务商。是指受主办方委托,为展会提供服务的各类组织或机构,包括场馆、展品运输商、展位承建商、展会指定的旅游公司和酒店、提供展会资料印刷和观众登记的专门服务商等。会展服务商提供的产品和服务直接关乎会展产品和服务的质量,会展企业应注意收集各类服务商的信息,从中甄选高质量的服务商,并时刻监督其服务质量。

(5)竞争者。是指与本展会构成竞争关系的其他同类展会。竞争者是会展营销决策的重要影响者,会展营销人员必须密切关注并及时收集有关竞争者的情报,包括本地区会展行业的竞争态势及市场结构、主要竞争对手的基本情况、竞争优势与劣势、会展营销战略与策略等。

(6)公众。是指对会展活动的开展有实际或潜在影响的各种群体,包括政府公众、媒体公众、公民团体公众、展会举办地当地公众以及会展企业内部公众等。会展企业应注重收集来自各类公众的信息,了解公众对本展会的理解程度、期望程度和满意程度,采取适当措施,树立本展会在公众中的良好形象。

(二)会展营销信息系统的构建

如前所述,会展营销信息系统由内部报告系统、营销情报系统、营销调研系统和营销决策支持系统四个子系统构成。以下我们分别进行阐述。

1. 内部报告系统

内部报告系统是会展企业的营销决策部门使用最多、最基本的信息搜集处理系统。其最大特点是：①信息来自企业内部，如一线销售部门、人力资源部门、财务部门等；②通常为定期提供信息，用于会展营销日常活动的计划、管理与控制。会展企业在设计和运行内部报告系统时应特别注意以下问题：

一是规范化。规范化运作是保证内部报告系统数据稳定性和准确性的基础，如果不能保证系统信息数据的准确性，就无法保证分析结果的安全性，由此做出的营销战略与策略也不具有针对性。

二是时效性。我国会展市场竞争日趋激烈，市场环境瞬息万变，谁能在第一时间抓住市场机会，就能在激烈的市场竞争中占得先机，赢得主动，而快速及时的情报提供和战备策略运用，可以帮助企业抓住市场机会；反之则可能使近在眼前的市场机会转瞬即逝。

三是针对性。会展企业内部报告系统应避免目标数据的非相关性，即信息要求准确且信息量少，减少营销决策人员处理信息资料的复杂程度，使其有更多精力投入营销分析、营销战略与策略的制订上。

内部报告系统对营销决策人员也提出了较高要求。由于提供信息的部门不同，其所提供信息的目的也不同，导致各种信息交织在一起，信息量大而杂乱，这就要求营销决策者具有敏锐的营销思维，准确有效地筛选与甄别信息，合理利用信息，为会展营销决策提供合理的数据分析参数。

2. 营销情报系统

营销情报系统的主要功能是向会展企业的营销决策部门及时提供有关外部环境发展变化的情报信息，借助该系统，将外部环境发展趋势及最新信息传递给会展企业营销部门，为其进行营销战略决策提供重要参考。

与内部报告系统中的信息来自会展企业内部不同，营销情报系统的信息数据全部来自会展企业外部。如前所述，会展营销活动的开展与实施会受到各种外部环境因素的影响与制约，它们既可能为会展营销带来市场机会，也可能造成潜在威胁，会展企业只有做好对外部环境信息的情报收集与市场调研，才能更好地把握市场机会，规避市场风险。

会展企业获取营销情报的方法是多种多样的，比较常见的有案头调查法、访问面谈法、问卷调查法、现场观察法等。为进一步提高收集情报的数量和质量，会展企业还可以通过以下方法拓宽收集情报的渠道。

第一，训练和鼓励销售人员收集情报。销售人员是直接接触外部环境特别是会展客户的人员之一，他们能获得很多营销决策人员接触不到的情报信息。

会展企业应训练和鼓励销售人员去发现和收集营销情报,建立良好的制度,使销售人员及时撰写报告或将情报信息输入营销管理系统中。

第二,利用销售代理商收集情报。销售代理商是受会展主办方委托进行展位销售或招商的,他们直接与目标客户接触,易于了解客户的需求特点、其对展会以及主办方的意见与要求,会展企业可通过建立销售代理商定期书面报告制度,要求代理商每隔一段时间向主办方以书面形式对招展、招商情况进行汇报,便于及时收集营销情报。

第三,聘请专家收集营销情报,或向市场调研公司或行业信息机构购买有关市场动向、竞争态势等的营销情报。上述专家及专业机构调研经验丰富,调研技术与手段先进,其提供的情报信息质量很高。

第四,会展企业还可在本企业内部建立营销信息中心,安排专人负责营销情报收集、编写简报以及情报传递等工作。

3. 营销调研系统

营销调研系统的任务是针对营销活动中所面临的某些具体、明确的问题,对有关信息进行收集、整理与分析,并将研究结果形成正式报告,供会展企业营销决策部门解决这些特定问题。

与前述两个系统不同,营销调研系统的针对性很强,是为解决特定的具体问题而从事的信息收集、整理与分析工作。换言之,营销调研系统具有鲜明的任务型特征,即针对会展营销活动中某些特定的具体问题收集原始数据、分析研究并编写调研报告,供决策部门参考。会展企业在营销决策过程中经常需要对某个特定问题或机会进行重点研究,如某一会展项目立项前对其市场可行性和发展前景的研究;或在制订展位价格时对参展商价格接受能力的预判;或欲了解目标客户对某一特定会展活动的组织与服务工作的满意程度等。对这些市场问题的研究,无论是内部报告系统还是营销情报系统,都不能很好地胜任,因而需要由营销调研系统来承担。

有关会展营销调研的程序、方法与技术等内容将在本章第二节和第三节详细介绍,此处不做赘述。

4. 营销决策支持系统

营销决策支持系统借助各种数学分析模型,对统计数据进行计量分析,帮助营销决策部门分析复杂的营销问题,以便做出更为科学的营销决策。该系统包括两组工具,即统计工具库和模型库。其中,统计工具库采用各种统计分析技术,从已获得的各种信息数据中提取有意义的信息,比较常用的统计分析工具如相关分析、指数分析、因果分析、趋势分析等,这些方法是分析和预测未来经营状况和销售趋势的有效工具。模型库包含了各种可帮助会展企业进行科学决策的数学模型。自20世纪60年代以来,管理学领域大量引进数量模型作为决策依据的做法也渐为市场营销学领域所效仿,营销专家借助数学工具建立了大量数学模型用于营销决策,如新产品销售预测模型、广告预算模型、竞争策略模型、产品定价模型以及最佳营销组合模型等,借助这些模型和程序,可以从所收集的情报和信息中发掘出更精确的调查结果。现在,越来越多的会展企业致力于建立先进的营销信息系统,将会展营销活动所涉及的各种数据的处理工作纳入该系统,应用数学模型进行科学的营销决策。

第二节 会展营销调研的内容与程序

在会展营销活动中,市场调查是基础。一项大型会展活动,从选题、立项策划到展位定价、招展招商,再到会展服务全过程都离不开广泛、深入的市场调查。正如美国红岸(Red Bank)展览调查公司首席运营官考克斯(Skip Cox)先生所言:"越来越多的会展公司意识到,要想在竞争激烈的领域取得更大成功,他们需要通过市场调查来帮助自己做出更好的决定。"而根据美国领英(Frost Miller)集团和 Jacobs Jenner & Kent 公司联合主持的第三届参展趋势调查(针对贸易展会组织者)结果,那些广受欢迎的展会开展营销调研的频率是普通展会的4倍。

一、会展营销调研的含义

会展营销调研是指会展主办方运用科学的调查方法和手段,对与本会展项目相关的市场情报进行系统的收集、整理、分析和评价,旨在为组织制订营销决策提供科学依据的过程。这一定义可从以下三个方面理解:

第一,会展营销调研是一个动态过程,旨在为处于动态市场竞争环境中的会展主办方制订营销决策提供依据。

第二,会展营销调研的成果既可以是直接的调研统计数据,也可以是调研分析报告,在实际工作中往往后者居多。

第三,会展营销调研必须有明确的调研目的,利用特定的调研方法与手段,以确保调查结果的客观性和准确性。

会展营销调研是会展活动成功举办的基础和先决条件,在会展营销中扮演着极为重要的角色。本节将系统阐述会展营销调研的内容、方法及操作流程,希望对会展企业有效开展营销调研并据此制订科学的营销决策提供理论指导。

二、会展营销调研的主要内容

会展营销调研是综合运用市场调查技术和手段,对与该会展项目有关的各种市场情报所进行的系统调研。会展营销调研的内容通常包括以下几类。

（一）对会展营销环境的调研

对会展营销环境的调研主要是对影响某一特定会展项目营销活动的各种宏观与微观市场环境的调研。其中，宏观环境是对该项目营销可能产生影响而又为会展企业自身所不能控制的各种外部力量，包括社会经济环境、政策法律环境、文化环境、自然生态环境、科技环境等。会展企业开展营销活动必须密切关注宏观环境的变化趋势，制订与之相适应的营销战略，在抓住市场机会的同时注意规避市场风险。微观环境是指由会展服务商（如场地提供商、酒店、展品运输商、展位承建商、展会资料印刷商等）、各种营销中介机构（如招展代理商、招商代理商、广告公司等）、竞争者（与本展会构成直接竞争关系的其他同类展会）以及各类社会公众构成的营销环境。微观环境与会展营销活动密切相关且直接影响到会展企业服务客户的能力及营销效率，为此，必须做好对微观环境信息的情报收集与市场调研工作。

（二）对目标客户的调研

对会展企业而言，最重要的目标客户是参展商和专业观众，为此，应对目标客户及其需求进行充分有效的调研，并针对其参展或参观需求有的放矢地开展会展营销活动。对目标客户的调研应包括：

（1）参展商或专业观众的基本情况。会展企业的目标客户基本都是机构客户，对目标客户基本情况的调查包括企业的性质、规模、地理区位、所属行业以及其生产经营状况等。

（2）参展商或与会者的购买行为研究。参展商或与会者的购买行为直接关系到展览或会议的规模和市场价值，会展企业通过对参展商或与会者购买行为的研究，了解其购买行为特点以及影响因素，从而制订有效的经营决策。此方面的调查项目包括参展状况（如参展频率、参展方式、参展费用）、参展目的、对本展会的认知度、对本展会的总体评价、参展决策过程、对价格反应的敏感程度、了解展会的信息渠道等。

（3）对忠诚客户的重点调研。忠诚客户能够为展会带来更多盈利，是必须予以高度关注的优质客户，会展企业应将更多的资源（如市场调研、市场推广、客户联络等）投放到此类客户群体上，为其量身定制营销方案，提供针对性服务。此方面的调查项目包括其生产经营动态，参展状况，对本展会的满意度及总体评价，对会展项目、服务、价格等方面的具体意见和要求，有无尚未满足的需求等。

（三）对竞争状况的调研

俗话说："知己知彼，百战不殆。"竞争状况调研是会展营销调研中不可或缺的组成部分。会展主办方在实施会展营销活动前,调研与本会展项目形成直接竞争关系的其他同类会展项目,分析其市场竞争能力以及市场占有情况,进而明确自身的竞争地位,制订行之有效的竞争策略。对竞争状况的调研应包含以下内容:

(1)本地区会展行业的竞争态势及市场结构;

(2)主要竞争者的基本情况,如会展主办方的资金实力、运作经验、管理模式、社会资源、技术手段、人才及信息资源等;

(3)主要竞争者开展会展营销活动的情况,如项目规模、项目定位、展位价格、招展招商方式、客户(参展商和专业观众)构成情况、市场占有率情况、市场推广手段、与己相比有哪些优势与特点等。

(4)本会展项目的独特竞争优势;

(5)一定区域范围内未被发现的市场机会。

以上是会展营销调研的主要内容。其中,对目标客户的调研主要通过问卷调查、访问面谈、展会现场观察等方式获得一手资料。对其他情报信息的收集可采用:①案头调查,如查阅企业资料、公开出版的图书期刊、统计公报、网上资料等;②走访调查,如走访参展企业、专业买家、招展代理商、政府部门、行业商协会等;③购买专业调研机构的调研报告等;④其他多种手段。

三、会展营销调研的程序

会展营销调研是一项复杂而细致的工作,唯有建立一套系统、科学的程序,合理安排调研流程,才能避免人、财、物和时间的浪费,提高调研工作的效率与质量。会展营销调研包括以下五个基本步骤:确定调查目标、制订调查方案、进行实地调查、整理分析资料、撰写调研报告(见图3-2)。

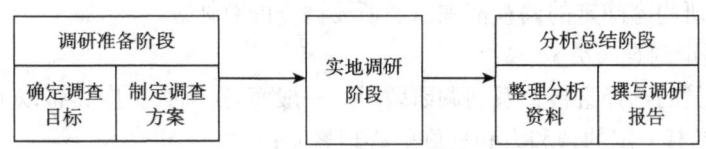

图3-2 会展营销调研的程序

(一)确定调研目标

实施会展营销调研首先必须明确调研目标,即为什么要进行调研,通过调研要解决哪些问题,有关调研结果对会展主办方有何作用,等等。只有这些问题清晰明确了,调研工作才能有的放矢地展开。

调研目标的确定是一个由抽象到具体，由一般到特殊的过程。调研组织者首先应限定调研范围，找出通过调研最需了解或最需解决的问题，然后分析现有与调研问题有关的资料，在此基础上明确调研需要重新搜集的资料，最后锁定此次调研的主要目标。

为使调研目标更加准确集中，可事先做一次预调查，如调研展会以往的内部资料、对主办方相关部门的领导进行深度访谈、与参展商代表座谈等，逐步缩小调查范围，最终锁定调研目标。

（二）拟订调研方案

调研目标确定后，就要拟订具体的调研实施方案。调研方案是会展营销调研工作的行动纲领，务求做到清晰、具体、可行性强。一般而言，调研方案的主要内容包括调研目的、调研内容、调研方法、调查人员、调研费用、调研进度安排等。

1. 确定调研目的和调研内容

调研目的是指通过本次调研所要解决的问题及所要达到的目标；调研内容是对调研目的的细化。调研组织者在明确调研目的以及调研所要解决的主要问题后，需要将调研目的具体化为能直接进行调查的操作变量，列出调研内容的细目。

2. 确定调研方法

市场调查的方法有很多种，具体到会展营销调研，比较常见的有案头调查法、问卷调查法、焦点小组访谈法、观察法等，采用何种调查方法，取决于调研目标和调研任务。在具体操作中，调研组织者常将多种调查方法组合使用。

3. 确定调研区域和调研对象

即解决在什么地区、在多大范围内、向谁进行调查的问题。这是根据调研目的和调研内容确定的调查范围以及所要调查的总体。

4. 确定调查人员

调查员的选择直接关系到调研效果。一般而言，调查员应具备以下条件：

（1）具有一定的亲和力和良好的心理素质；

（2）了解调研目的及所要解决的问题；

（3）掌握同被访者沟通的面谈技术；

（4）善于观察被访者的心理变化及行为动机；

（5）能正确表达所收集的资料；

（6）有一定的市场调查经验，特别是会展营销调研的知识与经验。

为确保会展营销调研的质量和效率，在实施调研前，调研组织者应对调查员进行调研内容和调研业务方面的集中培训，使其明确调研方案，掌握调查技术,了解与调研主题相关的经济知识、业务技术知识等。此外,还可对调查员进行实操训练,模拟实际调查中的情境以及可能遇到的各种问题,锻炼调查员应对、处理实际问题的能力。

5. 调研经费预算

会展营销调研的费用开支主要有三方面:①调查费,包括问卷设计费、资料印刷费、调查员培训费、交通费、调查员劳务费、礼品费等;②分析费,主要是调研资料的上机处理费和统计分析费;③资料费,即购买专业调研机构资料的费用。调研组织者应核定调研过程中将发生的各项费用支出,合理编制会展营销调研的经费预算。

6. 制订调研进度时间表

为保证调研工作顺利进行,还需制订详细的调研进度时间表,对调研工作的具体流程及时间安排进行规定与控制。

(三)进行实地调研

实地调研阶段的主要任务是组织调查员深入调查现场,按照调研方案的要求,系统地收集各种调查资料。实地调研的基本程序包括以下几个方面:

1. 组织人员

招募调查员,组织调查员集中学习,进行调研内容和调查业务方面的培训,务必使每位调查员都熟悉调研内容和调查流程,确保营销调研工作规范统一。

2. 准备调研所需的资料和物品

实地调查所需的资料和物品包括调研提纲、调查问卷、照相机、录音笔、麦克风、笔、小奖品等。需要注意的是,问卷需要事先进行顺序编号,记下每位调查员分别负责发放哪些编号区间的问卷,回收回来的问卷是哪些编号的,以便对问卷的发放和回收进行管理。

3. 现场调查

调查员在现场调查中应注意遵守调查规范,运用调查技巧,在保证真实性的前提下,努力提高问卷的回收率。要填写问卷发收表,问卷发收表是以每份问卷为单位编制的,调查员填写每份问卷的发出时间、地点、发放问卷的调查员、收回时间、收回状态(包括有效、拒答、未答、丢失、无效)及备注事项。

4. 现场秩序督导

按区域配备督导员,负责对调查员进行培训、指导,监督调查现场秩序,审查调研结果,定期开会讨论,及时处理各种可能出现的问题。

5. 核查问卷

对于回收的问卷应进行多重核查,经审核发现问题的问卷应立即进行订正或返回原地重新调查。核查问卷的程序具体如下:

(1) 现场审核订正。调查员对回收上来的问卷马上进行检查订正,对字迹不清、选择似是而非的,要凭记忆为答卷人确定确切答案,甚至对答卷人进行重新访问。

(2) 督导抽审。督导员对调查员交来的回收问卷立即进行抽查审核(通常抽查20%左右),对有问题的问卷讨论订正或发回重新调查。

(3) 编辑审核。在将回收问卷的数据录入数据库之前以及录入过程中,编辑或录入人员要进行第三重审核,通常是抽查审核。录入数据库后,还需要进行数据的逻辑审核。

经过审核后的问卷分为有效问卷、无效问卷、疑似无效问卷三种。需要注意的是,由于问卷回收不易,且大量无效问卷会使抽样失去准确性,所以在对疑似无效问卷的处理中要慎重,不要轻易将疑似无效问卷判为无效。对大面积空白、逻辑检查大量出错、字迹严重不清的问卷,经督导员确认,可以作为无效问卷处理,但要写明原因和处理过程。

(四) 整理分析资料

从被调查者处收集来的资料千差万别,因此,应对所收集的资料进行整理与分析。这一阶段的主要工作有:

1. 编校

编校是指对收集的资料加以校对核实,剔除其中的错误部分或不符合实际的成分,如调查员的主观偏见、被调查者有意敷衍、不完整的答卷、重复的答卷、前后有矛盾的答案等。

2. 归类

归类是指把经过编校的资料归入适当的类别,以便录入计算机进行处理。

3. 制表

制表是指将已归类的资料系统地制成各种统计图表,以供资料分析时使用。编制统计图表的工作可由计算机完成。

4. 资料分析

无论是问卷调查还是案头调查,都会得到大量的数据,对这些数据的统计分析,是会展营销调研的重要内容,同时也是一项难度很大的工作。统计分析一般采用数理统计的方法,包括单变量的描述统计、二变量交叉列表、推论统计、多元统计等,对此,目前已经有完善的数理统计软件,如 SAS、SPSS 等,在 EXCEL 中也可以进行简单的一元和多元统计。具体的数理统计方法本书不做介绍,感兴趣的读者请参考有关专业书籍。

(五) 撰写调研分析报告

会展营销调研的结果最终要以调研报告的形式提交给主办方的营销决策

部门,因此,调研组织者非常重视调研报告的撰写。

1. 调研报告的结构

一份完整的营销调研分析报告应包括以下内容:

(1)题目。包括调研报告的标题、完成日期、承办部门、撰写人等。

(2)摘要。介绍调研报告的主要内容,提出重要的结论和建议。

(3)序言。简要介绍本次调研的背景、动机、调研拟解决的主要问题、调研过程设计、调研实施要点、调查方法说明等。

(4)报告主体。主要是对调研资料的分析,综合各种调研结果所得出的重要结论,根据结论所提出的合理化建议等。

(5)附录。包括统计图表、计算公式、参考数据和资料来源、使用的统计分析方法说明等。

2. 调研报告的撰写原则

会展营销调研工作的终结以提交完整有效的调研分析报告为标志。作为一份为会展企业营销部门制订营销决策提供科学依据的重要文件,营销调研报告的撰写应遵循如下基本原则:

(1)客观、真实、准确地反映本次调研成果;

(2)内容简明扼要,文字精练,重点突出;

(3)结论和建议部分表达清晰,可归纳为要点;

(4)调研报告后应附必要的图表和附件,方便阅读和使用;

(5)调研报告结构完整,印刷精致、美观。

第三节 会展营销调研的方法与技术

会展营销调研是综合运用市场调查的技术与手段,对与会展项目有关的各种市场情报所进行的系统调研。对会展营销调研而言,选择恰当的调查方法与调查技术是非常重要的。

一、会展营销调研的常见方法

会展营销调研包括定性调研和定量调研两大类:定性调研的目的在于发现问题以及寻找解决问题的方案,定量调研用来测试衡量上述方法是否可行、有效。定性调研常见的方法有案头调查法、焦点小组访谈法、观察法等,而定量调研最主要的方法是问卷调查,不论是通过电话、信函、互联网还是面对面,都可以得到有价值的数据。在具体操作中,会展企业可以根据调研目的、调研内容以及调查对象的特点,选择恰当的调研方法。

(一)案头调查法

案头调查法是通过收集前人为了其他目的而收集的数据或得出的结论,进行定性研究的一种方法。案头调查法收集的是二手资料。按其资料来源,可分为内部资料、外部资料两大类(见表3-1)。

表3-1 案头调查的资料来源

主办方内部	业务经营部门、人力资源部门、财务部门、档案部门等
主办方外部	
专业机构	专业调研咨询机构
社会组织	行业商协会、消费者组织、群众组织、国际组织
公共机构	图书馆、档案馆、信息中心、科研院所、学术团体、大专院校、政府机构、各驻外使领馆、外国驻华机构
新闻出版	商务性和行业性报纸杂志、统计公报、工商企业名录等
网站	门户网站、政府网站、企业网站、BBS、博客

(二) 问卷调查法

问卷调查法是由调查组织者根据调查目的设计调查问卷,然后采取抽样调查的方式抽取调查样本,通过调查员对样本的访问完成事先设计的调查项目,最后再由统计分析得出调查结果。

在会展营销调研实践中,问卷调查是最常见的,也是被主办方广泛采用的调查方法。例如,在进行展会服务满意度调查时,对参展商及观众均采取问卷调查法。按照问卷传达方式的不同,问卷调查法可分为邮寄问卷调查、电话访问调查、电子邮件调查、留置问卷调查和拦截访问调查(见图3-3)。表3-2是问卷调查法的常见形式、具体做法以及特点分析,供读者参考。

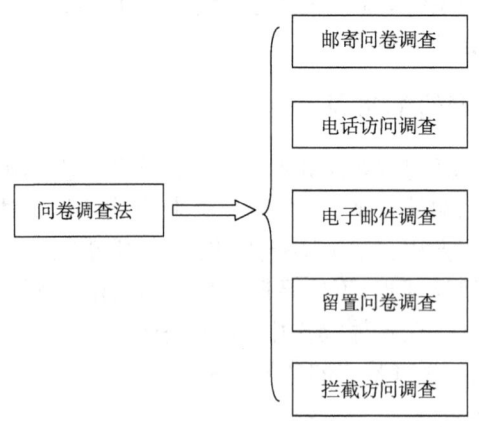

图3-3 问卷调查法的常见类型

表3-2 问卷调查法的常见形式及特点分析

问卷调查形式	具体做法	优点	缺点
邮寄问卷调查	将设计好的问卷邮寄给被调查者,由被调查者按照要求填妥后寄回调查问卷	①调查区域广、范围大;②调查成本低,样本数目较多;③被调查者有充裕的时间作答,且不受调查员倾向性意见的影响	①问卷回收率较低(一般在15%左右);②获取资料的时间较长;③资料的真实性、可靠性不易评价
电话访问调查	由调查员在电话一端遵照调查问卷逐条询问被调查者,以获得调查资料与数据	①可在短时间内调查较多的样本;②成本较低;③可听到被调查者对所提问题的反应	①受通话时间限制,不易询问复杂问题;②不能与调查者见面,观察不到其表情反应;③不易得到对方的合作
电子邮件调查	利用网络用户的E-mail地址,采取随机抽样的方式,向被调查者发送E-mail问卷,再对被调查者使用电子邮件催请回答	①调查效率高;②成本极低;③接触效果好,调查表回收率高;④调查资料的统计分析快捷	①只反映网络用户的意见,样本不一定完整;②被调查者多回答感兴趣的问题,样本代表性不高
留置问卷调查	调查员将问卷当面交给被调查者,并详细说明调查目的和要求,将问卷留在被调查者处让其自行完成,再由调查员在约定时间收回	这是介于面谈调查和邮寄问卷调查之间的一种折中办法,弥补了邮寄问卷回收率低的缺点,也弥补了面谈调查被调查者不愿意或没有时间填写问卷的不足	①与前三种问卷调查法相比,调查地域范围受限制;②调查成本较高
拦截访问调查	由调查员在特定地点,随机拦截访问被调查者。因其抽样和调查方法简单易用,故在广告调查中被广泛应用	①能当面听取被调查者意见并观察其反应;②直接接触实物资料,可随时提出问题;③问卷回收率高(90%以上);④调查资料比较真实可靠	①调查成本高;②对调查员素质的要求较高;③不利于对调查员的工作进行控制;④被调查者可能不愿意或没有时间接受拦截访问

(三)焦点小组访谈法

焦点小组访谈法作为一种定性调研方法,在会展营销调研实践中经常被采用,正如美国米切尔森调研协会米切尔森(Mark Michelson)先生所言:"如果会展项目经理想得到一些新的信息,那么定性调查是最好的,因为它没有一个固定的问卷……此时你并不是想确认任何事,而是想要去发现怎样做才能改进项目和服务。"焦点小组访谈法是邀请6~10名被调查者,由调查员(主持人)对他们进行访谈,通常又称为座谈会。在主持人的引导下,焦点小组按照一定的谈话路线回答主持人的问题,并进行讨论。

为使访谈富有成效,焦点小组访谈法需要遵循以下步骤:

(1)制订计划。按照访谈主题和调查对象的特点,拟定访谈提纲或谈话路线,使访谈能够达到预期目的。

(2)选择参加者。焦点小组的组员是调查对象的代表,可以通过抽样获得,也可以由调查组织者通过主观判断筛选获得。

(3)选择主持人。主持人需要了解调查主题,有协调和掌控讨论过程的能力。

(4)选择或布置环境(测试室)。重要的焦点小组访谈要求在有单面镜①的测试室中进行,有监控摄像设备,录下讨论过程以备事后分析。

(5)访谈过程控制。在访谈过程中进行协调,引导小组讨论,使讨论尽量按照访谈提纲进行,做好讨论记录。

(6)分析访谈结果。对访谈结果及时整理分析,编写访谈报告,必要时需进行补充调查。

(四)观察法

观察法是在被调查者不知情的情况下,通过观察被调查者的活动取得第一手资料的调查方法。采用观察法时,调查员不与被调查者正面接触,被调查者感觉不到测试压力,是一种自然状态下的测试,因而常能获得令人信赖的调查结果。

观察法既可以通过调查者在现场直接观察,也可以借助诸如摄像机、监测探头等仪器设备记录被调查者的行为,如观众如何获得目标展台的信息、他们沿途参观了哪些展台以及哪些展品引起他们驻足停留、参展商对观众的反应等。在实施观察法前,通常要拟订一份比较详细的观察计划,包括拟观察的对象、观察的时间、地点、内容、难点以及克服方法、所需材料与设备等。

观察法可以让会展组织者从客户的视角来分析问题,能够在真实的环境中观察他们的行为,调查结果比较真实、可靠,在自己的展会或竞争对手的展会中都可运用这种方法。但观察法也存在一些缺陷,其一,调查成本较高;其二,只

---

① 单面镜(one-way-mirror):在一间特别设计的房间墙壁上镶一面极大的镜子,从这间房间看去它是一面镜子,但从毗邻的房间看却是一块玻璃,能够看到该房间的内部情况,可观察被调查者的自然状态。

能观察或记录到被调查者的表面行为,而不能了解其内在心理的变化,如观众沿途参观了哪些展台、忽略了哪些展台,调查可以给出统计意义上的结果,却无法说明观众为什么对某些展台感兴趣而又对某些展台兴趣不大。有鉴于此,调查员常常将观察法与其他调查方法(如访谈法)配合使用,以便获得更有价值的调查资料。例如,观众在进入场馆或是浏览整个场馆布局图时遇到了困难,调查员可以询问他怎样做能避免该情况发生。再如,某家参展商展台前人流稀少,调查员可以询问周围的观众为什么不停下来看看。

二、会展营销调查问卷的设计

问卷调查法是会展营销调研中最有效,也是最常被使用的方法。在问卷调查中,问卷设计是非常关键的环节,问卷设计是否科学合理,决定了问卷的回收率和有效率,进而影响到会展营销调研的效果。

(一)调查问卷的基本结构

一份完整的调查问卷包括以下基本部分:问卷标题、封面信、调查内容、被调查者基本情况。

1. 问卷标题

问卷标题一般由调查的对象和内容再加上"调查问卷"组成,如"第26届中国国际汽车用品展览会参展商满意度调查问卷",问卷标题应简明扼要、清楚明确、主旨突出。

2. 封面信

封面信部分一般包括如下内容:
(1)称呼、问候,如"××先生/女士:您好!";
(2)调查员的自我介绍,如调查的主办单位及调查员个人身份的简要介绍;
(3)本次调查的目的、意义,简要说明即可;
(4)填写问卷所需的时间说明;
(5)保证作答对被调查者无负面作用,并替他保守秘密;
(6)向对方的合作表示真诚谢意。

以下调查问卷的封面信,供读者参考。

尊敬的参展商:

您好!感谢您参加本届××展会。

我们是展会组委会统计信息组调查员,为了收集您对本届展会的宝贵意见和建议,进一步改进并完善我们的服务、组织工作,烦请您在百忙中协助我们填写本调查问卷。我们承诺调查数据均会保密不做其他用途。谢谢您的合作!

第×届××展会组委会

封面信的语言要亲切礼貌、简洁明快、态度真诚，要使被调查者消除顾虑，乐于配合填写问卷。

3. 主体调查内容

这是调查问卷最重要的部分，包括具体问题、备选答案、回答说明和编码。具体问题是围绕调查主题而设计的一系列问句，可分为封闭式、开放式和量表式三类，我们将在本节随后介绍。备选答案是对封闭式问题所给出的可供选择的范围。回答说明包括对问题的填答方法、跳答指示等。编码是指问句的题号、备选答案的编号，这些都会用在后面资料预处理部分的编码表中。

4. 被调查者基本情况

了解被调查者的背景资料。参展商或采购商的基本情况包括其单位性质、所属行业、单位规模、单位所在地理区域等因素，个人观众的基本情况包括其性别、年龄、文化程度、从事职业等因素。有的调查问卷把该部分放在主体内容之前，也有些问卷出于降低敏感性考虑，把该部分放在主体内容之后，这都是可以的。

(二) 调查问题的设计

会展营销调查问卷所涉及的问题主要有三种形式：封闭式问题、开放式问题和量表应答式问题。

1. 封闭式问题

封闭式问题是指对所提出的问题给出可供选择的答案，被调查者只能在既定的答案中进行选择。具体到会展营销调查问卷，最常见的封闭式问题有三种：

(1) 二项选择法，即由被调查者在预先给定的、相互对立的两个答案中选择其一。例如：

您是否听说过××展会？

A. 是（　　）　　　　　　　　B. 否（　　）

(2) 多项选择法，即对所提出的问题，预先给出若干个答案，请被调查者从中选择一个或几个。例如：

您获悉本届展会的信息来源是（可多选）：

A. 新闻报道（　　）　　　　　B. 广告宣传（　　）

C. 网络媒体（　　）　　　　　D. 专业刊物（　　）

E. 主承办单位邀请（　　）　　F. 朋友/同事告之（　　）

G. 其他途径（　　）

再如:

您参观本届展览会的主要目的是(可多选):

A. 了解前沿科技成果(　　)　　B. 了解市场信息(　　)

C. 采购产品(　　)　　　　　　D. 寻找合作项目或伙伴(　　)

E. 寻找投资项目(　　)　　　　F. 其他(　　)

(3)顺位法,即要求被调查者对所询问问题的答案按照自己认为的重要程度排序作答。例如:

您对本届展会的哪一展示主题印象最深刻(请选择最主要的三个,并按重要程度排序):

A. 最新科技成果(　　)　　　B. 自主创新(　　)

C. 国际合作(　　)　　　　　D. 区域经济(　　)

E. 循环经济(　　)　　　　　F. 数字奥运(　　)

G. 科技生活(　　)　　　　　H. 汽车科技(　　)

调查问卷中的封闭式问题还有回忆法、再确认法、程度倾向法等,由于在会展营销调查问卷中很少使用,本书在此不赘述。

对于封闭式问题,被访者易于作答,能节省调查时间,提高问卷回收率。同时,标准化的答案便于统计分析和制表。有鉴于此,封闭式问题在会展营销调查问卷中被大量采用。但需要指出的是,封闭式问题也有缺陷,如被调查者在备选答案中找不出适合自己的选项时,很可能会任意选择,这就会导致调查结果出现偏差。为此,调查者在设计封闭式问题的答案时应力求全面、准确。封闭式问题适合于收集事实性信息或被调查者有明确看法的意向型问题,而对于那些寻找动机的探索性调查,采用开放式问题更适宜。

2. 开放式问题

开放式问题是指对所提出的问题,不给出应答的备选答案,被调查者可以畅所欲言,不受限制地回答问题。例如:

您对本届展会的现场服务方面有哪些意见与建议?

_____

开放式问题的优点有:①调查者拟定问题比较容易;②被调查者回答问题时思路不受限制,调查者可获得更为广泛的信息和建设性意见。

开放式问题的缺点有:①调查时间较封闭式问题长,调查易被拒答,回答率较低;②对答案的审核、编码、分析繁琐,不便于数据整理和上机进行统计分析。故在设计会展营销调查问卷时,应控制开放式问题的比例。

3. 量表应答式问题

量表是市场调查中常用的一类问句。按照使用技术的不同,量表可分为多种类型,最基本的有评比量表和语意差别量表两种。

(1)评比量表。评比量表是量表的最基本形式,它是单选题,针对一个主题进行提问,选项是从一个极端经过一定的刻度值到另一个极端的尺度,如非常满意、满意、一般、不满意、非常不满意。例如:

您对本届展览会的现场服务水平是否满意?
A. 非常满意　　B. 比较满意　　C. 一般　　D. 不满意
E. 非常不满意

(2)语意差别量表。对同一主题进行评价时,如果有多个评价指标,就可以由多个评比量表组成一个语意差别量表。将各个子量表的得分刻度连线,就得到了被调查者对调查主题的看法的剖面图,其倾向性一目了然。请看下列经填写过的语意差别量表:

展会宣传推广的侧重点不同对您参展的影响程度

(在您认为合适的格子里划"○")

重要程度 项目	非常重要	重要	不确定	不重要	非常不重要
展位价格				○	
展会品牌		○			
地理区位特色	○				
洽谈机会	○				
主办方组织管理		○			

以上语义差别量表也可以做成下面的形式:

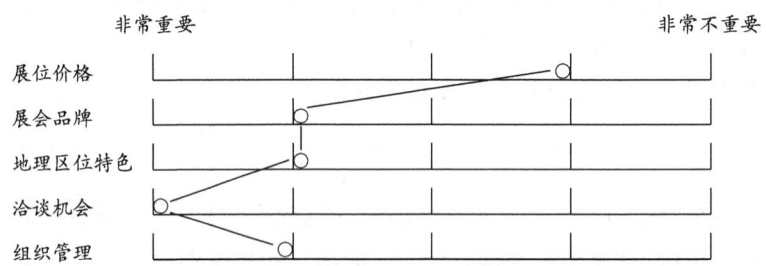

(三)调查问卷的设计原则

总体来说,一份有效的调查问卷应具备三个显著特征:集中、简洁、明了。集中是指所有调查问题都必须围绕调查目标展开,无关或关系不密切的问题不出现在问卷中;简洁是指问题及答案的描述应简明扼要,问卷不能繁复冗长;明了是指问卷中的措辞清楚明白,使被调查者易于理解,便于回答。

调查组织者在设计会展营销调查问卷时应遵循以下四个基本原则:

1. 准确性原则

这是调查问卷设计的首要原则。准确性原则是指问卷中的问题表达清楚明白,便于被调查者对提问做出明确的回答;答案选项完整、准确,避免相互交叉或包容。

当前问卷设计在准确性方面存在的问题主要有:

(1)用词含糊不清,模棱两可。如对展会观众满意度调查问卷中的问题:

您是否多次参观××展会?

A. 是　　B. 否

不同的被调查者对"多次"的理解是不同的,有人认为两三次就可算"多次",而有人认为每届都参观才能算"多次",这样调查的结果必然出现偏差。

(2)问句一题多问。如:

您对本次展览及专项交流活动是否满意?

A. 很满意　　B. 满意　　C. 一般　　D. 不满意　　E. 很不满意

该问句包含了展览和专项交流活动两个主题,其结果可能是对展览不满意、对专项交流活动不满意以及对两者都不满意的被调查者都回答"不满意",调查结果会出现偏差。为此,该问句应分两个问题询问:

您对本次展会的展览部分是否满意?

您对本次展会的专项交流活动(会议/论坛)是否满意?

(3)答案选项含义模糊或相互交叉。如:

您参观××展会的主要目的是:

A. 信息沟通　　B. 贸易洽谈　　C. 寻找项目　　D. 参观

该问句的答案选项语义模糊且相互交叉,被调查者很难从中做出选择以准确表达自己的意见和看法,可能就会随便作答,影响调查结果的科学性。

2. 简单性原则

一份好的调查问卷应使被调查者能答、爱答、易答。要做到这些,则问卷设计必须简单。简单性原则包括:

(1)问题的设计通俗易答,符合被调查者的知识水平和理解能力;

(2)问卷中的措辞亲切有礼,使被调查者乐于合作并愿意如实回答;

(3)对敏感性问题采取一定的提问技巧;

(4)控制问卷的长度,答题时间以自填式问卷不超过10分钟、随机拦访问卷不超过 5 分钟为宜。

3. 逻辑性原则

对整个问卷的问题排序要遵循逻辑性原则,即对一般性问题要先问,因为这些问题相对简单,被调查者易于回答,同时这些问题也是让被调查者回答其他问题前的一个热身;思考性问题放在中间;敏感性问题放在最后。这样的排序符合一般人的逻辑思维顺序。

问卷的逻辑性与条理性、程序性是分不开的,在一个综合性问卷中,调查者往往将差异较大的问卷分块设置,以保证每个"分块"的问题都密切相关。

4. 中立性原则

调查问卷中的用词应是中性的,避免使用引导或暗示性的词句。例如:

本届展会规模宏大,影响深远,贵企业是否准备参展?

历届本展会的参展商都获得了满意的展出效果,本届展会贵企业是否获得了预期的展出效果?

这样的问题易使被调查者受到引导而得出肯定的结论,或者引起被调查者对问题的反感而简单得出结论,不能反映其真实态度和真实意愿,所得出的结论也缺乏客观性。

除了上述问卷设计的基本原则外,问卷的外观及版面设计也非常重要。整个问卷应印刷精美,排版整齐,要对每一部分的问题进行区隔,力求层次清晰而不杂乱。此外,文字部分的字体字号是否适宜、问卷说明是否使用了明显字体、开放式问题是否留足空间等细节问题也应精心考虑。

 知识链接

良好问卷的十条评价标准

1. 问卷中的所有问题都与调查目标相符,即问题都是必要的。

2. 问卷能显示出与一个重要主题有关,使填答者认为重要且愿意花时间填答,即具有表面效度。

3. 问卷旨在收集用其他方法都无法得到的资料。

4. 问卷尽可能简短,问卷太长、题目太多会影响填答,最好在 20 分钟以内。

5. 问题的设计应依照心理次序安排,由一般至特殊,引导填答者理清思绪,使填答具有逻辑性。

6. 问题的设计要符合编题原则,以免获得不正确回答。

7. 问题的设计应易于编辑和数据处理。

8. 问卷的指导语或填答说明要清楚,使填答者不致有错误的反应。

9. 问卷的编排格式要清楚,翻页要顺手,指示符号要明确,不致有瞻前顾后的麻烦。

10. 印刷纸张不能太薄,字体不能太小,行间距不能太密,装订不能随便,要符合精美的原则。

本章小结

会展营销信息是指会展企业收集、处理的各种与会展营销活动密切相关的情报信息。会展企业对会展营销信息进行收集整理与系统分析,然后传导给营销决策部门,以便为会展营销决策提供科学依据。

会展营销信息系统是一个持续的、彼此关联的系统,由内部报告系统、营销情报系统、营销调研系统和营销决策支持系统四个子系统构成。

会展营销调研作为会展策划与营销的基础与前提,贯穿于会展营销活动的始终。会展营销调研包括对会展市场环境、会展客户以及竞争状况等方面的调研。会展营销调研的一般流程包括确定调研目标、制订调研方案、进行实地调查、整理分析资料和撰写调研报告五个基本步骤,每一步骤中又包括非常具体而细致的工作内容。

开展会展营销调研,必须使用恰当的调查方法与调查技术。比较常见的调查方法有案头调查法、问卷调查法、焦点小组访谈法和观察法。

调查问卷的设计是会展营销调研中一项非常关键的技术环节。设计问卷时应遵循准确性、简单性、逻辑性和中立性四个基本原则。除此之外,调查问卷的外观及版面设计也很重要,应符合精美原则。

 习题

一、名词解释
会展营销信息系统　　会展营销调研
问卷调查法　　焦点小组访谈法　　评比量表

二、简述题
1. 会展企业实施会展营销活动需要收集哪些情报信息?
2. 对会展客户的调查应包括哪些具体内容?
3. 简述会展营销调研的一般程序。
4. 会展营销调研的常见方法有哪些?
5. 会展营销调查问卷的设计应遵循哪些原则?

三、实训题

以小组为单位，自拟会展营销调研课题，制订具体调研方案，设计一份调查问卷，进行小规模实地调查并提交调研报告。

四、案例分析题

第21届北京科博会参展商满意度调查问卷

尊敬的参展单位代表：

您好！感谢您参加本届科博会。

为了收集您对本届展会的宝贵意见和建议，进一步改进并完善我们的服务、组织工作，实实在在地办好每一届科博会，烦请您在百忙中协助我们填写本调查问卷。

谢谢您的合作！

第21届北京科博会组委会办公室

单位名称：＿＿＿＿＿＿ 展位号：＿＿＿＿＿＿

填表人：＿＿＿＿＿＿ 职　务：＿＿＿＿＿＿

一、贵单位性质

☐国有企业　　　☐民营企业　　　☐外资企业
☐合资企业　　　☐政府机构　　　☐科研机构
☐其他

二、贵单位所属行业

☐电子信息　　　　　☐计算机软件　　　　☐航空航天
☐光机电一体化　　　☐生物、医药与医疗器械
☐新材料与新能源　　☐环境保护、地球空间与海洋
☐现代农业　　　　　☐现代服务业　　　　☐汽车科技与智能交通
☐传统产业　　　　　☐其他

三、贵单位是第几次参加科博会

第＿＿＿次

四、您参展的信息来源是（可多选）

☐新闻报道　　　☐主承办单位邀请　　☐网络媒体
☐专业刊物　　　☐广告宣传　　　　　☐行业协会邀请
☐政府机构　　　☐其他

五、贵单位本次参展的目的是（可多选）

☐宣传企业/品牌　　☐产品技术转让与交易

☐ 项目招商　　　　　☐ 技术合作　　　　　☐ 成果推介
☐ 建立营销网络　　　☐ 了解市场信息与新技术
☐ 其他(请注明)：

六、您认为参展目的是否达到？

☐ 达到　　　　　　　☐ 部分达到　　　　　☐ 没达到

七、贵单位参加本届科博会的费用为(单位：万元)

☐ 10 以下　　　　　 ☐ 11～20　　　　　　☐ 21～50
☐ 51～100　　　　　 ☐ 101 以上

八、您对本次展览在场馆条件以及展馆布局方面的总体感受是

☐ 非常满意　　　　　☐ 比较满意　　　　　☐ 一般
☐ 不满意　　　　　　☐ 非常不满意

九、您认为本届展览会的现场组织管理水平

☐ 很高　　　　　　　☐ 比较高　　　　　　☐ 一般
☐ 较低　　　　　　　☐ 很低

十、您对观众的质量满意度如何？

☐ 很满意　　　　　　☐ 满意　　　　　　　☐ 一般
☐ 不太满意　　　　　☐ 非常不满意

十一、您认为科博会现有的规模

☐ 太大了　　　　　　☐ 适中　　　　　　　☐ 偏小
☐ 说不清

十二、您认为此次参展效果如何？

☐ 很好　　　　　　　☐ 较好　　　　　　　☐ 一般
☐ 较差　　　　　　　☐ 很差

十三、贵单位参展期间成交额(包括协议、意向、合同，单位：万元)

☐ 100 以下　　　　　☐ 101～500　　　　　☐ 501～1 000
☐ 1 001～5 000　　　☐ 5 001～10 000　　　☐ 10 001 以上

十四、您接受了组委会提供的下列哪项服务？(可多选)

☐ 热线呼叫服务　　　☐ 客房、机票预订服务
☐ 免费签约及场地服务　☐ 招商合作项目发布服务
☐ 网站刊登信息服务　☐ 组织推介会和技术交流会
☐ 设备租赁　　　　　☐ 均未接受
☐ 建议增加的服务项目：

十五、您认为本届科博会有哪些优势(可多选，并按重要程度排序)

☐ 主题前瞻性强　　　☐ 科技成果丰厚　　　☐ 组织管理完善

☐ 广告宣传全面   ☐ 政策导向性强   ☐ 活动形式多样
☐ 国际参与广泛   ☐ 产业信息丰富   ☐ 其他(请注明)：

十六、您认为本届展会/洽谈会上知识产权保护工作做得怎样？
☐ 很好   ☐ 较好   ☐ 一般
☐ 较差   ☐ 很差

十七、贵单位是否参加下一届科博会？
☐ 肯定参加   ☐ 可能参加   ☐ 不参加

十八、若不参加，原因是(可多选)
☐ 没有达到预期目的   ☐ 洽谈机会少   ☐ 信息交流少
☐ 费用不合理   ☐ 组织服务不理想
☐ 更愿意单独举办推介活动   ☐ 成果或产品没有市场
☐ 参加其他展览会   ☐ 其他(请注明)：

十九、您认为科博会在哪些方面需要改进(可多选)？
☐ 产业政策宣传   ☐ 信息交流与发布   ☐ 增加洽谈机会
☐ 费用合理   ☐ 强化组织管理   ☐ 提高现场服务水平
☐ 知识产权保护   ☐ 科技成果或产品交易
☐ 活动形式和内容的创新   ☐ 其他(请注明)：

再次感谢您的支持与合作！

问卷编号：   调查人：   调查地点：
调查日期： 年 月 日

思考：
(1) 请对上述问卷进行评析，你认为该问卷中还有哪些可改进之处？
(2) 请你设计一份"第21届北京科博会观众满意度调查问卷"。

第四章
会展营销战略

学习目标

- 理解会展营销战略的内涵;
- 掌握会展市场细分的方法和依据;
- 掌握会展目标市场营销策略的内涵与特点;
- 掌握会展市场定位的方法与策略;
- 能够针对特定展会的具体情况制订相应的营销战略。

引　言

营销战略是企业发展战略的重要组成部分,对保证企业总体战略的实施具有关键作用,特别是在竞争激烈的行业,制订营销战略尤为迫切和必要。在会展营销活动中,制订营销战略是关键环节。会展企业必须充分了解本展会所面临的市场状况、客户需求状况以及市场竞争状况,选择目标市场并准确定位,合理制订会展营销战略,实现品牌与销售的双赢。

本章介绍会展营销战略的内涵,讲解会展市场细分、会展目标市场选择和会展市场定位的基本理论,并对会展营销战略的制订过程、主要的战略选择方法等内容进行详尽介绍。希望通过本章的学习,使读者了解会展营销战略的基本理论,掌握会展营销战略制订的程序和要领,能针对特定展会的具体情况制订相应的营销战略。

引导案例

渔博会闯出世界顶尖水产展之路

中国国际渔业博览会(以下简称"渔博会")由中国国际贸易促进委员会农业行业分会主办、美国海洋展览公司协办,是中国农业领域最具国际影响力的

专业性展会之一，作为全球第二大水产贸易展览会，渔博会不仅体现了我国作为全球第一大水产品贸易国和最为活跃水产品市场的重要地位，而且彰显了我国水产消费市场的巨大魅力和机遇。

世界第二大水产贸易展览会

自1996年创办以来，历经20余年的精心培育和打造，中国渔博会已经发展成为亚洲第一、世界第二的水产贸易展览会。展会规模从最初的3 000平方米扩大到10万平方米，中外参展企业由不足300家发展到2018年的1 500余家，其中海外参展商占比超过40%。

2018年11月7日，第23届中国国际渔业博览会在山东省青岛市隆重开幕。短短三天的展会，吸引了来自全球51个国家和地区的1 545家企业，境内外35个国家和地区及专业团体组团参展，来自102个国家和地区的39 414名采购商到会参观与洽谈；展览面积突破10万平方米，其中境外企业参展比例超过40%。

鲜明的市场化取向

渔博会是伴随着我国渔业市场的快速发展而不断壮大的，具有专业性强、国际化程度高、市场化取向鲜明等特点，在促进水产品贸易和国际合作、引进国外技术品种、推动水产加工业发展等方面发挥了重要作用。

首先，专业化程度高。为保证展会秩序和为展商创造良好的洽谈环境，渔博会一直坚持只对专业观众和贸易观众开放，每年都会迎接来自亚洲、欧洲、美洲、大洋洲、非洲的水产品加工企业、供货商、采购商、中介组织和商协会等数万名观众。

其次，展示内容全。渔博会展出内容涉及海产捕捞、水产养殖、水产加工等环节的相关产品、技术和设备，涵盖了完整的渔业生产和流通链条，参展企业行业相关度极高。

再次，同期活动丰富。形式多样、内容丰富的同期活动一直是渔博会的特色和亮点之一，包括主办单位和参展商组织的各种品尝会、招待酒会、专题研讨会和大型论坛等。例如，挪威海产外贸局就是通过连续多年在渔博会期间举办品尝会和专题研讨会等活动，把挪威的三文鱼推广到中国市场，取得了非常好的效果。

最后，关注市场热点。主办方在渔博会期间举办水产品加工技术交流论坛、国际水产品可持续发展大会等活动，邀请国内外知名专家学者，介绍渔业贸易发展的最新动态、国际水产品安全标准最新进展等，为国内相关部门和企业了解最新技术标准和行业国际动态、把握发展趋势提供了良好的机会。

创新服务理念与方式

经过多年的发展,渔博会在招展招商、组织、运作方面已形成了一套行之有效的模式。展会紧紧围绕"市场"二字进行清晰的主题定位,即"市场引导、服务贸易"。鲜明的市场导向和市场化运作模式贯穿于展会招展招商、宣传推广、现场服务和重要活动的始终,同时也是渔博会成功和可持续发展的重要因素。

首先,运用市场化和多元化渠道组展招商。招展、招商主要采用国际通行的电话、直邮、网络等"层次化营销"手段,直接面向企业宣传联络。在宣传资料方面,融入国际通行的VI(视觉形象系统)理念,统一包装展会的所有对外宣传资料,使整体宣传保持连续性、可视性和认同性,给业内人士留下了深刻印象。在国际合作方面,主办方与美国海洋展览公司分工协作,充分发挥各自在国内及海外的招展优势,扬长避短,为展会的成功奠定了基础。

其次,运用互联网进行网上定位,与展商实时互动。目前,渔博会采用网络销售手段,所有展位销售工作均在网上实时进行。参展商可以直观地在网上自主选择展位,与主办方实时互动,这样既做到公开、公平,又能让展商感到满意、信服。同时,参展指南的各项活动也在网上互动提交,保证了信息的准确、及时,降低了展会的整体成本。

再次,利用呼叫中心,实现采购商和专业观众一对一服务。促进贸易是渔博会的重要功能,专业观众尤其是采购商的比例是影响展会效果和功能目标实现的最重要因素。渔博会拥有多年积累的买家数据库系统,在开展前3个月,利用呼叫中心对数据库内的买家进行"一对一"的电话预约服务,对参观展会人士进行展前预登记,保证了高质量的观众群,使展会有所可看、有所可谈,从而留住了众多采购商和贸易观众。

最后,利用现代化管理手段进行有效的现场管理。从2006年开始,渔博会采用了国际会展业通行并认可的"展商、观众信息采录系统",设置了6个国内注册台和4个海外注册台,实现注册手续全程信息化管理,使展会注册管理水平有了很大提高。尽管观众的流量一届超过一届,但注册现场队伍整齐、秩序井然,每位观众平均等候时间不超过3分钟。经过整理,展会上采录的展商和观众信息95%以上为有效信息,为下届展会招展招商工作提供了充足的信息便利。

思考:
1. 渔博会"鲜明的市场化取向"主要体现在哪些方面?
2. 结合该案例,谈谈如何为专业展会进行市场定位。

第一节 会展营销战略概述

营销战略是关系到营销活动成败的关键环节,其制订必须关注客户需求的确定、市场机会的分析、自身优势的分析、自身劣势的反思以及市场竞争等综合因素,是指导企业市场营销活动的方向和准则。

一、会展营销战略的内涵与特点

战略确定企业的长远发展目标,并指出实现长远目标的策略和途径。会展营销战略是会展企业根据展会发展的战略规划,在综合考虑外部市场机会及内部资源状况等因素的基础上,确定目标市场,选择相应的市场营销策略组合并予以有效实施和控制的过程。会展营销战略是会展企业营销管理思想的综合体现,也是其进行营销决策的基础。制订正确的营销战略是会展营销活动取得成功的根本保证。

会展营销战略作为展会发展的长远规划和目标,不但要对会展行业的宏观发展趋势有正确的判断,对展会自身不同阶段的发展目标亦要有合理的安排。会展营销战略具有以下几个特点:

(1)对企业长期发展进行的系统规划,并被全体员工所高度认同;
(2)从企业长远发展来考虑如何有效地战胜竞争对手,立于不败之地;
(3)在对会展营销环境和市场变化准确分析的基础上进行科学决策;
(4)汇聚科学发展的观念,符合会展市场的动态变化。

二、会展营销战略的主要内容

市场营销战略(Marketing Strategy)是企业市场营销部门根据战略规划,在综合考虑外部市场机会及内部资源状况等因素的基础上,确定目标市场,选择相应的市场营销策略组合,并予以有效实施和控制的过程。企业营销战略是市场营销管理内容和程序的体现,是企业为达成自身的目标辨别、分析、选择和发掘市场营销机会,规划、执行和控制市场营销活动的全过程。现代企业营销战略一般包括市场细分、市场定位和目标市场选择三部分内容。

会展营销战略强调会展企业制订营销战略的主要内容和步骤,具体包括会展市场细分(Segmentation)、会展目标市场选择(Targeting)和会展市场定位(Positioning)三部分。上述三部分组成了会展营销战略的整体框架,是会展营销战略的核心内容(见图4-1)。

图4-1　会展营销的S、T、P战略

(一)会展市场细分

会展市场细分是指会展企业按照参展商和观众在需求、动机、行为等方面的差别或差异,运用系统方法把整体市场划分为若干个子市场,再把需求大体相同的子市场整合起来,有针对性地进行集中营销的方法和过程。

会展市场细分的客观基础是对同类会展产品或服务需求的多样性。从需求角度考察,各类会展产品的市场可以分为两类:一类为同质化市场,另一类为异质化市场。凡参展商或观众对某一会展产品的需求、欲望、购买行为以及对会展企业营销策略的反应等方面具有基本相同或极其相似的一致性,则为同质化市场,反之,则是异质化市场。一般情况下,同质化的市场是无须细分的,但绝大多数的会展产品市场都属于异质化市场,如对同一展会,不同的参展商对服务、环境、设施等的需求各不相同。对会展市场进行细分的过程既是市场分割的过程,也是市场聚合的过程,即需要在异质化市场中发现具有同质化需求的子市场,从而将这些具有相同或相似需求的子市场聚合起来,作为同一目标市场进行营销。

会展市场细分的目的是便于会展企业在市场细分的基础上选择一个或几个细分市场作为自己的主要目标市场,并且根据目标市场的需求特征有针对性地提供会展产品与服务,提高目标客户的满意度。

(二)会展目标市场选择

对市场机会进行评估后,会展企业对进入哪一个市场或者哪几个市场要进行分析和选择。目标市场就是会展营销活动所要满足的市场,是会展企业为实现预期目标而要进入的市场,其所有的营销活动都是围绕目标市场展开的。

目标市场选择是会展营销的战略性决策,是在对每个细分市场的特点、需求趋势和竞争状况进行充分、准确的分析之后,根据会展企业自身的经营目标和经营能力而选择的需要重点关注的市场。选择和确定目标市场,明确具体的营销服务对象,是制订营销战略的首要内容和基本出发点。

(三)会展市场定位

会展市场定位是指会展企业根据自身的资源条件和市场竞争状况,赋予本展会区别于同类题材其他展会的差异化和个性化特征,使本展会在参展商和观众心目中形成鲜明而独特的市场形象。

当前我国会展业的一大问题就是重复办展,同题材展会在一年里的不同时间和地点举办,共同瓜分有限的展览市场,展会同质化现象严重,竞争惨烈。会展市场定位可以帮助展会突破"同质化"所带来的竞争困境,在参展商和观众心目中形成该展会鲜明而牢固的品牌形象。

 知识链接

国外会展公司的五大营销战略

在市场总量一定的前提下,企业的营销努力水平与市场占有率是呈正比的。国外的著名会展公司能在品牌塑造及扩张、市场开拓等方面实现超常规的发展,与其一贯的营销努力是分不开的。概括而言,国外会展公司在营销方面主要采取以下五种战略:

1. 全球化战略

近几年,国外绝大多数知名会展公司的营销活动都呈现出一个趋势,即积极开发国际市场,利用各种营销方式在全球推广自己的品牌展览会,吸引海外企业参展。

首先,积极开展海外促销。国外很多知名展览会,如德国汉诺威展览公司的 CeBIT Asia(亚洲国际信息及通信技术展)、意大利的 MAC(国际化工仪器、分析化验、研究、监控仪器及生物技术展)、法国的巴黎航空航天展等,都在展会举办前组团到国外招展,常用的方式包括召开新闻发布会、赞助公益活动、在当地媒体上刊登广告等,目的是引起海外参展商的注意。例如,德国的展览会主办方在 100 多个国家设有代办处,这些机构不仅能为当地企业参展提供一系列便捷的信息咨询服务,还可以以较低的成本策划和组织一些宣传活动。

其次,实现公司的全球扩张。比如,作为法国第一大展览公司和世界第四大私营展览公司,爱博展览集团是法国国际专业展促进会的成员,该公司每年举办 60 多个国际性展会,参展商达 17 000 家,展会观众超过 150 万人。爱博集团总部设在法国,同时在美国、拉丁美洲、英国、意大利、荷兰、新加坡和中国等地建立了 10 个独家代理公司,并在世界上 50 多个国家设有代表处。强大的促销网络使参展商和专业观众的数量和质量大幅度提高。

2. 持续性战略

国外知名展览公司在促进某一主题的展会时会制订一个长远的规划。为了树立展会的品牌,组织者会长期在世界各地开展宣传活动,以期在最大范围内吸引参展商和专业观众。对参展潜力较大的国家或地区,公司往往会专门派代表前往,通过新闻发布会或客户联谊会等活动推介相关展览,并为感兴趣者提供详细的咨询服务。即使有些展会十分畅销甚至展位已经售完,他们也会继续做宣传,以不断强化品牌。

此外,国外会展公司开展营销活动的持续性也体现在对单个展会的推广

上。首先,各种推广活动将一直贯穿展会的全过程。例如,展会组织者在开展半年前就开始在媒体上宣传造势,以尽可能在深度和广度上吸引更多的参展商和贸易观众,这种努力在随后的展会过程中会表现得淋漓尽致;其次,展会的宣传推广是连续的,便于参展商和专业观众早早确定参展计划;最后,十分注重展后服务,在展会结束后一段时期内,参展商还能收到主办方邮寄的关于展会的统计分析资料,以便为下次参展做好准备工作。

3. 品牌化战略

随着展览业竞争的日益加剧,几乎所有会展公司都已认识到打造品牌展会的重要性和迫切性。品牌展会是指具有一定规模,能反映某种类型展览会的发展动态及趋势,能对此类展览活动起指导作用并具有较大影响力的展览会。

德国会展公司在创建强有力的会展品牌时,主要遵循以下七个标准:权威协会和代表企业的坚强支持;努力寻求规模效应;代表行业的发展方向;提供专业的展览服务;获得 UFI 的资格认可;媒体合作和品牌宣传;长期规划而不是急功近利。

4. 网络化战略

网络营销已成为国外诸多会展公司的主要营销手段之一。这些公司在举办展览会时十分注重利用互联网和参展商、专业观众进行互动式交流,以期及时发现服务中的缺陷并迅速改进。国外会展公司网络营销的工作重点有以下四个方面:

其一,在世界范围内查找相关专业展会的信息及其网址,并想方设法将自身展会的有关内容贴到这些网站上;在主要客户所在地的门户网站上刊登广告,为展会宣传造势。

其二,建设自己的展览会网站,并将详细的观众招揽计划公布于众。同时,建立与参展商及其所在行业品牌网站、协会网址之间的链接,以互相促进网站点击率的提高。

其三,努力创造展览会的独特销售点(USP),增强展会的吸引力。还有一点很重要,即在展会官网上列出重要参展商的名单,因为对于想参展的企业和专业观众而言,他们很关注本行业内将有哪些企业参展。

其四,开辟网上展览业务,为参展商和专业观众的洽谈、贸易提供全天候的纽带服务。

5. 多元化战略

多元化是指展营销手段的不断完善与创新。首先,国外会展公司的营销途径可谓丰富多样,除了传统的广告、邮寄、E-mail 等手段外,还包括在国外设立代表处或寻求代理商、为展会组织各种销售促进活动、组织专人到国外招展、拜访重要客户、召开新闻发布会等,就连展会的宣传材料也尽可能发挥至最大效能。

多元化营销战略的实施往往与经营业务的多元化是相辅相成的,因为"规模出效益"早已成为会展企业的共识。除通过收购与兼并实现展览项目的集中和集团化经营外,国外大型会展公司一般还拥有报纸、杂志、网站、电视台等媒体,它们会综合运用各种手段和渠道在全球范围内宣传、推介自己的展会。是否有专业媒体的参与和支持也成为展会能否被称为世界顶级专业展的标准和重要构成要素之一。

(资料来源:武汉展览网,2009年3月12日,作者不详。)

第二节　会展市场细分

会展市场细分是运用市场细分的理论与方法,对参展商客源市场进行的细分。本节首先对市场细分的相关理论进行回顾和梳理,在此基础上讲解会展市场细分的内涵、细分标准以及操作要领。

一、市场细分与会展市场细分

(一)市场细分的概念

市场细分是企业根据客户需求的不同,把整个市场划分成不同的客户群的过程。这一概念是美国市场学家温德尔·史密斯(Wendell R. Smith)于1956年提出来的。按照客户的需求,把因规模过大导致企业难以服务的总体市场划分成若干具有共同特征的子市场,分属于同一子市场的客户需求基本相同,而分属于不同子市场的客户需求存在明显差别。

市场细分的客观基础是消费者需求的异质性,进行市场细分的主要依据是异质市场中需求一致的客户群,其实质就是在异质市场中求同质。对市场细分可从以下两方面理解:

其一,市场细分既是"同中求异"的过程,也是"异中求同"的过程。"同中求异"是指对同一产品,不同的消费者有明显不同的需求;"异中求同"则是指在被细分后的不同的子市场内,消费者对同一产品有极为相似的需求。

其二,市场细分既是"市场分割"的过程,也是"市场聚合"的过程。"市场分割"是指营销者将整个市场按一定的细分标准分割为若干子市场;"市场聚合"则是指每一个个体对产品的需求都各有差异,把具有相似需求的一类消费者聚合起来。换言之,市场细分是在异质化的市场中寻找同质化需求的过程。

(二)会展市场细分的内涵

对会展营销而言,目标客户分为两类:参展商和专业观众。会展市场细分主要是对参展商市场的细分。

会展市场细分是指办展机构根据主要目标客户对会展产品和服务的不同需求,把会展客源市场划分为若干子市场(亚市场),分属于同一子市场的客户需求基本相同,而分属于不同子市场的客户需求存在明显差别。

通常来讲,会展市场细分需要两个前提条件,一是市场竞争非常激烈,办展机构需要通过市场细分寻找到最适宜发展的目标市场;二是参展商需求的异质性,即不同的参展商对会展产品与服务的需求具有明显的差异性和多样化。当前我国会展市场竞争日趋激烈,参展商对同类展会有更多的选择机会,其在参展过程中对会展产品与服务的需求也愈发表现出差异化和个性化,如果办展机构不做市场细分,忽略参展商需求的差异性,以不变应万变,则很难满足所有参展商的需求,最终可能导致客户流失。有鉴于此,市场细分对会展营销具有重要意义和影响。

会展市场细分是在异质化的市场中寻求具有同质化需求的参展商的过程。因为尽管每个参展商对会展产品与服务的需求是不同的,但如果把每一个参展商都作为目标市场是不现实,也是不经济的。办展机构需要把有相似或相近需求的参展商聚合起来,形成参展商群,作为会展营销的目标市场。同时,虽然会展市场细分是对整个参展商市场的细分,但这并不意味着将市场整体进行硬性分解,市场细分的目标是为了聚合,即把需求相似或相近的参展商聚合在一起,根据该目标市场的需求特征有针对性地提供会展产品与服务,提高目标客户的满意度。

(三)会展市场细分的作用

市场细分作为会展营销三大战略之一,其作用主要体现在以下四个方面:

1. 有利于选择目标市场和制订市场营销策略

通过市场细分后得到的子市场,是办展机构的营销服务对象。该细分市场具体且需求明确,有利于办展机构针对客户需求的特点,结合自身的经营理念、服务水平和营销力量,提供更具针对性的营销服务。同时,在该细分市场上,信息沟通和反馈便利且及时,一旦客户需求发生变化,办展机构可迅速调整营销策略,制订相应的对策以适应客户需求的变化,提高应变能力和竞争力。

2. 有利于发掘市场机会,开拓新市场

通过对会展市场进行细分,办展机构可以对每一细分市场参展商的购买潜力和需求程度进行比对,发现有利于本展会的市场机会,从而及时做出反应,进行展会策划和筹备,或根据自身的服务专长推出新的会展产品与服务,以便更好地适应市场的需要。

3. 有利于集中优势资源开展营销活动

任何一个企业的人力、物力、资金等营销资源都是有限的,通过市场细分,办展机构可以选择适合自己的目标市场,进而集中优势资源对目标市场展开集中营销,争取局部市场上的优势,然后再进一步巩固和扩大自己的市场规模。

4. 有利于提高经济效益

办展机构进行市场细分后,根据目标客户需求的不同,有针对性地提供他们所需要的会展产品与服务,这既能满足目标客户的需求,发展与他们之间的关系,又可增加办展机构的经济效益。

二、会展市场细分的标准

既然市场细分对会展营销具有重要意义,要使之付诸实践,就必须找到适当的、科学的细分标准。在市场营销学的相关理论中,对消费者市场细分的标准(或称细分变量)包括地理因素、人口因素、心理因素、消费行为因素等,那么,对参展商市场细分的标准又应包括哪些呢?

会展业属于现代服务业的范畴,其产品是各种类型和规模的会展活动,因此会展市场细分应该按照产业市场的细分标准来进行。本书认为,对参展商市场细分的标准可分为地理因素、行业因素、参展商因素、参展行为以及专业观众(见表4-1)。进行会展市场细分时,办展机构应根据自身的实际情况选择适当的细分指标(或称变量),通常选择2~3个细分变量的组合。此外,在不同的竞争阶段,细分标准也应随之改变,以适应市场竞争的新变化。

表4-1 参展商市场细分的常用指标

细分变量		细分举例
地理因素	地区 城市	东北、华北、华东、华中、华南、西北、西南 北京、上海、广州、武汉、成都、西安……
行业因素	行业	电子信息、通信、生物工程、医药、航空航天科技、汽车、房地产、化工、建材、纺织服装……
参展商因素	所属国家 性质 规模 所属行业	中国、外国 国有、民营、合资、外商独资 小型、中型、大型、特大型 制造业、服务业、能源行业……
参展行为	参展状况 参展目的 品牌忠诚 追求的利益 对价格反应的敏感程度	从未参展、准备参展、初次参展、经常参展 交易、展示、信息交流、建立关系 无、一般、较强、非常强 展会知名度、展会在行业的影响力、参展价格、配套服务 不敏感、敏感

续表

细分变量		细分举例
专业观众	年龄	6岁以下,6~11岁,12~18岁,19~34岁,35~49岁,50~64岁,65岁及以上男、女
	性别	
	职业	工人、教师、公务员、公司职员、学生、自由职业者……
	月收入状况	3 000元及以下,3 001~5 000元,5 001~10 000元,10 001~15 000元,15 001元及以上

(一)参展商所属行业

参展商所属行业是会展市场细分最通用的标准。按照我国行业分类,可以分为工业机械、汽车制造、交通运输、电力、采掘、冶金、建筑、电信、家电、食品、医药等。在会展市场上,通常是按照行业来举办展会的,如服装展览会、汽车展览会、印刷设备展览会、工程机械展览会等。

(二)参展商规模

参展商规模也是会展市场细分的重要标准。在会展市场上,不同的参展商按其规模可分为特大型客户、大客户、中型客户、小客户等。办展机构可以根据参展商规模的不同采取不同的营销策略,例如,对大客户采取直接拜访销售、给予价格优惠或提供更多的附加服务等营销手段,以维持并发展与大客户的良性关系。

(三)参展商地理位置

会展市场细分还会受到一个国家资源分布、气候条件、产业布局、历史传承等因素的影响,一般在地理上会形成若干个产业区域。办展机构可根据参展商的地理位置进行市场细分,选择参展商较为集中的地区作为目标市场。例如,我国珠三角地区的电子产业非常发达,如果要举办电子产品交易会,珠三角地区的很多电子制造企业将成为办展机构的目标客户,因此可对该地区进行集中营销和招展招商。

(四)参展商的参展行为

根据参展商的参展行为进行市场细分,如根据参展状况,将参展商分为从未参展、准备参展、初次参展、经常参展四大类,对老客户、新客户、潜在客户实施不同的会展营销策略。再如,根据对价格反应的敏感程度,将参展商分为不敏感客户和敏感客户两类,在确定展位价格和实行折扣策略时分别有所考虑。

(五)专业观众

专业观众是参展商产品或服务的直接购买者,办展机构在进行市场细分时也应考虑到专业观众的因素,专业观众的年龄、性别、职业、经济状况等也会影响到参展商的参展决策。例如,奢侈品展览会不但要考虑到参展商规模、产品特性、品牌知名度等因素,对参观展会的专业观众也要有所考虑,专业观众的经济状况、社会地位、审美水平、消费价值观等都会成为展会策划与营销的影响因素。

三、会展市场细分的程序

会展市场细分作为一个过程,通常需要以下七个步骤来完成(见图4-2)。

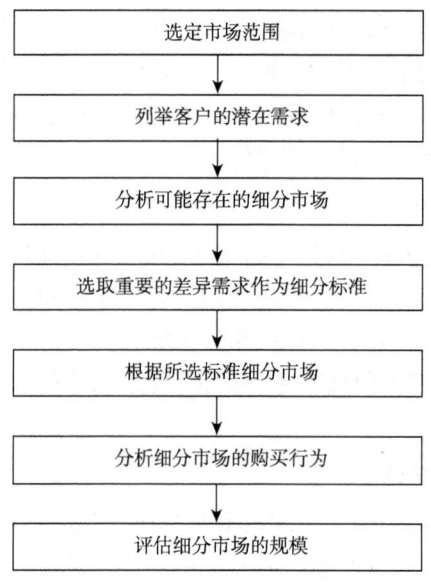

图4-2 会展市场细分的步骤

(一)选定市场范围

办展机构通过对目标客户、竞争者、会展服务商等微观环境以及经济、社会、政策法律、自然资源等宏观环境的调查,结合自身实力,确定经营目标,选定市场范围。选定市场范围要适度,不能贪大,也不能过小。过大的市场范围会给营销调研工作带来困难,增加营销成本;而市场范围过小,则会限制办展机构自身的发展和业务开拓。

(二)列举客户的潜在需求

办展机构选定市场范围后,就应该通过深入调研和系统分析,了解该市场中的参展商对会展产品与服务的全部需求,包括现实需求和潜在需求,并将这些需求列出,进行全面而详细的分类。

(三) 分析可能存在的细分市场

通过了解目标参展商对会展产品与服务的需求,根据主要目标客户的地区分布、所属行业、规模实力等方面的因素,推测其潜在的市场需求,分析可能存在的细分市场。

(四) 选取重要的差异需求为细分标准

在异质化市场中,每一个参展商的需求都存在差异,有的差异大一些,有的差异小一些,筛选出需求差异较大的参展商,寻找这一群体的共同特征,这些特征即可作为细分市场的标准。

(五) 根据所选标准细分市场

依据市场细分的标准,将整体会展市场进行分割,形成若干个子市场。在各个子市场之间,参展商的特征差异较大,而在各个子市场内部,参展商的特征大致相同。

(六) 分析细分市场的购买行为

对每个细分后的子市场进行调查,分析子市场中目标客户的参展动机和意愿,分析其参展行为和参展特征。

(七) 评估细分市场的规模

对细分后的子市场进行规模评估,评估子市场内是否有足量的参展商,是否有足够的现实需求和潜在需求,以确保展会在该市场中有足够的市场机会和发展空间。

小案例

"女性之光"时尚生活展

近日,一场以"女性之光"为主题的时尚生活展在北京中国国际贸易中心落下帷幕。该展由 OLAY 玉兰油冠名赞助,新加坡环球展览机构有限公司、中国国际贸易中心股份有限公司共同主办,由"时尚生活展"、"国际商业交流论坛"以及"精英女性大奖"三部分组成。

两位从事金融行业的女性观众认为,这种专为女性举办的展会对因工作繁忙而无暇了解时尚信息的群体很实用。在展会上能够了解到大量和女性关系非常密切的健康、健身、美容、时尚、教育、理财、旅游、休闲、运动以及红酒等方面的内容,信息量很大,宝迪沃健身、悠季瑜伽、"冰雪浓情"爱薇婚纱秀、曼伊舞

蹈俱乐部等众多参展企业的现场展示很值得一看。

在展会现场"盛世佳人"的展台前,该保险产品的业务员介绍,"盛世佳人"是一款专为现代女性设计的保险产品,针对的客户是 30~40 岁的白领女性,对被保险人群年龄要求与这次展会的目标观众范围非常一致,参加"女性之光"时尚生活展是一次很好的宣传机会。

展会主办方介绍,"女性之光"时尚生活展是专为女性设计的综合性展会,与其他展会不同,观众都是成功女性和白领一族,"是能够引领时尚的高消费女性群体"。随着专业展会的不断细分,这种专门为高薪阶层成功人士举办的小范围展会正在悄然兴起并被迅速接受和认可。

思考:

(1)什么是会展市场细分?上述展会是如何选择细分标准的?

(2)"女性之光"时尚生活展的成功举办给你哪些重要启示?

(3)分析该展会的规模和未来发展潜力。

四、衡量市场细分是否有效的标准

市场细分最大的问题是有可能增加经营成本,办展机构必须在市场细分所得的收益与市场细分所要增加的成本之间做一权衡。衡量会展市场细分是否合理、有效,可以从异质性、规模和发展潜力、盈利性、可进入性等方面进行判断。

(一)异质性

异质性也可理解为反应差异性,对此有两方面的理解:第一,在同一个细分市场内,参展商的需求极为相似,而分属于不同细分市场的参展商,其需求有明显的不同;第二,对同一个细分市场内的参展商实施同一套营销策略,其反应大体相同,而对分属于不同细分市场的参展商实施同一套营销策略,其反应有较大的差异。这其中的道理很简单,市场细分是对整个参展商客源市场的分割,如果细分出来的不同子市场之间,参展商的需求没有明显差异,各细分市场对同一套营销策略的反应也大体相同,那就没有必要细分市场了,此时应该实施"反细分化",将细分出来的子市场进行合并,以降低经营成本和营销费用。

(二)细分市场的规模和发展潜力

首先,细分出来的市场规模必须足够大,大到足以补偿办展机构为进入该细分市场而付出的成本,同时能实现一定的利润目标。如果该细分市场规模太小,甚至不能补偿为进入该细分市场所付出的成本,这样的细分市场是没有意义的。例如,目前城市居民对二手房的需求较旺,办展机构可根据这一市场现象策划和举办二手房展会,为二手房的卖家和买家提供一个直接交易的贸易平台。但是,如果举办一个二手别墅展,由于别墅交易的市场规模过小,获得市场成功的概率就不会太高了。尽管二手别墅展这一细分市场上竞争展会很少,但因市场规模太小,办展机构进入这样的细分市场并无多大意义。

其次,该细分市场应有一定的发展潜力。办展机构策划和举办一个会展活动要投入大量的人、财、物、时间和精力,要消耗大量的营销资源。选择具有良好发展前景的行业或办展题材,就可以保证展会的可持续发展,而一个好的会展项目必须持续举办才能打造出自己的品牌特色。如果通过市场细分找到的是一个夕阳产业(或行业),尽管该细分市场具有一定的规模,鲜有竞争展会,也应该谨慎进入。

(三)细分市场的盈利能力

细分出来的市场是否有效,除了看它的容量以及发展潜力外,很重要的一点是看其能否获得一定的盈利。具体到会展业,要通过分析细分市场的成本收益状况,评价该细分市场的盈利性和有效性。

一般来说,举办展会的成本费用包括展览场地费用(即租用展览场馆以及由此而产生的各种费用,包括展览场地租金、展馆空调费、标准展位的搭建费、展馆地毯及铺设地毯的费用等)、展会宣传推广费用(即用于展会宣传与推广的各种费用,包括广告费、宣传资料的设计印刷费、资料邮寄费、新闻发布会的费用等)、用于招展和招商的费用(包括招展和招商资料的设计、印刷、邮寄费,付给代理商的佣金,重点买家邀请费等)、相关活动的费用(即支持展会配套活动的相关费用,如论坛、研讨会、展会开幕式、嘉宾接待、酒会、活动现场布置、礼品、纪念品和外请临时工作人员的费用等),以及行政办公费和人员工资。而举办展会获得的收入包括展位收入、门票收入(此处不仅包括展会门票,也包括相关活动如论坛、研讨会、表演等的门票)、广告收入、商业赞助收入以及其他相关收入。

办展机构在选择进入某个细分市场前,应对该细分市场的成本、收益状况进行预算,评估该市场的盈利能力,进而决定是否进入该市场。

(四)可进入性

评估细分市场是否有效,还要看办展机构有无能力进入该市场。细分出来的市场应与办展机构的自身状况相匹配,才有优势占领这一市场。可进入性具体表现在信息进入、产品进入和竞争进入三个方面。考虑市场的可进入性,实际上是研究其营销活动的可行性。

办展机构进行市场细分时,除了用上述标准衡量市场细分是否有效,还应特别注意以下几点:

(1)会展市场细分的前提是参展商对展会需求具有差异性。换言之,当需求没有差异或需求差异可以被忽略不计时,是可以不进行市场细分的。但是大多数情况下,完全同质化的市场几乎不存在,所以应尽可能对市场进行有效的细分。

(2)会展市场细分会人为增加经营成本和营销费用。在对会展市场进行细分的过程中,无疑会增加人、财、物的投入,过度地要求对整个市场进行多层次的细分,会增加办展机构的经营成本。因此,要权衡是不是要细分以及细分到什么程度为宜。

(3)会展市场细分较难选择合适的细分变量。与消费品市场细分不同,会展市场细分大多是根据参展商和专业观众的特点总结出细分指标,可参考的变量较少。因此,选择合适的细分变量是会展市场细分的实施难点之一。

(4)会展市场细分要力求避免"多数谬误"。如果办展机构都以最大的和最容易进入的细分市场作为其全力以赴目标市场,而竞争者们也遵循同一逻辑行事,结果是大家共同争夺同一客户群,势必造成众败俱伤,社会资源无端耗费,多样化的市场需求仍无法得到满足。

第三节　会展目标市场选择

会展目标市场就是办展机构为实现预期目标而要进入的市场,其所有的营销活动都将围绕目标市场展开。选择和确定目标市场,明确会展营销的具体服务对象,是办展机构制订营销战略的首要内容和基本出发点。

一、选择会展目标市场应考虑的因素

目标市场选择是在市场细分的基础上进行的。办展机构在市场细分的基础上,选择某一个或某几个细分市场作为可能进入的目标市场。在选择可进入的目标市场时,需要考虑来自多方面的因素。一般来说,可进入的目标市场至少应符合以下三个条件:

(1)该市场有一定的规模和发展潜力。办展机构必须考察这个潜在的细分市场是否具有吸引力,即该市场大小适宜、需要有一定的规模、具有良好的成长性、易形成规模经济、盈利空间较大等。

(2)竞争者未完全控制。办展机构在选择进入目标市场前,还需要对该目标市场内竞争者的数量和实力进行调查,目标市场内的竞争者数量预示着该市场的竞争激烈程度,而竞争者的实力则代表竞争者在该市场的占有率,若进入一个几乎被竞争者完全控制的市场,则不会有很理想的发展前景。

(3)该目标市场符合办展机构自身的目标和资源能力。办展机构必须考虑对细分市场的投资是否与自身的发展目标相一致,某些细分市场虽然具有很大吸引力,但不符合公司的长远发展目标,也只能放弃。同时,办展机构还要考虑

自身的资源能力能否顺利进入该细分市场,并获得一定的竞争优势。比如,举办电子产品展,需要办展和招展人员具备一定的电子信息专业知识,同时要熟悉电子信息行业的市场情况,如果不具备这些条件,则进入该展会领域应谨慎。

二、会展目标市场选择策略

办展机构进入目标市场时,有三种策略可供选择,即无差别目标市场策略、差异性目标市场策略和密集性目标市场策略(见图4-3)。

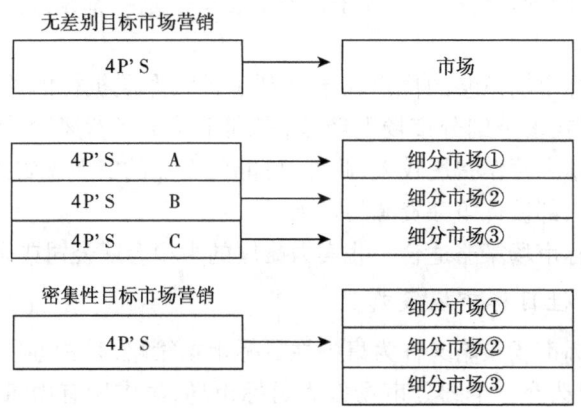

图4-3 会展目标市场选择策略

(一)无差别目标市场策略

无差别目标市场策略是指办展机构不进行市场细分,不考虑参展商需求的差异,把整个市场作为一个大的目标市场,只推出单一的会展项目,运用统一的营销组合策略,开展无差异的市场营销活动。

无差别目标市场策略的优点首先是节省经营成本和营销费用。如前所述,进行市场细分会增加经营成本和营销费用,而不进行市场细分,就省去了为占领多个目标市场而需制订不同营销组合方案所要耗费的人力、财力和物力,从而最大限度地节约经营成本。而且,可以集中办展机构的全部力量发展某一会展项目,有利于形成规模,培育会展品牌。

但该策略的缺点也是显而易见的,首先,这是一种"以不变应万变"的营销策略,办展机构认为参展商对会展产品的需求是同质的,而事实上,参展商的需求是差异化和多样性的,以单一的会展产品覆盖整个市场的所有参展商是较为罕见的。其次,该策略易形成竞争,一方面,整个市场上的竞争会比较激烈,另一方面,小的细分市场的需求又得不到满足。最后,办展机构只涉猎一个市场或一个领域,不利于分散风险。

无差别目标市场策略适用于供不应求或竞争很弱的会展市场,如具有垄断性质的知名展会,而大多数展会并不适用。

(二)差异性目标市场策略

差异性目标市场策略是指办展机构根据资源条件和外部环境,选择两个或两个以上细分市场为目标市场,针对各个目标市场的需求特点,分别推出不同的会展产品,并采取不同的营销组合策略。例如,针对不同行业的参展商,举办不同主题的展览会;针对不同规模和实力的参展商,推出不同价格水平的展位和服务;采用不同的宣传推广手段来推介展会等。这些都是差异性目标市场策略的具体运用。

差异性目标市场策略的优点在于有利于扩大办展机构的总收入和树立企业形象,且同时在多个细分市场上经营,有利于减少经营风险。该策略的缺点主要是运营成本和营销费用较大,此外,可能使企业的资源配置不能有效集中,甚至出现企业内部彼此争夺资源的现象。

差异性目标市场策略适合一些实力雄厚的大型会展公司或企业集团。

(三)密集性目标市场策略

密集性目标市场策略又称为集中性目标市场策略,是指办展机构在市场细分的基础上,只选择一个细分市场作为目标市场,集中所有力量进行高度专业化经营,以确保在该细分市场上占有较大的份额。该策略的指导思想是,与其四处出击收效甚微,不如突破一点取得成功,实施这一策略的企业不是追求在大市场上占有小份额,而是追求在相对小的市场上占有大份额。

密集型目标市场策略的优点表现在以下几个方面:首先,办展机构将全部资源与优势集中于某个小的细分市场,从而在该细分市场上具有相当的竞争力;其次,展会特色鲜明;再次,营销对象集中,所提供的产品和服务更有针对性,能够更好地满足特定客户的需求;最后,密集性营销的本质是对单一细分市场的完全覆盖,因此也可获得成本的相对经济性。

密集型目标市场策略是一种"见缝插针"、寻找"市场空白点"的营销策略,该策略尤其适合于中小型会展企业进入大企业尚未发现,或者发现了但不屑进入,或者进入了但未形成绝对优势的某个细分市场。该策略也存在一定的风险,由于过分依赖于某个小的细分市场,一旦该市场的客户需求发生变化,或强大竞争对手进入,或新的更有吸引力的替代品出现,都可能使办展机构因没有回旋余地而陷入困境。

第四节 会展市场定位

定位理论被美国营销协会评为有史以来对营销界影响最为深远的理论

学说。定位与市场细分之间存在着密切关联。营销学理论认为,卖给所有人的产品是不需要定位的,定位是细分市场的衍生物,只能针对具体的细分市场做出,而产品要成功地进行营销,也必须针对细分市场找到准确定位。企业找到了有效的细分市场只是成功的第一步,还必须为自己的产品找到有效的定位。

一、定位理论与会展市场定位

(一)定位理论回顾

定位理论的先驱是美国著名营销学家艾·里斯和杰克·特劳特。早在1969年,他们在美国《工业营销》杂志上发表了论文《定位是人们在今天的模仿主义市场上所用的竞争手段》。论文以美国RCA电脑公司为例,认为遵循定位的原理,RCA不应该与占据美国电脑业第一位置的"蓝色巨人"IBM公司做面对面的抗衡。而当时业内人士均对RCA与IBM的正面抗衡持乐观和鼓励态度。不到一年时间,RCA公司在与IBM的较量中惨败。1971年11月,两人继续在《工业营销》杂志上发表探讨定位的文章,后又将定位的概念和运作方法结集成书,人们渐从事实中认识到他们观点的正确性。今天,定位理论已成为市场营销战略的核心。

在市场营销学的相关理论中,定位包括市场定位和产品定位。市场定位是将产品定位于以市场细分为基础选择的目标市场上,其着眼点是不同的市场需求。而产品定位是在产品差别化基础上,通过塑造独特的产品个性和鲜明的产品形象,以区别于同类竞争产品,其着眼点是已经存在的产品。

(二)会展市场定位的内涵

会展市场定位是指办展机构根据自身的资源条件和市场竞争状况,赋予本展会区别于同类题材其他展会的差异化和个性化特征,使本展会在参展商和观众心目中形成鲜明而独特的市场形象。

当前我国会展业的一大问题就是重复办展,同题材展会在一年里的不同时间和地点举办,共同瓜分有限的展览市场,其结果是展会同质化现象严重,市场竞争日趋激烈。而有效地进行会展市场定位,可以帮助展会突破"同质化"所带来的竞争困境,在参展商和观众心目中形成该展会独特而鲜明的品牌形象。同时,通过保持定位的持久性和一贯性,在参展商和观众心目中留下该展会稳定而牢固的品牌形象。

(三)会展定位有效的标准

会展定位能否有效地区隔本展会与同类竞争展会,树立独特而鲜明的市场

形象,进而为会展营销做贡献,需要从以下四个方面进行考察:

(1)该定位是否符合办展机构自身的资源条件。"用己所长"是进行市场定位时必须考虑的问题,否则,定位再新颖、再独特,办展机构没有资源条件将其付诸实现也是徒劳。

(2)该定位是否独特。该定位是同类题材的其他展会尚未提出或无法复制的,即便是竞争对手也难以模仿。独特的定位是展会的核心竞争力,它为办展机构设置了一道无形的保护层,向竞争者筑起了进入壁垒,使展会能够以更优越的方式向参展商和观众提供服务。

(3)该定位是否具有高价值。即能否为参展商和观众提供高价值,且他们是否充分认可这一点。

(4)该定位是否便于沟通。会展定位只是办展机构为展会在市场上确定了一个适当的位置,塑造了一个与众不同的市场形象,但定位还需要传播,即以形象生动的方式传达给目标参展商和观众,因此,定位是否便于表达、便于传播、便于目标客户的理解和体验,就显得尤为重要。

二、会展市场定位的步骤

会展市场定位的关键是办展机构要设法为自己的产品和服务找到比竞争对手更具有竞争优势的特性。竞争优势一般有两种基本类型:一是价格竞争优势,即在同样的条件下比竞争对手给出更低的价格,这就要求办展机构采取一切努力来降低经营成本;二是偏好竞争优势,即能提供确定的特色来满足客户特定的需求偏好,这就要求办展机构采取一切努力在产品和服务特色上下功夫。会展市场定位可以通过以下三个步骤来完成(见图4-4)。

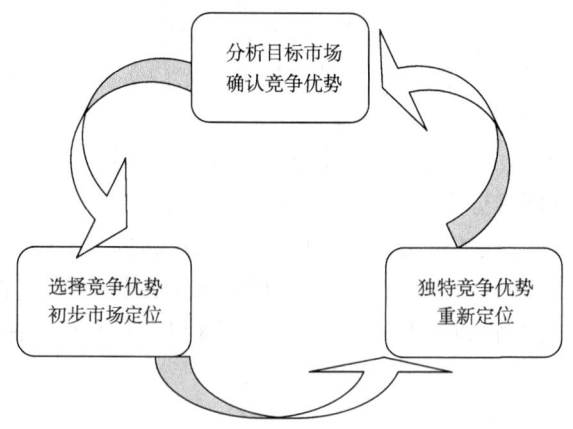

图4-4 会展市场定位的步骤

（一）分析目标市场现状，确认竞争优势

这一步骤的中心任务是要回答以下三个问题：一是竞争对手的市场定位如何，二是目标市场上客户需求的满足程度如何以及确实还需要什么，三是针对竞争对手的市场定位和目标客户的需求，本展会应该及能够做什么。通过回答上述三个问题，办展机构可以从中把握和确定自身的竞争优势。要回答这三个问题，市场营销人员必须通过多种调研手段，系统地设计、收集、分析并报告有关上述问题的资料和研究结果。

（二）利用竞争优势，进行初步市场定位

竞争优势代表办展机构的核心竞争力，这种能力既可以是现有的，也可以是潜在的，利用竞争优势实际上就是与竞争者各方面实力相比较的过程，其比较的指标应是一个完整的体系。通常的做法是，与竞争者在经营模式、办展水平、招展能力、展会服务、财务控制等方面进行充分的分析和比较，评价自己与竞争者相比有哪些优势，又有哪些劣势，以及选择哪些目标市场对自身最为有利，据此选出最适合的优势项目，以初步确定在目标市场上所处的位置。

（三）显示独特的竞争优势，必要时需重新定位

这一步骤的主要任务是通过一系列的宣传与推广活动，将本展会的竞争优势准确传达给目标客户，进而在其心目中留下深刻印象。为此，办展机构要弄清楚目标客户是否了解、熟悉、认同本展会，展会定位是否与目标客户的实际理解相一致，目标客户对本展会是否具有较高的忠诚度，同时还要时刻关注目标客户对展会定位的理解是否出现了模糊、混乱或偏差，以及这些偏差是否是宣传失误所造成的。

办展机构应通过各种手段强化目标客户对展会的好感，稳定客户的态度，增进与客户的感情，巩固展会在目标客户心目中的地位。当目标客户对展会定位的理解出现偏差时，办展机构还要及时纠正这些问题。在出现下列情况时，则应考虑对展会进行重新定位：①在同一市场上出现了强有力的竞争对手，其推出与本展会相近的产品和服务，侵占了本展会的部分市场，使本展会的市场份额急剧下降；②目标参展商和观众的需求发生了明显变化，导致本展会的市场需求萎缩，展会的销售情况骤降。

小案例

上海童书展的市场定位

进入21世纪以来，我国少儿出版业发展迅速，依托超过3亿未成年人的全

球最大市场,我国童书出版种类、市场规模、零售码洋等均快速攀升。然而放眼全球书展市场,一些规模较大且历史悠久的图书展览会多以综合型书展为主,侧重图书的展示和零售,在同行业书展中,以少儿出版物为对象、以版权贸易为核心的专题型书展十分稀缺,全世界范围内只有博洛尼亚童书展独领风骚,亚太地区急需一个专业型少儿类国际书展来填补市场空白。由此,中国上海国际童书展应运而生。

2013年11月7日至9日,首届中国上海国际童书展(CCBF)在上海世贸商城举办,展会主题为"与世界和未来在一起",专门围绕0~16岁少儿出版物,提供图书展售和版权交易。首届上海童书展的展览面积为1万平方米,共吸引国内外出版社154家,展示新书5万多种,同期进行了100余场图书推介、签售、演讲、颁奖典礼、评比及各种论坛活动。观众方面,共有4 800余名专业观众、18 000余位儿童及其家长到会参观。

上海童书展的成功举办得益于有效的市场定位,即针对少儿出版物、以版权贸易为核心的专业型国际书展。首先,展会定位为16岁以下少儿类出版物的专业童书展。在同行业书展中,面向少儿读物的仅有博洛尼亚国际童书展,而亚太地区作为全球最大的童书市场,至今没有常年设立的童书展。上海童书展针对目标客户需求,利用"补缺"策略,填补了亚太地区专业童书展的市场空白。

其次,环顾全球,面向大众的综合型书展为数不少,但以版权贸易为主的专业书展稀缺。上海童书展定位为版权交易型书展,现场进行图书展示的同时更加侧重于版权交易。当前我国少儿图书的进口比率占到全国图书版权贸易的20%以上,市场占比率不断提升,国内最具影响力的两大书展——北京图书博览会和上海书展远不能满足强烈的图书贸易需求,将上海童书展定位为版权交易型书展是必然趋势。

三、会展市场定位的常见策略

会展市场定位是办展机构竞争战略和营销战略的具体体现。由于办展机构的企业愿景、办展宗旨、经营目标等各具特点,其营销战略也各有千秋,从而形成不同的市场竞争格局和盈利模式,这些都对会展市场定位产生一定的影响。下面介绍几种有效的会展市场定位策略,仅供读者参考。

(一)"少而精"策略

定位理论的先驱艾·里斯和杰克·特劳特认为,定位从产品开始,但定位并不是你对产品做什么事,而是你对未来的潜在顾客的心智所下的功夫。其基本目的是要突破过多传播的屏障,把进入潜在顾客的心智作为首要目标,在其心中找到一个位置,该位置一旦确立后,每当潜在顾客需要解决某一特定问题时,他就会联想到能解决这一问题的特定产品或品牌。

就会展市场定位而言,要能突破众多的传播屏障,直抵目标客户的心智,则其定位一定是少而精的,唯有此,才便于表达、传播和记忆。为展会定位切忌面面俱到,一个展会固然有很多卖点,如果不加选择地把所有卖点都罗列出来,目标客户反而会无所适从,这样的定位既不便于理解,也不便于记忆。在信息爆炸的当代社会,公众被淹没在信息的海洋中,只有那些简洁明了、主题突出的定位才能令人过目不忘,印象深刻。办展机构需要在展会的众多卖点中提炼浓缩,以简洁、凝练的形式将展会最独特的卖点表达出来,传播出去。

(二)"补缺"策略

"补缺"策略是在目标市场中寻找到一个未被占领的缺口,并将展会定位于此市场中的领导者位置,即"寻找一个缺口,然后填满它"的定位策略。作为市场补缺者,要完成三个任务:创造补缺市场、扩大补缺市场、保护补缺市场。在会展市场中,一些区域性会展项目就扮演了市场补缺者的角色。区域会展项目作为不同区域、不同城市、不同产业链中的一环,必须研究自己所处的经济环境和生态环境,培养自身在该领域的竞争优势。获取补缺基点的主要战略是专业化市场营销,可供选择的方案有以下几种:

(1)按客户专业化。专门致力于为某类参展商服务,如一些小型会展公司专门针对某一类市场提供展会服务。

(2)按垂直层面专业化。专门致力于分销渠道中的某些层面,例如,同在纺织服装领域,有的会展公司专门承办服装面料方面的展览,有的会展公司专门承办服装加工设备方面的展览,还有的会展公司专门承办服装服饰方面的展览。

(3)按客户规模专业化。专门为某一种规模(大、中、小)的参展商服务,如有些小型会展公司专门为那些被大公司忽略的中小参展商服务。

(4)按地理区域专业化。专为国内外某一地区或城市提供会展服务。

(5)按产品或服务专业化。只提供一类服务,例如,有的会展公司专门帮助企业客户承办和组织各种主题活动,有的会展公司专门从事展具设备租赁服务,还有的会展公司专注于提供会展方案策划服务等。

小案例

深圳国际幼教展览会

2008年以来,我国幼儿教育的市场规模增速一直保持在10%以上,2013年

更是首次突破20%。随着居民人均收入的不断提高、家庭对幼儿教育的重视以及国家对幼教行业的扶持,再加上二胎政策的叠加影响,预计到2020年,我国幼教市场的总规模将达到3 732亿元人民币,较2015年的1 395亿元人民币将增长1.7倍。

深圳国际幼儿教育用品暨装备展览会(以下简称"深圳幼教展")正是在此市场背景下应运而生的。深圳幼教展创办于2013年,至今已成功举办了六届,主要针对幼儿园教育信息化、早教加盟、幼儿园配套设施、幼儿园装修设计、幼教用品、幼儿园日用品及益智玩具等专业领域。深圳幼教展创办之初,正是抓住了我国幼儿教育行业缺乏专业性展览会的市场机会,运用"补缺"策略,致力于成为我国乃至亚洲幼儿教育第一展。

2018深圳幼教展于11月7日在深圳会展中心圆满落幕,本届展会的展览面积约3万平方米,共吸引400余家参展商、1 000多个幼教品牌参展,接待专业观众34 226人,无论在观众数量还是参展成效方面,均获得喜人成效。"亚洲园长大会"是本届幼教展的独家同期活动,大会以"新环境、新理念、新征程"为主题,邀请了幼教领域的知名教授、专家以及500余名一线幼儿园园长齐聚一堂,共同探讨幼教行业的发展机遇,解读未来发展趋势,引领幼教行业内部企业探索发展思路与发展策略。

(资料来源:中国会展网,2018年11月8日。)

(三)"第一"策略

"第一"策略基于这样一个现实:人的头脑有先入为主的本能。人们总是只记"第一"不记"第二",例如,世界上的第一高峰是喜马拉雅峰,第二高峰呢?可能很少有人知道是乔戈里峰,那第三高峰呢?恐怕就没几个人知道了。奥运会男子百米赛跑,冠军的名字人们印象深刻,而亚军呢?也许他的成绩与冠军仅相差0.01秒,但并没有多少人记住他。

"Positioning"译为"占位"比"定位"更确切,从市场营销的角度,重要的并不在于谁先做,而在于谁先说以及在客户的心目中先留下印象。

心目中的第一和现实中的第一往往是不一致的,这就为定位者留了相当大的创作空间,在某些有价值的属性上通过抢先或创造"第一",是给目标客户留下深刻印象的有效方法。就展会而言,总有一些有价值的属性可以作为定位的出发点,例如,亚洲规模最大的、性价比最高的、第一个被UFI(国际展览联盟)认证的、某行业第一展等。办展机构在目标客户关注的某些属性上,通过创造"第一"或"之最",在其心目中占据一个有价值的位置,且这一位置一旦形成,不会轻易改变。

 **小案例**

中国国际进口博览会:全球首个以进口为主题的国家级展会

2017年5月,习近平主席在"一带一路"国际合作论坛上宣布,中国将从2018年起举办中国国际进口博览会(以下简称进博会)。经过一年多的筹备,2018年11月5日至10日,首届进博会在上海国家会展中心举办。本届进博会以"新时代、共享未来"为主题,展会由习近平主席亲自谋划、亲自提出、亲自部署推动,是迄今为止全球第一个以进口为主题的国家级展会,是国际贸易发展史上的一大创举。

本届进博会共有172个国家、地区和国际组织参会,3 600多家企业参展,展览总面积达30万平方米,超过40万名境内外采购商到会洽谈采购。本届进博会包括展会和论坛两个部分:展会即国家贸易投资综合展(以下简称国家展)和企业商业展(以下简称企业展),论坛即虹桥国际经贸论坛。其中,国家展是本届进博会的重要内容,共有82个国家、3个国际组织设立71个展台,展览面积约3万平方米。企业展分为7大展区、展览面积27万平方米,来自130多个国家的3 000多家企业参展。

展会的吉祥物主体形象为中国的国宝大熊猫,吉祥物取名"进宝",既有"进口博览会之宝"的含义,又暗含着"招财进宝"的吉祥寓意。"进宝"围着一条绣着进博会标识的蓝黄色围巾,黄色代表"丝绸之路经济带",蓝色代表"21世纪海上丝绸之路",黄蓝色调体现了进口博览会与"一带一路"倡议的紧密联系。吉祥物手中所持的四叶草既代表了进博会的举办地上海国家会展中心主体建筑的造型,又具有幸福幸运的象征意义。

展会吉祥物:进宝

(四)"高级俱乐部"策略

如果不能取得第一或某种很有意义的属性,而市场缺口又不存在,则定位还可采取这种"高级俱乐部"策略。美国第三大汽车公司——克莱斯勒汽车公司提出了"三大公司"的概念,而市场上最大的公司是不会提出此概念的。对会展营销而言,也可借鉴这种"三大""十佳"的定位策略,将本展会纳入"高级俱乐部"中,而俱乐部成员在公众看来都是最佳的,因而可以由此淡化本展会在市场中的实际实力和地位,而将其与同行业领袖相提并论,这无疑提升了展会的市场形象。

(五)"再定位"策略

"再定位"又称为重新定位,主要是针对那些首次定位不当而导致市场反应差的展会,需要重新定位以走出困境。还有一些展会,首次定位很成功,但因为外部市场环境发生了变化(如同一市场上出现了更强大的竞争对手、目标参展商和观众的需求发生了变化,本展会所服务的市场发生了萎缩),或者自身的营销战略方向发生了变化,也需要重新定位以寻找新的市场增长点。重新定位并不是完全放弃现有的目标市场,其目的是实施更有效的定位策略,以退为进,发现更大的市场机会。

本章小结

会展营销战略是办展机构营销管理思想的综合体现,是其进行营销决策的基础。制订会展营销战略,应综合考虑外部市场机会及内部资源状况等因素。会展营销战略的主要内容包括会展市场细分、会展目标市场选择和会展市场定位。

会展市场细分主要是对参展商市场的细分,是指办展机构根据主要目标客户对会展产品和服务的不同需求,把会展客源市场划分为若干子市场,并针对这些子市场开展集中营销的过程。市场细分需要依据一定的标准,参展商所属行业、参展商规模、地理区域、参展行为、专业观众等是最常用的细分标准,而判断一个细分市场是否具有进入价值,可从异质性、可进入性、盈利性、规模和发展潜力等方面进行评价。

目标市场选择是会展营销的战略性决策,是在对每个细分市场的特点、需求状况和竞争条件进行充分、准确的分析之后,根据办展机构自身的经营目标和经营能力,而选择的需要重点关注的市场部分。办展机构选择进入目标市场有三种策略,分别为无差别目标市场策略、差异性目标市场策略和密集性目标市场策略。

会展市场定位是指办展机构根据自身的资源条件和市场竞争状况,赋予本展会区别于同类题材其他展会的差异化和个性化特征,使本展会在参展商和观众心目中形成鲜明而独特的市场形象。衡量定位是否有效,可从该定位是否符合办展机构自身的资源条件、是否独特、能否为目标客户提供高价值,是否便于沟通四个方面进行评价。会展市场定位的常见策略包括"少而精"策略、"补缺"策略、"第一"策略、"高级俱乐部"策略和"再定位"策略。

习题

一、名词解释

会展营销战略　　　　会展市场细分　　　　会展市场定位
无差别目标市场策略　　差异性目标市场策略　　密集性目标市场策略
"补缺"策略　　　　　"高级俱乐部"策略

二、简述题

1. 简述会展营销战略的主要内容。
2. 简述会展市场细分的程序。
3. 衡量市场细分是否有效的标准有哪些?
4. 会展目标市场选择应考虑哪些因素?
5. 简述会展市场定位的主要步骤。

三、论述题

1. 论述会展目标市场选择策略及其特点。
2. 办展机构进行会展市场定位的常用策略有哪些?

四、案例分析题

东莞电博会——展会领头羊的四次"转身"

2008年10月,十周岁的东莞国际电脑资讯产品博览会(以下简称电博会)又将迎来一次巨变。在结束与香港讯通公司的合作后,广东现代会展公司携手国际展览业巨头德国汉诺威公司共同投资打造亚洲最重要的IT展览盛会,这一合作将至少维持3年。

外界对此次变化并不感到突然,因为在东莞电博会过去的9年中,"变"是一种常态。电博会走到今天,经历了四次重要转变。

第一次转变:2004年——从区域展到国家展

前五届电博会在平稳中前行,2004年电博会迎来首次变革。"政府+市场"的运作模式被运用,同时,中国国际贸易促进委员会的加盟使电博会正式从地方性的展览会升格为国家级展览会。该届电博会首次专门设立了逆向采购区,展示采购商所需采购产品实物样品和相关资料,搭建了一个买卖双方共同

呈现的合作平台。

第二次转变:2005年——从招商展到专业展

2005年,第7届电博会与国际科技合作周合并举办,内容互补且更专业。此外,政府开始从部分领域退出,电博会从"招商展"向"专业展"迈进。其中,镇区参展从原来的硬性要求改为自愿为主,往届留给镇区作为招商展的中心展位让位给国际展商,镇区参展退至边缘展位。但总体上,主办和承办单位仍由政府担当。

当时,主办和承办单位对电博会进行三大"手术":加强参展资格审定,非IT类不得入场;对参观者严格限制,前三天非专业人士不得进场;成果展示签约仪式退出展会,只有开幕式没有闭幕式。

第三次转变:2006年——从形象展示型到产品贸易型

场面大不等于收益大,有架势不一定有内容。在1999年电博会诞生之后的7年里,政府一直是展会的主导,内容也一直停留于"成果展"。太多的外在诉求模糊了展会最初的经济目标,展会成为地方经济的秀场。陪人作秀的居多,真正有所收获的很少,企业参展人财两累。伴随着国内同类型IT展会的日益增多,业内人士都心照不宣地认为电博会已陷入了不进反退的境地。

2006年,广东现代国际展览中心和香港讯通国际展览公司携手接替政府,充当电博会运营的主角,政府退居二线,专业的会展运营公司跃居前台,其功能定位也随之转变,由以IT产业形象展示为主调整为IT产业产品贸易为主。

第四次转变:2008年——从松散型到紧密型

"与讯通联手,看中的是其在展会运营方面的专业性;而与讯通分手,则是因为讯通主攻机械类展会,资源与电博会已经有些对接不上。"因专业而合,为更专业而分,广东现代会展公司的一位负责人是这样解释电博会与香港讯通公司之间的"分分合合"的。

而在东莞市经贸部门看来,与汉诺威公司的合作是在探索东莞会展业与国际接轨的模式。东莞市经贸局会展科科长袁绍贤认为,汉诺威公司在IT资讯方面有着较好的根基,对中国市场的框架分析很清晰,其资源性的优势将给电博会带来新的活力。汉诺威展览(中国)有限公司董事总经理符禹则说,东莞在IT制造方面的超群能力使汉诺威中国公司做出了与电博会全面合作的决定。

(资料来源:《南方日报》,2009年11月18日,作者:王宁。本书有所删减。)

思考:

(1)什么是"再定位"策略?

(2)东莞电博会为什么要进行四次"转身"?

第五章
会展产品与服务

学习目标

- 了解会展产品的定义与特征;
- 掌握基于客户让渡价值的会展产品策略;
- 掌握展会生命周期不同阶段的营销策略;
- 理解会展品牌营销的内涵及主要内容;
- 了解会展服务的主要类型;
- 了解会展增值服务的主要内容。

引 言

企业在制订经营战略时,首先考虑的是提供什么样的产品或服务以满足目标客户的需求,也就是要解决产品策略问题。会展营销活动亦不例外。鉴于会展产品与一般的实体性产品有明显的差异,办展机构在制订会展产品策略时应有所不同。会展产品更多地表现出"服务产品"的特征,具有无形性、不标准性、不可储存性等特点,且只有在展会举办期间才能完整地被消费,因此,我们认为,会展产品是由一系列要素构成的综合性的"服务包"。

本章系统介绍会展产品的内涵、特点以及会展服务的相关知识,使读者对会展产品与服务有深入的理解,在此基础上掌握会展产品的生命周期营销策略、品牌营销策略以及会展服务策略。希望通过本章的学习,使读者牢固掌握会展产品与服务的相关理论,并能将理论付诸实践,运用于会展产品开发与会展服务设计的具体工作中。

 引导案例

中国工博会:"互联网+会展"体验再升级

以"创新、智能、绿色"为主题的第19届中国国际工业博览会(以下简称工博会)于2017年11月7日—11日在上海国家会展中心举行。为期5天的展会共吸引了2 500余家中外企业参展,展览面积达到创纪录的28万平方米,同时,专业观众数量也创历史新高,到会参观的境内外观众逾16万人次,较上届增长了6.67%。

作为全年最火爆的工业制造业盛会,工博会成为智能制造解决方案、人工智能技术应用最集中的展示、交易平台。与此同时,该展会的管理服务也展现出"互联网+会展"高智能的一面,围绕智能智造之旅,打造数字信息化展会。

1. 及时掌握第一手信息,线上服务再升级

本届工博会的展会服务在前几届的基础上进行了再升级,便于参展商和观众了解第一手信息,优化展商申办服务,实现"网上工博会"功能。例如,参展商可通过在线服务进行网上报名、展位申请、资格审查、证件办理等业务;通过"网上工博会"发布内容自动配对感兴趣的展品,实现基本商贸配对;亮点展品提前登陆"网上工博会",便于采购商"未睹先知"。

观众亦可在网上实现在线快速登记、打印参观证、邀请同行参观、选择预约感兴趣的展商等业务。工博会的办证和制证已可全部通过网上系统实现,为观众提供了更为高效、智能的参观全方位体验。

此外,工博会的微信公众号实时更新发布展会信息和展商资料,不断提升与观众的互动性。目前工博会公众号的粉丝数已达数十万,逐渐成为优质的品牌宣传平台。

2. 优化升级服务的同时,不断增加新功能

与往届工博会相比,今年新增了定位导航、直播间、餐饮优惠等功能。

首先是覆盖全馆的定位导航功能,帮助观众及展商实现对想去的展馆或展台的搜索、精准定位以及路径规划,只需连接官方WiFi并打开微信公众号"中国工博会CIIF服务号",点击"展会服务"菜单中的"地图导航"按钮,即可进入地图导航页面。

其次是本届展会服务新增了直播间功能,观众只需在工博会服务号"展会服务"一栏点击"直播间",即可直击现场,通过直播实时参与会议和论坛。

最后是新增的点餐支付功能可帮助展商和观众实现美食优惠随时享。工

博会举办期间,主办方联合国家会展中心周边商铺,推出餐饮折扣优惠服务,观众可通过工博会服务号"餐饮服务"一栏查询并领取电子优惠券,在商铺点餐支付时向商家出示即可享受餐饮优惠。

3. 安全快捷有保障,线下体验再优化

本届工博会现场设置了电子查询系统、门禁人像记录识别、App 导航等智能工具,极大地提升了观众入场和参观的效率。为了防范可能集中的参观人流,对观众进行有效分流,今年换证除了现场登记之外,还增加了线上预登记和现场微信扫码登记两种方式,线上登记的观众只需出示二维码即可领取参观证,省去了排队填写信息的繁琐。

除此之外,本届工博会还在现场设立了咨询服务台,并提供行包寄存、医疗服务、设备租赁、现场购火车票等各方面的优质服务,铁路上海站在场馆内特别增设了铁路自助售(取)票机,方便展商和观众出行。

(资料来源:东方网,2017 年 11 月 8 日,作者:陈晓梅。本书有所删改。)

思考:
1. 会展服务包括哪些具体内容?
2. 工博会的会展服务如何体现"高智能"?

第一节 会展产品的内涵与特点

与一般的实体性产品不同,会展产品既包含看得见、摸得着的有形内容(如展位),同时又更多地体现为无形的服务,表现出"服务产品"的特征,因此,会展产品是由一系列要素构成的综合性的"服务包"。

一、会展产品的内涵

(一)产品的定义

现代营销学理论认为,一切能满足消费者某种利益和欲望的物质产品和非物质形态的服务均为产品。产品是一个整体概念,包括核心要素、形式要素、附加要素三个层次(见图 5-1)。其中,核心要素是指产品为消费者提供的根本效用与利益;形式要素是核心要素的全部外部特征,即核心功能通过哪些具体形式展现给消费者;而附加要素是指消费者因为购买和使用了该产品而得到的全部附加服务与利益。对企业而言,产品在市场上的形象是三个层次的综合反映,任何一个层次出现问题都会影响到产品信誉乃至市场销售。需要指出的是,在产品日趋同质化的今天,通过附加要素突出优越性和差异化,进而提升产品的竞争力,显得尤为重要与迫切。

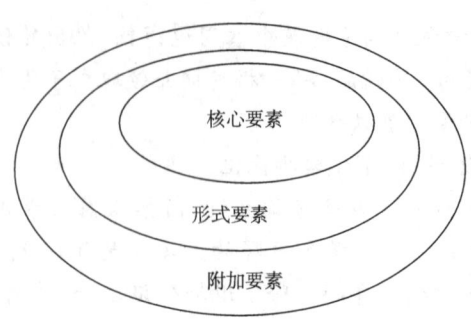

图 5-1　产品的整体概念

（二）会展产品的定义与内涵

会展产品是指办展机构向参展商及观众提供的旨在满足其参展或参观需求的有形产品和无形服务的集合体。会展产品包含核心要素、形式要素、附加要素三个层次。

核心要素是提供给目标客户的根本效用或利益。就会展营销而言，展会的核心功能是为参展商和专业买家提供有价值的交易平台，这是展会的目标客户要得到的核心利益，也是其参加展会的首要目的。

形式要素是指展会的核心功能通过哪些具体形式展现给目标参展商和观众，包括办展机构提供的场地、展位、装饰、餐饮、纪念品等实物形式的产品，相应地，目标客户得到的是享受这些实物带来的有形收益。

附加要素是指办展机构提供的各种附加服务与利益，包括为参展商和观众提供的娱乐、表演、休闲、旅游、住宿、交通、停车场及其他服务（如金融、保险）等，这是目标客户参加展会而得到的附加服务与收益。

二、会展产品的特征

会展产品具有综合性、无形性、不标准性、不可分割性和不可储存性等鲜明特征。

（一）综合性

会展活动是一项综合性的社会、经济、文化活动，这就决定了会展产品的内涵和形式的丰富性。会展活动过程中需要搭建、运输、餐饮、住宿、交通、安保等多个环节的衔接与配合，才能构成一种严格意义上的会展产品。会展产品的综合性首先表现在它是由会展设施、交通设施、住宿餐饮设施、娱乐设施以及各项服务组成的混合性产品，其次表现在提供会展产品和服务的部门涉及面广，包括商业、交通运输、餐饮、娱乐、游览景点、旅行社、银行、海关、电信等众多的行业和部门。

（二）无形性

会展产品是一种服务性产品，它必须依托一定实物形态的资源与设施为客户提供各种服务。会展产品的价值不是凝结在具体的实物上，而是凝结在无形的会展服务中。会展产品的购买者在订购这种产品之前不能看到"样品"，只有在展会现场才能完整地消费这种产品，也只有在展会结束后才能感受产品质量的好坏。会展产品具有的无形性特点，决定了目标客户在购买会展产品时是有一定的风险的。

（三）不标准性

与实体性产品不同，会展产品具有不标准化的鲜明特征。会展产品的核心是服务，而服务是由人来提供的，由于服务人员的素质、知识、技能和服务态度等方面存在差异，导致同样的服务内容，其服务质量有较大的差别，这是造成会展产品不标准化的主要原因。再有，服务是由人来感受的，而人对服务的感知具有主观差异性，同样的服务有的人觉得很满意，有的人觉得还不够好，这决定了会展服务具有难以度量的特点。

（四）不可分割性

会展产品的生产与消费是高度统一的。会展产品的生产过程同时也是目标客户的消费过程，两者在时空上不可分割，是一种互动的关系。只有当目标客户购买并在展会现场消费时，会展产品的使用价值才能实现。

（五）不可储存性

展会的举办过程就是会展产品不断减值的过程，展会结束，会展产品的价值基本消耗完毕，不会以实物的形式保存下来。而且会展产品通常是在一个规定的时间内提供的即时性消费，时间过了，这种会展产品就不存在了，因此，会展产品具有不可储存性。

三、客户让渡价值与会展产品策略

随着我国会展市场竞争的日趋激烈，会展营销已进入客户主导阶段，越来越多的会展组织者认识到客户价值的重要性。以提升客户价值为出发点，开发会展产品与服务，进而提高客户对展会的满意度，已成为会展业界的广泛共识。

（一）顾客让渡价值的定义

美国营销学大师菲利普·科特勒在其1996年出版的著作《营销管理》一书中提出了"顾客让渡价值"的概念。所谓顾客让渡价值，是指顾客从购买某一产品或服务中所获得的总利益（顾客总价值）与顾客为搜寻、评估、获得和使用该产品或服务而花费的总成本(顾客总成本)之差值。其中,顾客总价值包括产品价值、服务价值、人员价值和形象价值;顾客总成本包括货币成本、时间成本、精神成本以及体力成本。顾客让渡价值的构成详见图5-2。

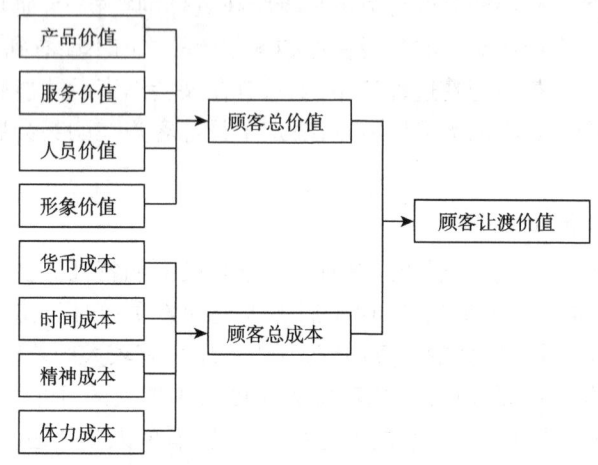

图5-2 顾客让渡价值的构成

(二)会展客户的让渡价值

菲利浦·科特勒曾说过:"顾客是价值最大化的追求者。要为顾客提供最大、最多、最好的价值。"此观点对会展营销同样适用。本书认为,会展客户的让渡价值是指参展商和观众从会展产品与服务中获得的总利益(客户总价值)与为参加展会而付出的总成本(客户总成本)之差值。

其中,客户总价值中的产品价值即指展会的价值,包括展会的功能、特点、品质、品牌、展出效果等要素;服务价值是指会展组织者在展前、展中、展后为参展商和观众提供的服务项目的数量与质量,参展商和观众在接受服务的过程中体现自尊并从中获得的享受;人员价值是指展会的工作人员和服务人员的素质、礼仪、专业知识、服务态度和服务技能等;形象价值包括展会的社会价值(如展会在社会上的知名度和美誉度)和环境价值(如展会的周边环境、内部环境、展位布局与装潢、秩序、温湿度、噪声、辅助设施等)。

客户总成本中的货币成本是指客户参加展会的所有货币性支出,包括展位租赁费、展品运输费、布展费、人员费、相关宣传费等;精神成本是指参展商和观众对展会效果的担心,对展会安全风险的担忧,对展会现场拥挤、噪音的焦虑等;时间成本和体力成本是指参展商和观众为参加展会所耗费的时间、精力和体力,如展会的时间安排是否合理,服务流程是否便捷,客户为解决参展期间的交通、住宿、餐饮等问题而花费的时间和精力等。

以上是会展客户让渡价值的构成。办展机构在开发会展产品与服务时,必须以提升客户价值为前提和出发点,通过向客户提供更有价值的产品与服务,帮助其实现最大价值,在将客户的满意度转化为忠诚度的同时,实现展会自身价值的最大化。

(三) 基于客户让渡价值的会展产品策略

1. 提高客户感知的价值收益

首先,提升展会本身的价值。展会存在的价值在于为参展商和专业买家之间搭建一个贸易平台、宣传推广平台和技术交流平台。展会本身的价值是客户价值的第一构成要素,是客户参加展会的核心价值,因此,应健全展会的功能,提高展会的品质,完善展会的品牌形象,突出展会的优势与特色,设法提升客户的参展效果。

其次,提升展会的服务价值。客户参加展会的过程也是其享受各种展会服务的过程,办展机构应设法使参展商和观众在接受服务的过程中体现自尊并从中获得享受。会展服务包括展前服务、展中服务和展后服务,会展服务一定要比展会本身更加为客户"量身定制",在强调服务规范化的同时,还应注意为不同的客户提供人性化服务和差别化服务。

再次,提高人员价值。展会的工作人员和服务人员的素质、礼仪、专业知识、服务态度和服务技能等,直接影响到客户对展会的体验和总体评价。为此,办展机构应加强对展会工作人员和服务人员的培训,使他们在语言、行为、服饰、服务态度、专业知识、服务技能等方面让客户满意。

最后,提升展会的形象价值。一方面,提升展会的社会价值,通过整合各种营销传播手段,如广告、公关软文、事件营销、新闻报道等,有效传播会展品牌形象,提高会展品牌的知名度和美誉度。另一方面,着手改善展会的环境价值,如展馆的周边环境良好、内外部交通顺畅、展区划分有序、展位布局合理、展馆内的温湿度和噪音得到有效控制、辅助设施完备等,为参展商和观众营造舒适的参展氛围。

2. 降低客户感知的成本支出

首先,减少客户的货币成本。货币成本是客户在决定是否参展时首要考虑的成本。就货币成本而言,展位费是客户特别关注的,办展机构可以通过适当给予折扣,或采取灵活的定价技巧,淡化客户对展位价格的敏感度。同时,帮助客户降低其展品运输费、展位搭装费、人员费等,设法降低客户可感知的成本支出。

其次,减少客户参加展会的时间、精力和体力成本。尽量为客户着想,帮助其安排好交通、住宿、餐饮、安全等问题,简化服务流程,节省客户为解决这些问题而花费的时间、精力和体力。

最后,减少客户参加展会的心理成本。通过人员沟通和良好的服务降低客户对各种可能风险的担忧,通过良好的现场布置降低展会噪声和拥挤对客户的影响,使其参加展会时心情愉悦。

综上所述,基于客户让渡价值的会展产品策略,是在提升客户感知的价值收益的同时,设法降低客户感知的成本支出,通过向客户提供更有价值的会展产品与服务,提升客户的满意度并最终转化为对展会的忠诚度。

第二节　会展产品的生命周期营销策略

产品生命周期是指产品从进入市场到被市场淘汰的全过程,会展产品也存在市场生命周期的问题。就展会而言,一个完整的生命周期包括培育期、成长期、成熟期和衰退期。办展机构应针对展会所处生命周期不同阶段的市场特点,制订相应的营销策略,有针对性地开展会展营销活动。

一、会展产品生命周期各阶段的市场特点

会展产品从进入市场到被市场所淘汰,历经培育、成长、成熟、衰退四个阶段。

在培育期,展会的规模往往不是很大,市场影响力较弱,行业知名度不高,目标客户对展会的效果和收益的预期不确定。参展商和观众对参与展会的意愿和欲望较低,展位销售情况不佳,且参展商构成以小型企业为主,展会的整体盈利状况不理想。

在成长期,展会在所属行业内积累了一定的知名度,具有了一定的市场竞争力。展会的规模不断扩大,参展商的数量快速增长,与会观众的数量和质量也不断提高,展会进入到快速发展阶段。与此同时,竞争者看到此类题材展会有利可图,也开始进入市场参与竞争。

在成熟期,展会在行业内获得广泛认可,其市场地位也基本稳固,参展商的构成多元化且数量趋于稳定,展会规模基本定格。同时,此阶段也是市场竞争最激烈的时期,销售增长较成长期慢,至成熟期后期展位销售呈下滑趋势。

在衰退期,参展商对展会失去兴趣,大中型参展企业逐渐减少,展会规模趋于萎缩,展会的利润不断下降,处于微利甚至无利状态。同时,竞争者看到该类题材展会无利可图也纷纷退出市场。

以上是会展产品处于不同生命周期阶段的特点分析,我们将其归纳总结为表 5-1。

表 5-1 会展产品不同生命周期各阶段的市场特点

阶段 特点	培育期	成长期	成熟期	衰退期
展会知名度	低	提高	高	回落
展位销量	低	迅速增长	缓慢增长至后期下降	迅速下降
利润	低	迅速增长	缓慢增长至后期下降	微利或无利
参展商	小型企业为主	中小型企业为主	多元化且数量基本稳定	趋于萎缩
竞争者	很少	增多	最多	迅速减少
销售增长	缓慢	迅速	缓慢至后期下降	迅速下降

二、会展产品生命周期各阶段的营销策略

处于不同市场发展阶段的展会,市场影响力不同,客户的参展需求不同,市场竞争的态势也不同,因此,办展机构制订的营销战略与策略亦应有所不同。

（一）培育期展会的营销策略

培育期展会的营销目标是使该展会在市场中立稳脚跟,并赢得进一步发展壮大的机会。此阶段的营销重点在于：

1. 弱化盈利观点,着眼长期发展

鉴于培育期展会的特点,不应因过分强调展会的短期盈利能力而削减必要的前期投入,办展机构应有长远的战略眼光,着眼于展会的未来发展。会展业的长期实践表明,一个知名品牌展的培育时间通常要经过 3~5 届甚至更长,办展机构在培育期的工作重点是规划展会的品牌化与长期盈利能力,在这一阶段,即使展会有盈利,也应拿出盈利的大部分作为发展基金,致力于做大、做强展会,不断提升其市场竞争力,促进展会的可持续发展。

2. 加大对展会的宣传推广力度

处于培育阶段的展会,其知名度和行业影响力都很有限,参展商和观众对展会不了解,没有形成参展习惯,因此,培育期的营销重点是加大对展会的宣传推广力度,迅速提升展会的知名度,消除目标客户对展会的认知壁垒,激发起他们参展或观展的兴趣和欲望,培养他们对展会的好感与认同。办展机构应投入较多的精力和资金进行新展会的宣传与推广,以期在最短的时间内为展会打开

市场。在宣传与推广手段方面,媒体广告、新闻报道、软文、直接邮寄展会宣传资料、公关事件等营销手段对提升展会知名度都具有积极的意义和切实的效果。

3. 为目标客户提供体验式服务

21世纪是"体验经济"时代。展会归根到底是提供一种服务,客户参加展会的过程也是其享受各种服务的过程。培育期展会的客户基本上都是新客户,他们参展的初次体验对以后做出参展决策至关重要,而且他们对展会的评价也会影响其他参展商的后续参展。为此,办展机构要力争为客户提供优质周到的服务,以服务实现展会的品牌价值,同时,在设计服务内容和服务形式方面,应特别强调体验式服务的作用,注重客户接受服务时的感受,根据客户的需求不断改进服务方式和服务内容,在做到服务规范化的同时,力所能及地提供一些个性化服务,体现"以客为尊"的服务理念,使客户在接受服务过程中感受到尊重并从中获得享受。总之,培育期的展会要特别注重以服务吸引新客户,提升客户对展会的满意度,进而转化为对展会的忠诚度。

(二)成长期展会的营销策略

在成长期,由于前期的宣传造势与营销努力,展会的知名度和行业影响力均有了较大提升,此阶段的营销目标是:通过进一步完善会展产品与服务,保持展会品牌化成长的势头;突出展会的特色与优势,有效应对竞争;培养忠诚客户,进一步向市场渗透。

1. 突出展会的特色与优势

在成长期,竞争展会日渐增多,竞争态势日趋激烈,办展机构必须防患于未然,为展会在今后的市场竞争中积累竞争优势。竞争优势来自特色和差异化,千人一面的展会无法在竞争中取胜,办展机构要为展会寻找到与同类展会相比的特色和优越性,利用差异化战略打造独具特色的会展品牌,从而在市场竞争中脱颖而出。从前面所述会展产品的整体概念可知,会展产品包含核心要素、形式要素、附加要素三个层次,办展机构可以从上述三个层次出发,寻找展会独特的卖点,再利用有效的宣传与推广手段,把展会的特色与优越性进行广泛传播,使其特色深入人心。

2. 重视客户关系管理

随着展会的快速成长,展会规模不断扩大,客户数量日益增多,传统的客户管理难以适应展会快速发展的需要。因此,如何保持和发展与新老客户之间的关系,更好地为客户提供服务,就成为此阶段会展营销工作的重点。办展机构应加强对客户的管理与服务,树立客户关系管理的理念,应用客户关系管理(CRM)应用软件系统,有针对性地对不同客户提供个性化服务,快速而妥善地处理客户需求,提升客户对展会的满意度,培养其对展会的忠诚度。

会展客户关系管理(CRM)系统是针对会展活动的业务运作流程和功能需求,由专门的软件开发公司提供的一套基于数据库、互联网、计算机联机数据分析处理、数据挖掘和聚类分组算法等信息技术而形成的应用软件系统。关于会展客户关系管理的相关内容,可参见本书第十章第一节,此处不赘述。

3. 实现展会规模的稳步扩大

会展业发展的实践表明,只有展会发展到一定规模,其在行业内才能发挥较大的影响力。对于成长期的展会,办展机构应顺势稳步实现展会规模的扩大。扩大展会规模应特别注意两点:一是步子要稳,尽管展会的规模扩大意味着实现更为可观的经济收益,但扩张的速度不宜过快,否则后续的相关服务跟不上,会直接影响展会的声誉,进而影响展会的成长壮大;二是参展商规模扩大的同时,专业观众的规模应同步扩大。只有观众数量与展会的规模同步增长,展会才能保持良性增长的态势,如果观众(特别是专业观众)的数量和质量跟不上展会规模扩张的需求,参展商的展出效果会下降,展会品质也会大打折扣。这方面香港贸发局的办展经验值得借鉴,即不会因考虑增加收入而盲目扩大展会规模,而是根据市场的需要,逐年增加参展商数量,以便让买家和参展商数量增长匹配,展会规模与参观人数同步增长。

4. 持续改进会展服务体系

伴随着展会的快速成长,办展机构的营销重点放在了如何进一步扩大展会的规模、如何提升展会的品牌形象等方面,而对会展服务体系建设或多或少会有所忽略,很多服务问题被展会快速成长的现象所掩盖,以致办展机构不能及时发现和改进,甚至出现一方面展会快速发展,另一方面服务水平不断下降的现象。

同时,随着展会规模的扩张,参展商和专业观众越来越多,原有的服务内容和服务手段已不能满足客户的需求,特别是对老客户,如果不改进会展服务,而是以不变应万变,老客户对展会的整体满意度就会下降。因此,对成长期的展会,应不断改进会展服务体系,创新服务内容与服务手段,使服务跟得上展会的快速成长。

(三)成熟期展会的营销策略

在成熟期,展会的市场地位基本稳固,且能够为办展机构带来稳定的盈利。但是根据产品生命周期理论,成熟期的展会面临着走下坡路的风险。因此,此阶段的营销重点是尽量延长展会的市场周期,延缓其进入衰退期的进程。

1. 进行产品和服务创新

尽管成熟期的展会在行业内已获得了广泛认可,市场地位也基本稳固,但办展机构不能安于现状,故步自封,而要进行产品和服务的创新,增强展会的活力和展会品牌的持续影响力。办展机构在保持展会的战略定位与品牌特色的前提下,需要研究目标客户的需求,特别是要把握住客户需求的变化,有针对性地改进会展产品和服务,不断加强展会功能建设,使其既有自身的特色,又能兼容并蓄。同时,为客户提供更多的增值服务,如网上展会、贸易撮合、参展培训、商旅服务等,帮助客户实现参展价值的最大化,以此留住老客户,吸引新客户,培养展会的忠诚客户。

2. 创新会展品牌形象内涵

进入成熟期的展会,其品牌知名度在行业内已有基础,目标客户对展会很了解并已形成了稳定的参展习惯。此阶段,会展品牌宣传的重点不再是提升知名度,而是提升品牌的美誉度。

办展机构要维持和巩固展会良好的品牌形象,提升品牌美誉度,就需要在会展品牌形象的内涵上下功夫,如展会在行业内的排名、专业化程度、对市场发展的引导作用以及品牌的象征意义等。一些国际知名展会之所以长盛不衰,原因就在于它有深邃的内涵,是前瞻性技术、时尚性体现、行业发展趋势、产业综合效应等的体现。会展品牌形象内涵的创新程度在一定意义上决定了展会在市场竞争中的生存能力。

3. 建立展会衰退期的预警机制

处于成熟期后期之展会,办展机构应加强对会展营销工作的各项评估,通过营销质量评估、营销效率评估以及营销成本评估发现问题并查找原因。影响会展营销活动的因素很多,有展会自身的,也有来自行业趋势、政治原因、经济环境、突发事件等的。通过评估工作,及早建立对衰退期展会的预警机制,利用科学的数据指标评估展会是否已进入到衰退期。相关的评估指标包括盈亏平衡点、新老参展商的参展率、参展行业的变动率、专业观众的参会率等,通过几届数据的对比,发现危机,果断采取"关停并转"的措施,在展会气数未尽尚有微利时,对其走向进行决策,以保留办展机构的盈利性不受影响且有效地保持营销队伍的稳定性,为策划和举办新展会积累资源。

(四)衰退期展会的营销策略

在衰退期,参展商和观众对该展会失去兴趣,参展积极性每况愈下,展会规模日渐萎缩,盈利不断下降,处于微利甚至无利的状态。

会展业是一个很特殊的行业,一个展会从培育到发展壮大,可能需要很长的时间,而展会如果陷入衰退,它可能会在一夜之间就突然垮掉。对真正进入衰退期的展会,很少有办展机构愿意继续举办。一般来讲,在成熟期后期就应对已经出现衰退征兆的展会采取措施,具体包括以下三种策略。

1. 转型策略

当展会出现衰退征兆时,办展机构可以采取的一个积极应对措施就是让展会及时转型,通过转型找到新的发展机会。例如,改变现有展会的市场定位,为其进行重新定位,寻找到新的生存空间;调整现有展会的题材,将展会中一些有市场前景的题材分列出来单独办展,或者新增一些展会中没有的题材;发现新的细分市场,将展会定位到新的细分市场中,等等。

2. 续留策略

此时绝大部分竞争展会已退出市场,本展会继续留在市场,接受先期退出的展会的客户,保持盈利的暂时增加。但应注意,续留策略只是一种维持现状的做法,办展机构不应再追加投入,甚至有必要减少对展会的宣传与推广、减少服务项目、减少营销人员、压缩展会的各项开支等,让展会继续办下去,直到无利可图为止。

3. 放弃策略

对于已出现衰退征兆的展会,办展机构还有第三种选择,即立即停办、放弃该展会。尽管这样做可能会造成一定的利润损失,但可以及时止损,且对办展机构降低风险、集中力量开发新展会是有益的。

第三节 会展产品的品牌营销策略

美国营销学家拉里·赖特在谈到未来30年的营销趋势时说:"未来的营销是品牌的战争——品牌互争长短的竞争。商界和投资者都将认清品牌才是公司最珍贵的资产……拥有市场比拥有工厂重要得多,而唯一拥有市场的途径是拥有具备市场优势的品牌。"品牌不仅是产品的标识,更是反映企业综合实力和经营水平的无形资产,在商战中具有举足轻重的地位和作用。我国会展市场营销已进入品牌营销时代,实施品牌营销已成为本土展会的重要发展战略之一。

一、实施会展品牌营销的重要意义

2001年,我国加入世界贸易组织(WTO),2006年五年过渡期已过。根据入世承诺,我国政府对包括会展业在内的服务贸易领域全面开放,外资进入我国会展市场全面提速。此后全球最知名的会展公司如德国的汉诺威、法兰克福、科隆、慕尼黑、杜塞尔多夫以及英国励展、意大利米兰等均进入我国。外资全面进入我国会展市场是一把双刃剑,一方面,大量高水平的国际展会及跨国会展企业的进入带来了全新的运作理念、成熟的管理经验、知名的国际展览、全球会展资源以及营销体系等,进而有力地推动了我国会展业的专业化进程。另一方面,外资会展联军的大举进入,给本土展会和办展机构带来了巨大的危机,一些势单力薄、孤军奋战的本土展会和会展企业面临被淘汰出局的困境。

外资抢滩我国会展市场主要有三种形式：一是通过建立合资公司或控股国内会展企业实现快速扩张，如英国励展博览集团2005年收购中国医药集团下属国药展览公司50%的股份，该公司同时更名为"国药励展展览有限公司"。二是合作办展或参与国内名牌展会，如德国汉诺威展览公司与上海世博集团在2006年年底签署合作协议，围绕"中国国际工业博览会"展开为期5年的深度合作。三是以集团配合的方式共同开发中国市场，如德国慕尼黑展览公司、汉诺威展览公司和杜塞尔多夫展览公司联手与上海陆家嘴（集团）有限公司合资建造上海新国际博览中心，争夺会展产业链中利润最丰厚的环节，以攫取垄断性的高额利润。

在日益严峻的市场竞争中，我国本土会展企业要想求生存、谋发展，必须学习和借鉴国外会展企业的成功经验与做法，走品牌化经营之路，不断提升自身的国际竞争力。

二、品牌与会展品牌

（一）品牌的内涵

菲利浦·科特勒对品牌给出如下定义："所谓品牌，就是一个名字、称谓、符号或设计，抑或是上述的总和，其目的是要使自己的产品或服务有别于竞争者。"在市场营销实践中，品牌不仅指营销意义中的实体性的名称、符号或设计等，更是附加了消费者的心理感觉、印象及情绪上的认同。市场营销学中的品牌包含以下四个层面：

第一层面：品牌的名称和标志的知名度；

第二层面：品牌品质的认知度：好、差、高、低；

第三层面：品牌联想，即受众一接触到品牌就联想到的东西；

第四层面：品牌忠诚度。

由此可见，品牌更多的是消费者心理上的存在，是消费者对产品的一种主观认识。现在的营销不再是产品战，而是消费者脑海中的认知战，品牌就是这场战争中最有力的武器。

（二）会展品牌和品牌会展

如果套用菲利浦·科特勒对品牌所下的定义，则会展品牌就是会展组织者为该会展项目设计的名称、识别符号、图案以及上述要素的组合，其目的是使目标客户辨识该会展项目，并使之与同类竞争展会相区别。

例如，由中国机床工具工业协会成功主办了15届的中国国际机床展览会（简称CIMT），其展会LOGO如图5-3所示。

图 5-3 中国国际机床展览会的 LOGO

会展品牌和品牌会展经常被混淆,其实二者之间还是有区别的。每个品牌都对应一个会展项目,但不是所有会展项目都可以成为品牌。一般来说,只有那些具有一定规模、能代表行业内发展动态、能反映行业发展趋势、能对该行业具有指导意义并具有较强影响力的会展项目才能成为品牌会展。[①]

马勇、王春雷在《会展管理的理论、方法与案例》一书中指出,构成品牌会展的标准包括:

(1)权威协会和行业代表的强力支持;
(2)代表行业的发展方向,具有较高的知名度;
(3)较好的规模效应;
(4)提供专业的会展服务和完善的功能;
(5)配合强势的媒体宣传;
(6)获得 UFI 的资格认可;[②]
(7)坚持长期的品牌战略。

 小案例

品牌会展——中国国际机床展览会

中国国际机床展览会(China International Machine Tool Show,简称 CIMT)由中国机床工具工业协会创办于 1989 年,每逢单年举办一届。CIMT 是我国最负盛名的国际机床工具展览会,被国际工业界誉为与欧洲国际机床展(EMO)、美国芝加哥国际机床展(IMTS)、日本国际机床展(JIMTOF)齐名的世界四大国际

---

① 马勇、王春雷:《会展管理的理论、方法与案例》. 高等教育出版社,2003 年版,第 140 页。
② UFI 是国际展览联盟(Union of International Fairs)的简称。在 2003 年 10 月开罗第 70 届会员大会上,该组织决定更名为全球展览业协会(The Global Association of the Exhibition industry),仍简称 UFI。UFI 是迄今为止世界展览业最重要的国际性组织。

机床展之一。

2019年4月20日,为期6天的第16届中国国际机床展览会(CIMT2019)在北京中国国际展览中心(新馆)圆满落幕。本届展会主题为"融合共赢 智造未来",共吸引来自28个国家和地区的1 712家企业参展,较上届增长了3.57%,其中,境内展商838家、境外展商874家,展出面积各占50%左右。CIMT2019使用了新国展全部8个展馆以及展馆东西两侧的6个临时展馆,展览总面积为14.2万平方米,较上届增长了8.4%。全球知名机床工具制造商悉数到场;来自美国、德国、日本等13个国家和地区的机床协会和贸促机构组团参展;法国机床协会30年来首次以国家展团的形式参加了CIMT2019。

展会期间,主办方、各国机床协会、参展企业等共组织了100余场论坛、会议和技术交流活动。为期6天的展会吸引了22.66万名专业观众到会参观。展会汇集全球最先进适用的机床工具产品,对国内采购商和用户来说,是不出国门的国际考察。历经30年的发展,CIMT展会已经成为国际先进制造技术交流与贸易的重要场所,同时也是我国机械制造技术领域和机床工业发展的风向标和晴雨表。

图5-4 中国国际机床展览会的历届宣传海报

三、会展品牌营销的含义

品牌营销是指企业利用消费者的品牌需求,创造品牌价值,最终形成品牌效益的营销过程。在品牌营销过程中,企业把品牌的形象、知名度、美誉度等展示给目标消费者,并在其心目中形成对品牌的良好印象。通俗地说就是把品牌深刻地印入消费者的心中。

会展品牌营销是指办展机构运用现代品牌营销理论,通过打造具有良好品牌形象的会展项目,吸引目标参展商和专业观众,以实现利润最大化的营销策略和过程(见图5-5)。

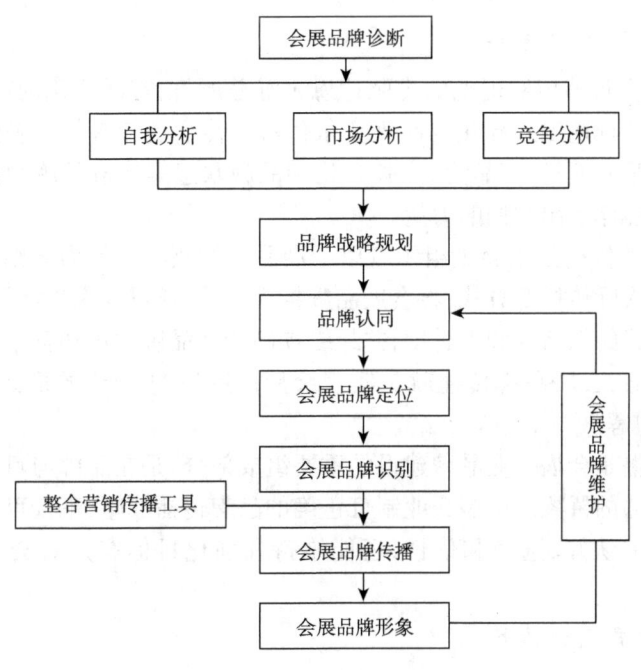

图5-5 会展品牌营销

四、会展品牌营销的主要内容

(一)会展品牌定位

美国加州伯克利分校哈斯商学院的大卫·爱格指出:"如果缺少定位,品牌就会像没有舵的船一样。"[①]成功的品牌有一个共性特征,就是以始终如一的形式将品牌与消费者的心理需求连接起来,并能将品牌定位以贴切、准确的诉求表达传递给目标消费者。

会展品牌定位是指办展机构根据自身的资源条件和市场竞争状况,赋予本展会区别于同类竞争展会的差异化和个性化特征,使其在参展商和观众心目中形成鲜明而独特的市场形象。

当前我国会展业存在展会数量多、重复办展现象,同题材展会在一年里的

---

① 大卫·爱格著:《品牌经营法则》,沈云聪、汤宗勋译,内蒙古人民出版社,1998年版,第8页。

不同时间和地点举办，共同瓜分有限的展览市场。展会同质化现象严重，会展市场竞争日趋激烈，有鉴于此，办展机构实施会展品牌定位，有助于展会突破"同质化"所带来的竞争困境，在参展商和观众心目中形成该展会鲜明而牢固的品牌形象。

（二）会展品牌传播

正如整合营销传播理论的先驱达恩·舒兹所言，在同质化的市场竞争中，唯有传播能够创造出差异化的品牌竞争优势。传播是使有关品牌的信息进入大众心智的唯一途径，商品力、品牌文化和品牌联想等构成品牌力的因素只有在传播中才能体现出它们的力量。

会展品牌传播是指会展组织者以会展品牌的核心价值为原则，通过广告、公关、销售、人际传播等方式，将会展品牌推广出去，通过与客户之间形成互动，提高会展项目的知名度和美誉度，并最终提高会展品牌的市场竞争力和市场占有率。换言之，会展品牌传播就是实现会展品牌以"资产"的形式创造出"价值"的交换过程。

品牌传播是会展企业品牌建设的重要组成部分，是在品牌与目标客户之间建立互动沟通的桥梁。会展企业制订正确的品牌传播战略，不仅可以促进目标客户对品牌的认知、选择和信任，还能维持和强化目标客户对会展项目的忠诚度。

（三）会展品牌维护

品牌维护是指企业实施的一系列旨在维护品牌形象、保持品牌市场地位和提升品牌价值的市场活动。如果把品牌比喻为企业或产品的生命，则品牌维护就是在延续生命。良好的品牌形象得来不易，企业需要对其进行精心的、持之以恒的维护甚至呵护。

首先，质量是品牌的核心要素。品牌定位再独特、品牌传播再成功，没有过硬的产品质量做保证也是徒劳。如果产品质量有缺陷，则会导致知名度越高，美誉度越低的不利局面。对会展品牌维护而言也是同样的道理。主办方精心培育了一个品牌展会后，更要严抓质量管理，不断健全展会的功能，提高展会的品质，完善展会的服务，突出展会的优势与特色，提高客户的参展效果。

其次，注重品牌创新。创新是会展业经营发展的永恒主题，对品牌展会而言，市场环境在变化、客户需求在变化、竞争对手的经营战略也在变化，如果故步自封、缺乏创新，品牌发展就会停滞不前，品牌的生命力也不会长久。为此，办展机构应在会展品牌的内涵、服务、传播、组织、管理等各方面实施创新，同时对品牌资产进行长远规划与管理。

最后，品牌维护还有品牌保护之含义。办展机构精心设计的展会名称、文字、图案等具有知识产权特征的元素需要进行注册,成为会展企业或会展项目的商标,进而获得国家法律的保护。同时采取切实措施,打击各种侵权、仿冒、假冒会展品牌的行为,依法维护会展项目的品牌形象。

(四)会展品牌服务

完善的服务可以提升品牌形象和品牌美誉度,会展营销亦是如此。优质服务是为客户创造高价值,将客户满意转化为客户忠诚,为本展会取得竞争优势的重要武器。在会展项目日益同质化的今天,服务差别化成为打造会展品牌核心竞争力的体现。办展机构在实施会展品牌服务时应特别注意以下三点:

其一,注重服务细节。正如某会展界资深人士所言,能获得客户认可的服务主要体现在每个细微环节上。例如,一些国际性展会在提供服务时会充分照顾到境外人士、与会者的风俗习惯,以细致入微的服务提升展会的质量和水平。

其二,注重服务的个性化。个性化服务使展会独树一帜,能够在激烈的市场竞争中脱颖而出,让客户印象深刻,进而为塑造鲜明的会展品牌形象打下良好基础。服务个性化体现在三个方面,即服务时空的个性化(在客户希望接受服务的时间和地点提供服务)、服务方式的个性化(根据客户的需求和自身特点提供服务)、服务内容的个性化(服务内容不再是千篇一律,千人一面,而是为客户量身定制)。

其三,注重服务的持续性。当前我国会展服务存在一个通病,即认为展会一闭幕,服务工作也就宣告结束了,对参展商及观众便不再理睬。其实不然,会展服务贯穿于整个会展项目的展前、展中、展后各个不同阶段,不仅包括展前对参展商及观众的邀请、展中的现场服务和商旅服务,还包括展后回访以及与目标客户的长期联络。对会展客户的持续服务有助于塑造会展品牌形象,提升客户对会展项目的满意度和忠诚度,进而形成长远的效益。

小案例

香港贸发局的会展服务

香港贸易发展局(以下简称贸发局)是亚洲首屈一指的会展主办机构,拥有极为丰富的办展经验,旗下的多项展会规模庞大,傲视亚洲,甚至在全球排名三甲之列。香港贸发局被誉为全球最成功的会展主办机构之一,它在会展服务方面的很多做法值得我们学习和借鉴。

以香港贸发局主办的礼品展为例,主办方在展馆内外提供完善的配套服务,包括为不同参会者设置买家中心、商务中心、新闻中心,提供免费的无线上网区、免费本地电话、代理登记商务旅行团、流动电讯服务、快递及货运服务、免费往返巴士等,凡是能想到的可谓应有尽有。

由于展会规模较大,涉及展馆较多,在会展中心的每个路口和扶梯前都设有清晰的指示牌。买家登记后,会得到厚如一本书的介绍详尽的展会资料,里面不仅有与礼品展直接相关的各种信息,还有乘车路线、公共服务电话、简易香港地图及香港旅游介绍等,可谓一本在手,万事皆备。

主办方还每天印刷发行场刊,图文并茂地介绍当天的活动安排和展会信息,免费供参展商和买家取阅。此外,展会现场设置休息区,供客商在交易洽谈的同时放松身心,甚至可在休息区享受按摩服务。由于客商来自世界各地,其中不乏宗教人士,考虑到其特定需要,贸发局在展览现场专门设置祈祷间,方便客商在参展期间也能进行祷告。

第四节　会展服务策略

在我国会展市场竞争日趋激烈、会展项目日益同质化的今天,优质服务是为客户创造高价值、将客户满意转化为客户忠诚、为展会赢得竞争优势的重要武器。办展机构在为参展商和观众提供优质服务的同时,还应注意服务的特色和差异化,以服务打造独具特色的会展品牌形象。

一、会展服务的分类

会展服务有广义和狭义之分。狭义的会展服务是指办展机构在展会现场所提供的服务,包括展具租赁、展品运输、展位搭建、保安、清洁等专业服务。广义的会展服务不仅包括展会现场的服务,还包括餐饮、旅游、住宿、交通、电信等相关行业的配套服务。做好广义的会展服务,不仅需要办展机构自身的努力,而且需要会展举办城市各相关部门的配合与协作。有鉴于此,本书仅研究狭义的会展服务,即由办展机构提供或控制的服务。

(一)按照服务对象分类

从服务对象来看,会展服务可分为对参展商的服务、对观众的服务和对其他方面的服务(见图5-6)。

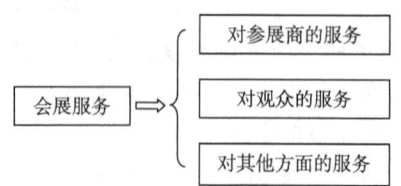

图5-6　按照服务对象对会展服务的分类

1. 对参展商的服务

参展商是会展产品的主要购买者,是办展机构的重要营销服务对象。对参展商提供的服务包括通报展会的筹备情况、提供行业的发展信息、提供贸易成交信息、展示策划服务、展品运输、组织和邀请高质量专业观众、展位搭建、展览现场服务、商旅服务等。

2. 对观众的服务

观众,特别是专业观众,是展会可持续发展的关键环节和根本保证,也是办展机构另一类重要的营销服务对象。对观众提供的服务包括通报展品信息、提供行业最新的发展信息、展览现场服务、商旅服务等。

3. 对其他方面的服务

除了参展商和观众以外,展会还有其他的一些相关服务对象,包括新闻媒体、行业协会、行业主管部门、国际组织、外国驻华机构等,展会对上述机构的服务主要是信息服务。

(二)按照展会运作流程分类

从展会的实际运作流程来看,会展服务可分为展前服务、展中服务和展后服务(见图5-7)。

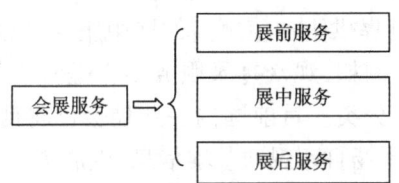

图5-7 按照展会运作流程对会展服务的分类

1. 展前服务

展前服务,即在展会开幕前提供给参展商、观众和其他方面的相关服务,具体包括以下内容:

(1)信息通报。如对展会的筹备情况、展会的招展招商情况、参展商的构成情况等信息进行通报。

(2)信息咨询。进行参展和参观咨询。特别是随着互联网的普及,办展机构可以通过网络发布展会的相关信息,方便参展商做出参展决策,制订参展计划。此外,通过网络提供本届展会的日程和活动安排、展馆位置和交通、酒店预定、运输和搭建服务,还可以利用网络进行在线招展和招商。

(3)展品运输。将参展商的展品、展具、布展用品、宣传资料、招待用品等物料及时安全地运抵展会现场,保证参展商顺利地布展和参展。展品运输是一项专业性很强的工作,办展机构通常交由专业的物流公司或运输公司来承担。

(4)展位搭建。对标准展位和特装展位进行搭建。此项服务也是外包出去的,办展机构一般会根据展会规模的大小,指定一个或几个展位搭建服务商。标准展位的搭建由展会指定的搭建商承担;对特装展位,办展机构可向参展商推荐展会指定的搭建商,但不会强制参展商必须接受。

(5)信息预登记。对有意向参展的客户进行信息预登记,按照行业特点将参展商和展品进行分类,使参展信息更加实用有效。

(6)观众邀请。对预登记的观众进行参观邀请,邮寄邀请函和胸卡。

(7)免费培训。一些办展机构在展前为参展商和主要采购商举办免费培训。对参展商来说,可以帮助他们利用展会平台达到更好的展出效果;而对买家来说,可以帮助他们筛选更好的贸易机会。

2. 展中服务

展中服务即在展会举办期间提供给参展商、观众和其他方面的相关服务,具体包括展会现场的安保、清洁、餐饮、解答观众咨询、解决参展商的各种问题等。在整个会展服务过程中,展中服务是最紧张的环节,需要办展机构有效地进行组织与协调。

办展机构可以通过提供附加值更高的展中服务,以提升会展服务的档次,获得目标客户的满意。例如,观众登录服务不再是常规的观众报到登记,而是对观众信息进行采集与分类。目前国内一些展会已将此项工作委托给专业公司来完成,由专业公司现场打印观众基本信息,生成个性化的参观卡,方便参展商识别。同时,专业公司还会将采集到的信息生成专业观众数据库,在展会结束后提供给参展商,作为展会的一项增值服务,可以有效提高参展商对展会服务的满意度。再如,现场监控服务,通过对展会现场每个出入口的到达情况作详细的监控,将到达人数、到达曲线、到达人员的比例分析等信息在展会的信息发布处现场显示,充分体现展会的高科技含量。此外,还可以提供现场分析报告制作、电子会刊制作、市场营销软件方面的服务等。

3. 展后服务

展后服务即在展会闭幕后继续提供给参展商、观众和其他方面的相关服务。展后服务最重要的部分是数据分析及客户维护服务。

(1)展会统计分析报告。根据规范化的展会数据统计,形成统计分析报告,分析展会效果,对展会进行价值评估。

(2)展后回访。这是展后服务的重要组成部分之一,对一般客户的回访包括发送感谢信、发送展会的相关报告与最新的评估资讯、进行展会满意度调查和下届参展(或参观)意向调查等,回访形式包括邮寄、E-mail、传真等。对于重要客户,则应采用电话回访和登门回访的形式。总之,展后回访应体现办展机构对客户的尊重和重视,使其感受到办展机构的精心服务。

(3)建立行业信息中心。收集反馈意见,有效利用信息管理的统一平台,实现行业卖家和买家信息库的有效使用;建立展会的信息网站,促进参展商和观众之间的展后交流。

二、会展服务的实施原则

办展机构和目标客户之间的价值传递非常重要,而会展服务是价值传递的关键环节。办展机构应树立先进的服务理念,建立规范化、标准化的服务体系,以国际化、市场化的要求进行会展服务运作。

(一)服务规范化

会展服务的一大特点是"不标准化"。区别于标准化的实体产品,会展服务是由人提供的,受服务人员的服务技能、服务知识、服务态度等因素影响,同样的服务内容,其服务效果和服务质量会有所差异。有鉴于此,办展机构应遵循服务标准化、规范化的原则,建立起一套会展服务标准,用这些标准来规范相关服务人员,以保持服务质量的稳定性和一致性。

目前,国内很多办展机构已经意识到会展服务规范化、标准化的重要意义,如在全国率先获得ISO9000国际质量体系认证的深圳会展中心就已经建立了一套包括展览业务经营、展览工程、展场租赁、会展物业管理等在内的较为完善的会展服务体系,并在展览实践中严格按照规范的流程进行运作,为高交会、家具展、中国国际互联网展等大型展会提供一流、高效的会展服务。

(二)服务有形化

会展服务的另一大特点是"无形性"。即服务看不见摸不着而只能感受得到,服务难以度量,服务质量难以控制,而客户对服务的感知也具有差异性。为此,应设法使会展服务"有形化",即将抽象的服务理念和服务手段,通过有形的线索布置在展会现场,使参展商和观众能识别和感知到会展服务的存在。

所谓"有形的线索",是指会展服务流程中能被参展商和观众直接感知的、能提示展会服务的各种有形物品,如展区展位分布图、参观指南、参展商服务手册、免费上网区、贵宾买家休息区、现场一条龙服务咨询台等。参展商和观众看不到服务,但他们可以通过有形的物品来感受服务,这些物品就成为展会提示客户某项服务客观存在的重要"线索"。办展机构应尽量将会展服务通过有形的线索布置在展会现场,使参展商和观众感受到会展服务的存在。

(三)服务人性化

人性化服务是指在提供服务的过程中体现对人的尊重。服务的使用者是人,提供服务者应换位思考,细心地为人着想,使服务对象在接受服务的过程中感到舒适,体现自尊,甚至能从中获得享受。

办展机构在提供会展服务时,应特别注重服务的人性化,尽量从参展商和观众的需求出发,以人为本地开发服务内容和设计服务流程。例如,大凡参观过国内几大国际车展的消费者,对展会现场人流拥挤、人声嘈杂、秩序混乱都有切身的感受,在这样的环境中观展很难获得舒适和享受。作为国内四大车展之一的"深港澳国际车展"的主办方为了营造舒适的展会环境,在2008年车展现场首次启用"静音车展"模式,为参展商和观众创造了相对安静惬意、轻松自如的参展和观展氛围。为保证静音效果,主办方采取了多种措施,包括对参展企业,严格限制其音响设备和现场音量,加强对现场音响设备的管理;对现场活动,严格要求参展商在主办方指定的时间段内有序地进行活动促销和节目表演,避免相互交叉而形成噪音干扰;同时,为了避免出现观展人流拥挤和堵塞,主办方在车展现场的二楼平台开辟了多个主题休息区,供观众分流休息使用。

人性化虽然不是某种具体的服务,却能够体现在展会的各种细节之中。对办展机构而言,人性化服务或许不需要太多的资金投入,但能直达参展商和观众的内心,增加展会的黏性,进而提升展会的竞争力。

办展机构在提供人性化服务的过程中还应注意,接受服务者是具体的人,而非抽象的服务对象,人是有差异的,人的需求也具有多样性的特点,因此,在提供服务时还必须考虑人的差异性和需求的多样性,尽量提供个性化服务,满足不同服务对象的需求。

小案例

中国会展服务展示国际最高水准

2017年5月14日,"一带一路"国际合作高峰论坛在北京国家会议中心开幕。中国又一次站到世界舞台,引发全球瞩目。作为本次高峰论坛接待人数最多、会议最多、配套服务和配套功能最多、启动最早的场馆,国家会议中心再一次引起广泛关注。根据日程安排,此次高峰论坛分为两部分:开幕式、平行论坛、双边会议、签约以及新闻中心均设在国家会议中心;主会场设在北京怀柔雁栖湖国际会议中心。

为办好本届高峰论坛,国家会议中心在原有培训体系的基础上制订了一套更为完善的培训计划,从技能和礼仪入手,全面升级服务水准。针对此次接待服务中签约仪式较多的特点,进行了签约流程专项培训。从常规的右手服务变更为在客人外侧提供服务,这样签约者会感到更加方便。从简单的服务站位、开合签约本、吸墨器用法、递换签约本,到挪椅离场,每个环节都不厌其烦地反复演练,以达到标准统一、动作一致。

服务好本次高峰论坛的贵宾更是重中之重。国家会议中心专门组建的"贵宾服务队",拥有2014年北京APCE领导人会议周、2016年G20杭州峰会的接待经历。为了更好地完成此次高峰论坛服务,国家会议中心设置了"脚本式"接待方案,大到场馆设备设施的运行,小到工作人员服务站立时脚尖的弧度,都进行专业设计。

本次高峰论坛共吸引全球4 000多名中外记者与会,为更好地为中外媒体记者提供信息和技术保障服务,国家会议中心设置了面积达1万平方米的新闻中心,并于5月12日正式运行。新闻中心设有综合服务区、媒体公共工作区、媒体专用工作区、新闻发布区、官方图片中心、公共信号服务区、卫星传送服务区、演播室、单边直播报道点、茶歇区、媒体餐饮区、祈祷室、医疗室、媒体集合点和文化展示区共15个功能区,有538个工位供媒体记者使用。为保证媒体记者随时发稿,每个工位均配有两个电源插座和1个网络接口。其中,百余台工位配备了统一的笔记本电脑,部分工位还配有多语种音频接口,不仅备有复印机、打印机、传真机、固定电话等设备设施,每一台机器前还有专门的工作人员负责指导使用。此外,新闻中心的无线WLAN网络出口带宽1 000兆,可满足3 000人同时使用。

在媒体用餐区,各种"丝路"元素应接不暇。国家会议中心厨师团队从2016年底就开始构思,结合"一带一路"会议主题、沿线国家风土人情、文化内涵,用面塑、糖艺、果蔬雕等工艺设计了众多特色摆台,让中外记者在媒体餐饮区也能直观感受到由浪花与骆驼造型摆件呈现的此次高峰论坛的会标。

国家会议中心有关人员表示,尽管服务高峰论坛是不小的挑战,但也借此机会向世界展示了中国的顶级会展服务,向世界树立了中国的会展品牌。

(资料来源:中国贸易报,2017年5月17日,作者:兰馨。)

(四)服务差异化

在会展项目日益同质化的今天,服务成为深化展会内涵、提升展会附加值的重要手段。办展机构提供差异化的服务,可以帮助展会突破同质化困境,打造独具特色的会展品牌形象。

服务差异化是指办展机构不断推陈出新,开发出具有自身特色的服务模式,在服务内容、服务手段、服务渠道、服务形象等方面实施差别化策略,突出自身的服务特色,以服务凸显展会的竞争优势,从而与同类竞争展会相区别。要实现服务差异化,首先需要调查、分析市场上同类展会的服务种类、主要竞争展会的服务缺陷、自己展会的优势等,然后有针对性、创新性地开发服务项目以满足目标客户的需求。此外,还要采取有别于他人的传递手段,迅速而有效地把会展服务传达给服务接受者。

 小案例

秋冬面料展的展位划分

2017年10月11日—13日,中国国际纺织面料及辅料(秋冬)博览会(以下简称秋冬面料展)在上海国家会展中心举行。本次展会使用了国家会展中心的11个展馆,展览面积27.6万平方米,共吸引了来自32个国家和地区的近5 000家企业参展,来自100多个国家和地区的77 000名贸易买家到场采购。

从商贸对接到细致服务,不断提高参展商与采购商的参展体验一直是主办方的追求。本届秋冬面料展推出移动端电子会刊,日程、趋势、展商信息一手掌握,更有展位路径规划便于查找。电子登录、线上预登记等便捷服务得到进一步推广与升级,餐饮区、休闲区、充电区等特色多功能区,通信功能保障车、医疗中心、祈祷室、按摩区、双向摆渡电瓶车、从展馆开往虹桥枢纽及9号线地铁的闭馆班车等多项服务令客商感到温暖贴心。

从2008年第14届秋冬面料展开始,该展会的主办方就在展区布局方面进行大胆创新。为了更好地服务于专业观众,主办方优化和调整了展品区域,力求最大限度地为买家采购提供便利。

通常国内的纺织面料展都是按照纤维成分来划分展区,如分为棉、麻、丝、毛、化纤等展示区域。而秋冬面料展的展位布局是按照展品的最终用途来划分展区的,如分为正装面料区、时尚女装面料区、休闲装面料区、功能/运动装面料区、内衣/泳装面料区、衬衫面料区和服装辅料区等。在每个展区内,再根据面料的成分做进一步划分,如:正装面料区主要展示毛纺面料和化纤仿毛面料;时尚女装面料区主要展示各类化纤、丝绸、棉、麻、印花等时尚面料;休闲装面料区的展品主要以棉、化纤、针织、麻为主;功能/运动装面料区重点突出面料的功能性,展示采用新工艺、新技术生产的高科技、环保性、功能性面料。

秋冬面料展按照展品的最终用途划分展区,为买家采购提供了极大便利。

例如,买家要选购时尚女装面料,棉、麻、丝、毛、化纤等品类的面料都有,以前要逛遍所有的面料展区找到这些面料,而且由于展品众多,买家往往分不清哪些是女装面料。而按照面料的最终用途划分展区,这个问题就迎刃而解了。选购女装面料的买家直奔女装面料区就可以了,大大节省了参观时间、精力和体力。

办展机构在提供会展服务的过程中,除了遵循规范化、有形化、人性化、差异化的实施原则外,还应特别注意以下两点:

第一,会展服务很多是外包给会展服务商的,办展机构决不能因为这些服务已经外包出去而忽视对服务质量的监督和管理。因为,在参展商和观众看来,这些服务是办展机构提供的,是与展会一体的,他们会将服务商的失误归结到展会身上。因此,办展机构必须制订严格的服务商遴选标准,选择和委托高质量的服务商,并对其进行全过程的监督与管理,谨防因服务商的问题影响展会的整体形象。

第二,只承诺可以兑现的服务。一些办展机构为了更好地招徕客户而言过其实地宣传会展服务,对不能兑现的服务也大包大揽,殊不知这样做会导致客户产生较高的心理期望,一旦在参展过程中得不到预期的服务,客户会极为不满。因此,办展机构应实事求是地宣传会展服务,只承诺可以兑现的服务,当客户的心理期望与实际所得相符时,他会基本满意;若客户还能获得期望之外的服务和收益,则会产生惊喜,进而提升对展会的满意度(见图5-8)。

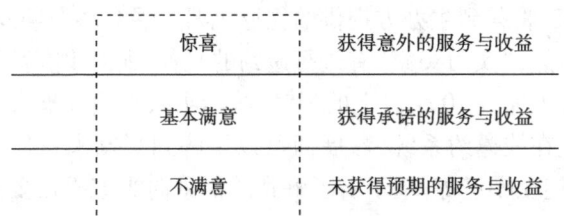

图5-8 客户心理预期与满意度的关系

三、会展增值服务

(一)增值服务的内涵

增值服务(Value-Added Service)是差异化竞争时代企业构建其竞争优势的重要手段。美国休斯敦大学捷安娜·阿博特(JeAnna Abbott)和阿格尼斯·德弗兰克(Agnes DeFranco)在其合著的《会展管理》一书中,将展会的增值服务定义为"组展机构为了达到'吸引回头客'的目的,而向参展商和观众提供的一系列附加服务。"增值服务的目标有两个,一是创建客户关系,二是建立客户忠诚。

美国弗里曼展览公司项目经理詹姆斯·李(James Lee)认为,增值服务的核心是设法留住现有客户,这与上述两人的观点不谋而合。李指出,留住现有客户的好处有二:其一,留住一个现有客户的成本远比开发一个新客户的成本要低得多;其二,现有客户是展览会最好的推销员。

增值服务的本质是为参展商和专业买家提供新的价值。近年来,随着办展理念的不断发展,"交易"已不再是展会的首要功能,树立品牌形象,拓展客户关系替代了"交易"的主导地位。提供增值服务,为参展商和专业观众创造更多的附加利益,已成为提升展会的竞争优势、促进展会可持续发展的重要手段。

(二)增值服务的主要内容

一般来说,展会的增值服务包括以下几个方面的内容。

1. 贸易配对服务

传统观念认为,主办方提供了贸易平台,至于参展商是否达到了预期目标,观众是否找到了合适的供应商,不是主办方需要考虑的问题。而事实上,为参展者提供有助促进其"成交几率"的服务项目,是主办方的一项重要工作。

英国励展博览集团认为,展会增值服务的首要工作是为参展商和专业买家进行"商业配对"(Business Matching)。公司推出"特邀买家计划",每年展会前,工作人员都会按采购资格、采购量、采购的决定权等指标对"实力买家"进行确认,"实力买家"将得到主办方提供的往返机票及展会举办期间星级酒店免费住宿等优待。当然,"实力买家"有进行邀约的义务,配对也有数量要求,如国内买家必须在展会上完成10个以上的配对;国际买家必须在展会上完成15个以上的配对。通过在线邀约系统,参展商可以了解到买家来自何地、采购决定权有多大、采购兴趣在哪里等,基于所了解到的信息向买家提出要求,买家拥有接受或拒绝的选择权。

在欧洲,展会组织者在展前利用其掌握的资源调查买卖双方的兴趣所在,进行"撮合",在展会举办期间会安排专门的洽谈间供买卖双方进行"配对",专业买家或参展商在洽谈间进行等候,每隔半个小时都会有一批专门安排的"配对对象"到来。他们会直奔主题,免去寒暄等诸多不必要环节,如果合适,双方可立即进行洽谈;如不合适,"配对对象"会马上进入下一个洽谈室进行配对。据了解,该举措已在欧洲实行多年,对促进展会成交效率具有不可估量的作用。

2. 参展顾问服务

办展机构利用自己的专业背景,成为参展企业的参展顾问,站在参展商的角度,帮助其规划参展流程、制订参展计划、培训参展人员、提供参展顾问服务。

此时,办展机构与参展商之间不再是简单的交易关系,而是致力于发展战略合作伙伴关系。

关系营销理论近年来十分流行,该理论认为,与短期交易相比,企业更应注重与客户之间构筑、发展并维护长期的、有成本效益的关系,以谋求双方共同发展。借鉴关系营销理论,我们认为办展机构与参展商之间存在五种关系水平,分别是基本交易型、被动关系型、负责型、能动型和合作伙伴型(见表5-2)。

表5-2 办展机构与参展商之间的五种关系水平

关系类型	基本特征
基本交易型	展位售出后维持基本关系,展会结束后不再联系
被动关系型	展会期间遇到客户提意见或寻求帮助时,负责任地接待和处理
负责型	展会期间主动征询客户意见,不断寻求改进服务的建议与做法
能动型	展会结束仍保持与客户的联系,征询其对展会服务的意见与建议,传达展会及服务的新信息
合作伙伴型	与客户建立高度亲密的关系,站在客户的角度成为其参展顾问,而客户也成为办展机构的参谋

在上述五种关系水平中,合作伙伴型是最牢固的,也是竞争者难以破坏的。就办展机构而言,与客户(尤其是重要客户)建立并保持某种长期的稳定关系,对提升其重复参展率、满意度和忠诚度是非常必要的。为参展商提供参展顾问服务正是致力于发展长期关系而提供的一项增值服务。该项服务的具体内容包括协助参展商做好参展计划、进行参展人员培训、进行相关认证或知识产权法的培训、提供全套的展会咨询服务以及全程的顾问指导服务等。

3. 协助参展商举办展品推介会

展品推介会是参展商与其客户进行面对面交流、全方位洽谈的有效方式。办展机构为重要参展商的展品举办专场新闻发布会或推介会,设计主题活动,协助邀请专业买家、重要客户和相关媒体,并提供会议场地和多媒体设备,是向参展商提供的非常有益的增值服务之一。此外,对重要客户,办展机构还可以邀请相关媒体在展会现场进行报道,对展品进行推介或安排人物专访,利用媒体的广泛传播提升参展企业的市场形象,为其进一步发展助力。

4. 举办评比和颁奖活动

办展机构利用展会平台,组织参展企业及其展品进行评比,并为获奖企业举办隆重的颁奖仪式,邀请相关媒体对评奖结果和颁奖仪式进行报道。比赛的过程是对参展企业的免费宣传,比赛结果及隆重的颁奖仪式使获奖的参展企业名利双收,可以说是为参展商提供了性价比极高的增值服务。例如,2018年第26届中国国际汽车用品展览会的同期活动就包括"年度汽车用品行业品牌盛会颁奖盛典"和"美合杯2018(第六届)汽车服务金勋奖颁奖典礼"两项活动,主办方邀请多家媒体对颁奖活动进行报道,引发行业关注度,通过媒体的广泛传播,扩大参展企业及其品牌的市场影响力。

5. 推出网上展会

办展机构利用互联网平台推出网上展览会,作为实体展会的补充形式。网上展会的最大优势是不受举办地、会期等条件的约束,一般展会的举办时间为3~5天,而网上展会可以为参展商搭建一个"永不落幕"的网上展示平台;同时,互联网没有地域限制,只要能上网,观众就可以不出家门随时随地浏览、参观展会。对参展商而言,参加一次展会,可以获得"线下"和"线上"的两次展示机会,且网上展会因为不受时空限制,作用时间更长,影响范围更广,因此参展商普遍欢迎网上展会的形式。办展机构推出网上展会是为参展商提供的非常有效的增值服务。

例如,"中国第一展"广交会的主办方于2003年首次推出"网上广交会",通过与现场广交会业务的紧密结合,实现"网上洽谈,现场成交"。据统计,网上广交会的日均访问量达60万,在广交会举办期间的日均访问量更是高达700万,超过75%的到会客商通过网上广交会获知展会资讯。到目前为止,网上广交会已成功吸引了来自211个国家和地区的11万国际买家会员和4万多中国供应商会员。与此同时,网上广交会推出贸易匹配服务,为中国企业与国际买家提供更方便的信息交流渠道,创造更多的贸易合作机会,成为每届广交会现场成交的有力补充。

在会展营销实践中,办展机构开发增值服务的途径大致分为两种:一是开发新的增值服务项目,永远走在竞争者的前面;二是通过常规服务项目的升级,提供个性化的细节服务,从而获得客户的认同,提升其满意度。前者是人无我有,后者是人有我优。无论是哪种方式,办展机构都是以创造差异化、树立品牌形象、获得竞争对手无可比拟的竞争优势为目的,并且在为客户增加价值的同时也为自身创造价值。①

本章小结

会展产品是指办展机构向参展商及观众提供的旨在满足其参展或参观需求的有形产品和无形服务的集合体。与一般的实体性产品不同,会展产品更多

---

① 祝涵洁:《浅谈会展行业增值服务的战略意义》,《旅游纵览》2011年第5期,第157~158页。

地表现出"服务产品"的特征,具有综合性、无形性、不标准性、不可分割性和不可储存性的鲜明特点。

会展产品也有市场生命周期,展会从进入市场到被市场淘汰,一般经历培育、成长、成熟、衰退四个阶段。办展机构应针对展会所处的不同市场发展阶段制订相应的营销策略,有针对性地开展会展营销活动。

会展品牌营销是指办展机构运用现代品牌营销理论,通过打造具有良好品牌形象的会展项目,吸引目标参展商和专业观众,以实现利润最大化的营销策略和过程。会展品牌营销包括会展品牌定位、会展品牌传播、会展品牌维护以及会展品牌服务。

会展服务有不同的类型。从服务对象来看,会展服务分为对参展商的服务、对观众的服务和对其他方面的服务;从展会的运作流程来看,会展服务分为展前服务、展中服务和展后服务。办展机构在提供会展服务的过程中,应遵循规范化、有形化、人性化、差异化的原则,以服务打造独具特色的会展品牌形象,同时还应为参展商提供更多的增值服务,以期提升展会的竞争优势,培养客户忠诚度。

 习题

一、名词解释

会展产品　　　　会展客户的让渡价值　　　会展品牌　　　　品牌会展
会展品牌营销　　会展生命周期营销策略　　会展增值服务

二、简述题

1. 会展产品具有哪些显著特征?
2. 简述会展产品生命周期各阶段的市场特点。
3. 会展服务主要包括哪些类型?
4. 办展机构提供会展服务时应遵循哪些原则?
5. 如何理解会展增值服务?

三、论述题

1. 如何提升参展商的客户价值?
2. 论述会展品牌营销的主要内容。
3. 论述会展产品生命周期不同阶段的营销策略。

四、实训题

以小组为单位,实地调研某一展会,从观众的角度感受会展服务,发现问题并提出改进建议,撰写相关调研报告。

五、案例分析题

"能源博览会"全面实施品牌保护战略

第三届中国(太原)国际能源产业博览会(以下简称能博会)近日成功落幕。据悉,组委会注册并启用了"能博会""能源博览会"无线网址和通用网址,为我国能源产业唯一的国家级、国际性专业展会搭建起立体全面的中文网络品牌保护体系,同时为能博会招商引资搭建了互联网和移动互联网新的沟通渠道,其全面的品牌保护和营销意识成为本届展会的新亮点。

本届能博会的规模远超前两届,参展企业及政府代表团达627家,专业客商近3万人。展会期间,除能博会官网外,组委会还建立了手机WAP网站,开通"能博会""能源博览会"无线网址。参展商和观众只需手机登录wap.cn网站,输入"能源博览会"或"能博会",就能直达能博会官网,此举大大方便了广大客商随时、随地了解本届展会的最新信息。

组委会负责人表示,作为国家能源局成立以来支持主办的能源专业综合展会,本届能博会实施了全面的品牌保护战略。由于通用网址具有用精准中文品牌访问网站的功能,访问入口覆盖95%以上的网民群体,网民不用记忆或输入复杂冗长的英文网址,这种指向唯一性的方式,对能源博览会品牌形成了最直接的保护。此外,由于具有唯一性、稀缺性等属性,和域名、品牌名称一样,无线网址也已成为企业及商品在移动互联网上的重要品牌标识。

实际上,能源博览会的例子并非特例。近年来已有越来越多的企业和品牌加强了对通用网址及无线网址的布局。如2010年上海世博会就应用了"世博会""2010expo"等通用网址,使网民浏览上海世博会官网变得更加精准。上海世博局还启用了无线网址"世博会""expo2010",方便全球游客及时了解世博会最新动态。

有关专家指出,能源博览会搭建的立体全面的中文网络品牌保护体系,对各大博览会、展会具有重要的借鉴意义。广大展会及企业可学习借鉴上海世博会及能源博览会的品牌战略,尽早做好自身企业、产品、服务等各类品牌的保护和规划,搭建起符合企业自身发展水平的专属品牌保护体系。

(资料来源:新华网,2010年9月28日,作者:周文林。)

思考:

1. 什么是会展品牌维护?
2. 能博会的主办方是如何实施品牌保护战略的?

第六章
会展定价方法与策略

学习目标

- 了解影响会展定价的主要因素；
- 理解展会的市场发展阶段对展位定价的影响；
- 理解展会的需求价格弹性对展位定价的影响；
- 掌握成本加成定价法、需求导向定价法和竞争导向定价法；
- 掌握差别定价策略和折扣定价策略；
- 能够运用基本的定价方法与策略，为特定的会展项目制订展位价格。

引 言

在会展营销组合决策中，定价策略是重要的营销策略之一，因为价格不仅决定了会展组织者的经济收益，而且影响着展会在市场中的竞争地位。办展机构在进行价格决策时既要考虑到成本的补偿，又要考虑到目标客户对该定价的接受能力，同时还要考虑竞争展会的定价情况，以便通过定价获得竞争优势。

从办展机构的收入来源看，会展产品的价格体系一般应包括展位价格、门票价格（特指一些具有观赏价值、观众需购票参观的展会）、广告价格和赞助价格。本章选择展位定价作为研究对象，这是因为：第一，展位销售是会展营销中的核心工作，是办展机构最重要的收入来源；第二，展位定价具有很强的代表性和典型性，其定价原则与方法同样适用于会展价格体系中其他产品的定价。

本章在系统分析影响会展定价的主要因素的基础上，介绍常见的展位定价方法与定价策略，特别对折扣定价策略和差别定价策略进行重点讲解。希望通过本章的学习，读者能够了解影响会展定价的主要因素，掌握会展定价的主要方法和定价技巧，并能付诸实践工作，为特定的会展项目制订展位价格。

 **引导案例**

定价策略是市场营销组合中独具特色的组成部分,它能对市场变化做出灵敏的反应。一个成功的定价策略,应当既能体现其他营销策略的要求,又有助于其他策略的顺利实现。以下是广交会的主办方在2008年全球金融危机爆发前后调整展位定价策略的案例,供读者参考。

广交会的全称为"中国进出口商品交易会",是由国家商务部和广东省人民政府主办,中国对外贸易中心承办的,我国历史最长、层次最高、规模最大、商品种类最全、到会客商最多、成交效果最好、信誉最佳的综合性国际贸易盛会。广交会创办于1957年春季,每年春、秋两季在广州市举办(春季的举办时间是当年4月,秋季的举办时间是当年10月),至今已有60余年的发展历史。

2008年全球金融危机爆发,我国会展业遭遇了"寒冬"。作为我国出口产业的晴雨表和风向标,广交会也受到金融海啸等因素的冲击,此前举办的第104届广交会,出口成交额仅有315.5亿元,较上届下降了两成。为了帮助出口企业扩大成交量,第105届广交会首次降低展位费。据了解,降低展位费在广交会历史上尚属首次。

广交会新闻发言人、中国对外贸易中心副主任慕新海介绍说,第104届广交会标准展位(9平方米)的定价为3万元,而在第105届广交会上,出口展区C区的每个标准展位的展位费降低2 000元,A、B区每个标准展位的展位费降低1 000元。此外,进口展区的展位价格按免费和7.5折两种标准对境外参展商给予优惠:对联合国公布的最不发达国家的参展商,给予免收展位费的优惠;其他国家和地区的参展商按定价7.5折优惠,即光地价格为2 250元人民币/平方米,标准展位价格为22 500元人民币。同时,为了帮助参展商增加成交机会,延长洽谈时间,本届广交会展馆闭馆时间从原来的下午6时推迟至7时。

时间步入2010年,全球经济复苏,我国经济也出现恢复性增长,此时举办的第108届广交会将因金融危机而临时调低的标准展位费恢复至3万元的原价格。广交会工作领导小组办公室主任王志平指出,随着近年来广交会规模的不断扩大,参展企业的整体结构和质量都受到一定影响。"参展企业质量决定着一个展览的整体素质。优化参展企业结构既是对我国外贸'调结构'的积极落实,也是转变外贸发展方式的重要途径。"王志平进一步指出,在当前我国经济出现恢复性增长、外贸出口逐步趋稳的形势下,广交会展位需求已超过金融危机前的水平,为此,从第108届起,广交会的展位价格将恢复为原价格。另一方面,在连续扩容和金融危机冲击后,提升广交会参展企业质量已成为大众广为关注的问题,因此,本届广交会将重点优化参展企业结构,提升整体参展质量。

(资料来源:丰亚辉:《广交会52年来首降展位费》,《大经贸》2009年第2期;安飞:《国际商报》2010年7月12日。)

思考:

(1)办展机构为展位定价时主要考虑哪些因素?

(2)本案例中,第105届广交会首降展位费、第108届广交会展位费恢复至原价格,分别是出于何原因?其要达到的目的又是什么?

第一节 影响会展定价的主要因素

由市场营销学的基本理论可知,价格具有买卖双方双向决策的特征,企业在为产品定价时,既要考虑成本补偿和利润目标的实现,又要考虑目标客户有无接受这一定价的可能性,还要考虑竞争对手的定价策略。办展机构在制订展位价格时需要综合考虑各种因素,我们将影响会展产品定价的因素分为两大类,即内部因素和外部因素(见图6-1)。

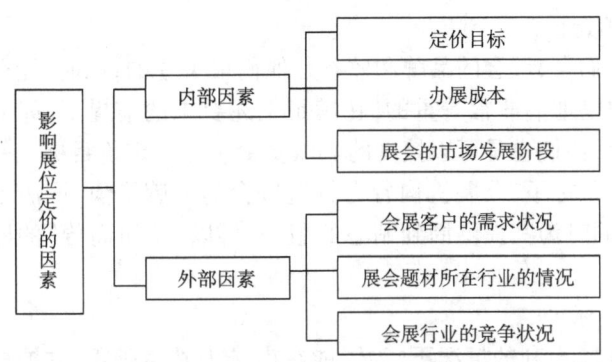

图6-1 影响展位定价的因素

一、内部因素

顾名思义,内部因素来自办展机构的内部,是其为会展产品定价时有能力控制的因素。通常情况下,影响会展产品定价的内部因素主要包括以下三个方面。

(一)定价目标

定价目标是指企业通过特定水平价格的制订或调整所要达到的预期目标。

定价目标是企业市场营销目标体系中的具体目标之一,它的确定必须服从于企业营销的总目标。不同企业,同一企业的不同时期或不同市场条件下,其定价目标是不同的。对会展营销而言,比较常见的定价目标包括利润目标、市场份额目标、质量领先目标和生存目标。

1. 利润目标

利润目标以追求盈利最大化为定价目标,在此目标下,办展机构考虑的核心问题是如何为展位定价才可以获得最大的利润,而对市场竞争的效果、在社会上的影响以及客户对价格的反应等问题考虑较少。需要注意的是,盈利最大化取决于合理价格所推动的销售规模,如果为追求盈利最大化而制订不切实际的高价格,则很可能会阻碍会展产品的销售,进而影响到总体盈利水平。

2. 市场份额目标

市场份额很大程度上决定着企业的经营绩效和竞争能力,扩大市场份额比追求利润最大化更具有战略意义,对会展营销也是如此。以扩大展会的市场份额为定价目标,通过最大限度地增加展位销量,扩大展会规模,达到提升展会市场占有率的目的。在此目标下,办展机构甚至不惜以牺牲眼前利益为代价(如以低于成本支出来制订展位价格),因此,该定价目标在短期内可能会影响盈利,因为持此目标的办展机构或以低价格渗透市场,或以高强度促销的方式开拓市场。

3. 质量领先目标

对参展商而言,展会的品牌和效益是他们最关注的,同时,能否享受到优质的会展服务也是他们非常看重的,在满足上述要求的前提下,即使展位价格稍高于同类展会,他们也是可以接受的。以质量领先为定价目标正是出于以上考虑。在此定价目标下,办展机构着力打造展会的品牌形象,设法帮助参展商提高展出效果,同时为其提供周到贴心的服务,再以"优质高价"的原则来制订展位价格。

4. 生存目标

在市场环境不利的情况下,为了能在市场中站稳脚跟,办展机构通常会选择先生存、后发展作为定价目标,为展位制订较低的价格,甚至亏本销售展位。要注意的是,这是一种处于不利环境下的缓兵之计,这种定价目标只能作为特定时期的过渡性目标,一旦出现转机,将很快被其他目标所代替。

(二)成本因素

成本是定价的基础,办展机构为展位定价时,必须考虑举办本次展会的成本状况。正常情况下,定价必须首先使成本得到补偿。办展机构举办一个展会要付出的成本如表6-1所示。

表6-1 举办展会的成本

序号	项目	主要内容
1	展览场地费	租用展览场馆以及由此而产生的各种费用,包括展览场地租金、展馆空调费、标准展位搭装费、展馆地毯及铺设地毯的费用等
2	展会宣传推广费	用于展会宣传与推广的各种费用,包括广告费、宣传资料设计费、印刷费、资料邮寄费、新闻发布会的费用等
3	招展和招商的费用	用于招展、招商的各种费用,包括招展和招商资料的设计、印刷、邮寄费;付给代理商的佣金;大买家邀请费等
4	相关活动的费用	支持展会配套活动的相关费用,包括论坛、技术交流会、展会开幕式、酒会、嘉宾接待、活动现场布置、礼品、纪念品和外请临时工作人员的费用等
5	办公费和人员费	办展机构的行政办公费、设备费、人员工资等
6	其他运营成本	杂费、机动费等

(三)展会的市场发展阶段

任何产品都有其市场生命周期。展览会作为特殊的产品形式,也有其市场发展阶段,一般分为培育期、成长期、成熟期和衰退期。在展会的不同发展阶段,市场竞争状况不同,参展商的需求不同,办展机构的定价策略也应有所不同。

培育期的展会,由于市场认可度低,展位销售情况不佳,整体盈利较低,参展商构成以小型企业为主。此阶段以补偿成本费用为定价目标,展会以保本或微利的方式运行,展位价格不宜太高。

成长期的展会,由于前期大规模的宣传与推广,展会已在行业内积累了一定的知名度,具有一定的市场竞争力,参展商的结构也在发生变化,中小型企业参展热情提高,展览规模迅速扩大。与此同时,竞争者看到此类题材展会有利可图,也开始进入市场参与竞争。此阶段以追求盈利为定价目标,展位价格可相应提高。

成熟期的展会在行业内已获得广泛认可,其市场地位也逐步稳固,参展商构成多元化且数量基本固定,展览规模基本确定。同时,此阶段也是市场竞争最为激烈的时期,展位的销售增长较成长期慢,到成熟期后期甚至呈现下滑趋势。此阶段应以保持或扩大现有市场份额为定价目标,制订有竞争力的展位价格。

衰退期的展会对目标客户的吸引力急剧下降,参展商和观众对该展会失去兴趣,大中型参展商逐渐减少,展会规模趋于萎缩。同时,竞争者看到该类题材展会无利可图也纷纷退出市场。此阶段应以尽快回收资金为定价目标,调低展位价格,以调动参展商的参展积极性。

二、外部因素

外部因素是指对展位价格制订造成影响,又为办展机构自身所不能控制的各种外部力量。通常情况下,影响会展产品定价的外部因素主要包括以下三个方面。

(一)会展客户的需求状况

如前所述,价格具有买卖双方双向决策的特征,办展机构制订展位价格不能仅从卖方的角度,还要从买方(目标客户)的角度考虑参展商对展位价格的接受能力。一般而言,商品的价格和需求量之间呈负相关关系(见图6-2)。

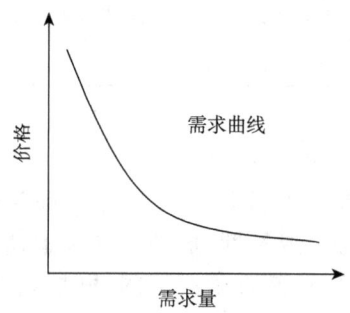

图6-2 商品价格与需求的关系

从图6-2可见,当商品价格下降时,需求量增加;当商品价格提高时,需求量减少。展位价格和需求之间的关系也遵循上述法则,即在通常情况下,展位价格提高,则参展商对该展会的需求减少;而展位价格降低,则参展商对该展会的需求提高。该现象产生的原因主要有三点:其一,部分参展商,尤其是一些小型企业,因价格问题无能力参展,价格降低后则符合他们的支付能力;其二,部分参展商对参展犹豫不决,当展位价格降低后,他们会以不妨试试的态度参展;其三,一些参展商因价格降低而增加订购展位面积。

实践中我们也发现,参展商对一些展会价格变化的反应特别敏感,而对另一些展会价格变化的反应不太敏感。例如有"中国第一展"美誉的广交会,尽管标准展位的报价高达30 000元人民币,但参展商对其仍趋之若鹜,甚至达到"一位难求"的地步。这就引出一个经济学概念——需求的价格弹性。

需求的价格弹性是指因产品价格的变动而引起需求相应变化的比率,反映

需求对价格变动的敏感程度。用需求价格弹性系数(E_p)来表示,其计算公式为:

$$需求价格弹性系数\ E_p[1] = \frac{需求量变动的百分比}{价格变动的百分比}$$

根据 E_p 取值的大小,通常分为三种情况,即需求富有弹性($E_p>1$)、需求缺乏弹性($E_p<1$)和需求固定弹性($E_p=1$)。影响需求弹性的因素有很多,最主要的因素包括:商品对消费者生活的重要程度、商品(品牌)的可替代程度以及商品的供求状况。换言之,商品对消费者越重要,其在市场上越无法被替代,越是供不应求,则其需求弹性越小,反之则越大。

不同的展会,其需求价格弹性也有强弱之分。对需求富有弹性的展会,参展商对展位价格的变化反应非常敏感,小幅度的提价可能就会较强烈地影响到参展商的参展意愿。对此类展会,主办方宜采用薄利多销的定价策略,甚至可以通过适当降价刺激对价格敏感的潜在购买需求。一般不采用提价策略,必须提价时务必谨慎,以防止需求量由于价格上涨而锐减。

对需求缺乏弹性的展会,参展商对展位价格的变化反应不敏感,也就是说,办展机构降低价格并不能有效地刺激购买,而适当地提高价格也不会很强烈地抑制需求。有鉴于薄利并不能多销,办展机构可将展位价格定高一些,通过高价厚利为己方争取更大的利润空间。

在以下条件下,展会的需求缺乏弹性:其一,该展会没有或少有替代者、没有或少有竞争者;其二,该展会参展商的价格接受能力普遍较强,他们对价格不敏感,对高价格不介意;其三,参展商有比较固定的参展习惯,他们并不愿意改变习惯,也不积极寻找价格更便宜的展会,甚至认为那样会支出更多的转移成本;其四,与价格相比,参展商更看中展会的质量、品牌和管理服务水平,如果他们认为组织者的服务好、展出效果好,则展位价格高一些是可以接受的。

(二)展会题材所在行业的情况

专业展会都是依托特定行业的,办展机构制订展位价格时还要调研、评估该展会所依托行业的发展情况。

首先,要研究展会题材所在行业的市场发展状况。如该行业处于买方市场,行业内企业的竞争会比较激烈,则企业参展的积极性较高,其对展位价格的敏感度较低,此时可以将展位价格制订得高一些;反之,如果行业处于卖方市场,企业产品不愁销路,其参展的积极性本来就低,高的展位价格更可能成为阻碍其参展的影响因素之一。

---

[1] 由于需求规律的作用,需求价格弹性系数 E_p 实际上是负数。为简单起见,通常取 E_p 的绝对值。

其次,要研究展会题材所在行业的整体盈利水平。该行业的整体盈利水平决定了目标参展商可能的盈利水平和支付能力。如果该行业的整体盈利水平较高,则参展商对展位价格的敏感度普遍较低,此时可将展位价格定得高一些,以获得更多的利润;反之,如果该行业的整体盈利水平较低,则企业的盈利水平和支付能力也不高,此时将展位价格定得过高,不少企业可能因无法承受而放弃参展。

 小案例

奢侈品展会的定价策略

由中国国际商会和振威展览集团联合主办的奢侈品展——北京国际高级生活品牌博览会(Luxury China 2017)于2017年7月8日—10日在中国国际展览中心(老馆)举办。作为亚太地区颇具权威性和影响力的高级生活品牌推广平台,Luxury China 2017标准展位的报价为26 000元/个,空地展位的报价为2 500元/平方米(36平方米起订),远高于在中国国际展览中心(老馆)举办的其他专业展会。但高价格丝毫未影响参展商的参展兴趣,三天的展会共吸引来自全球20多个国家和地区的300余个国际高端品牌参展,高级跑车、私人游艇、高端服装定制、珠宝、腕表、奢华家居、艺术品、定制旅游等展品悉数亮相。Luxury China已成为中国财富精英阶层体验生活方式的一站式消费平台。本次展会共接待了17 000名高端消费者,628家中国代理商及经销商前来洽谈合作,意向成交额达9.6亿元。

(三)会展行业的竞争状况

这是影响会展定价的重要外部因素之一,也是办展机构制订展位价格必须考虑的要素之一。国际展览组织机构在开发新的会展项目时,会仔细分析整个会展市场以及展会所在行业的发展趋势,收集竞争对手的各种资料与信息,并通过顾问与决策团队对价格体系进行反复酝酿,最终确定具有竞争力的定价标准。

那么,怎样通过分析外部竞争状况制订有竞争力的展位价格呢?

首先,要充分调研和评估本展会所在市场的竞争状况:本展会是卖方市场还是买方市场?同类展会是供不应求还是供大于求?如果是卖方市场,展会供不应求,则办展机构的议价能力就强,反之则较弱。

其次,要调研与本展会有竞争关系的同类展会的价格状况,这是定价的参

照系。俗话说:"知己知彼,百战不殆",只有充分摸清同类竞争展会的价格水平,才能有的放矢地为本展会定价,使价格真正成为赢得竞争优势的利器。对此,有营销学家指出,在竞争激烈的市场上,价格的最低限受成本约束,最高限受需求约束,介于两者之间的价格水平的确定则以竞争价格为参照。

最后,要评估自己的展会在市场竞争中的地位:是处于市场领先地位,还是处于市场跟随地位?如果是前者,可采取的定价策略比较灵活。当展会具有非价格方面的其他优势时(此时价格不再是决定购买的第一因素),可以高于竞争对手定价;而当展会缺乏非价格方面的竞争优势时,则可以用低价格排挤现有竞争对手,并使新竞争者难以进入,以此保持市场领导地位和议价能力。而如果是后者,则往往采取跟随定价策略,与竞争对手保持基本一致的定价水平,或者将展位价格定得稍低一些。

综上所述,展位价格的制订受多种因素的影响。办展机构既要考虑到展会的经营策略与定价目标、办展成本、市场发展阶段等内部因素,也要考虑到展会的竞争状况、目标客户的需求以及展会所依托行业的发展态势等诸多外部因素。在全面考虑和综合分析各种影响因素的基础上,选择恰当的定价方法,辅以灵活的定价策略,制订科学合理的展位价格。

第二节 会展定价方法

价格的高低主要受成本费用、市场需求和竞争状况三方面影响,会展营销亦不例外。办展机构为展位定价时,应以目标客户的需求为前提,以举办本次展会的成本费用为基础,以同类展会的价格状况为参照,据此有三种定价方法,即成本加成定价法、需求导向定价法、竞争导向定价法。以下分别进行介绍。

一、成本加成定价法

展会的策划和举办过程中,办展机构通常是根据展会的预期规模从会展中心(展馆)"批发"一定面积的场地或者一定数量的展位,然后把它们"零售"给参展商。

成本加成定价法是在单位展位成本的基础上,附加一定的加成率。其计算公式为:

$$单位展位售价 = 单位展位成本 \times (1 + 加成率)$$

采用这种定价方法,加成率的确定是定价的关键。一般来说,加成率的大小与展会的需求价格弹性和办展机构的预期盈利有关。展会的需求价格弹性是指展位价格的变化引起参展商对其需求变化的比率,反映需求对价格变化的敏感程度。前面已经讲过,不同展会的需求价格弹性是不同的。对需求弹性较大的展会,加成率略低可以刺激潜在的购买需求,有效地促销展位;而对需求弹性较小的展会,参展商对价格不太敏感,此时薄利并不一定能多销,故可将加成率定得稍高一些。

成本加成定价法具有计算简单、操作方便的优点,在正常情况下,按此方法定价可以使办展机构获得预期盈利。此法的缺点是仅考虑到自身的成本补偿,而没有考虑到市场竞争和需求状况的影响,以此方法确定的展位价格能否符合参展商的心理预期和接受程度,能否适应市场竞争的变化形势,是需要商榷的。因此,办展机构为展位定价时,应将成本加成定价法与其他定价方法配合运用,方能达到预期效果。

二、需求导向定价法

需求导向定价法是指办展机构为展位定价时,不是以成本为定价基础,而是从参展商的角度出发,根据参展商对展位价格的期望和接受程度制订价格。需求导向定价法又可分为以下两种。

(一)市场认可价值定价法

消费者在实施一项购买行为时,有以价格判断价值的本能。换言之,消费者会对商品进行价值判断,即他认为这个商品值多少钱(通常是一个价格区间)。当商品的实际价格明显高于他的价值判断时,他会认为购买该商品不值得;反之,当商品的实际价格明显低于他的价值判断时,他很可能对商品的价值产生怀疑,因为"一分钱一分货"、"好货不便宜、便宜无好货";而只有当商品的实际价格在消费者的价值判断区间时,他才会认为物有所值,从而顺利地实施购买行为。

市场认可价值定价法正是以目标客户对商品价值的判断及理解程度作为定价的基本依据。办展机构用该方法为展位定价时,首先要进行市场调查,了解该展会在参展商心目中所形成的价值,再根据参展商对展会的认可价值,结合成本导向定价法,最终确定展位的实际价格。

(二)需求差别定价法

办展机构根据参展商及其需求的不同制订不同的展位价格,通常有以下几种形式:

(1)因客户而异。即同样的展位,针对不同状况的参展商制订不同的价格。如新客户和老客户、组团参展和一般参展、国内参展商和国外参展商,同样的展位其报价各不相同。

(2)因位置而异。即主办方根据展位在场馆中所处的地理位置不同,为其制订不同的价格。同样3米×3米的标准展位,如果所在地理位置优越,则展位费较高,以此体现"优地优价"的原则,反之则较低。参展商可根据自身的具体情况,特别是参展预算和财务支付能力,选择不同位置的展位。

(3)因时间而异。即对于同样的展位,主办方根据参展商报名参展及支付展位费的时间不同而制订不同的价格。参展商预订展位和缴付展位费越早,价格就越低。

用需求导向定价法制订的展位价格,与办展成本关系不大,而与客户及其需求的不同有密切关系。关于需求差别定价法,我们将在本章第三节重点讲解。

三、竞争导向定价法

这是一种以市场上相互竞争的同类展会的价格作为参照,制订本展会展位价格的定价方法。采取该定价方法时,办展机构必须明确自己的展会在市场竞争中所处的地位,再根据竞争状况确定或调整自身的价格水平。竞争导向定价法通常有以下三种情况。

(一)高于竞争对手定价

办展机构为自己的展会制订高于同类展会平均价格水平的展位价格,以高价格体现本展会的名、特、优。此种定价需要满足以下条件:一是市场上有足够的购买者,他们对本展会的需求弹性小,即使展位价格定得较高,市场需求也不会大量减少;二是在高价的情况下,少有竞争者。显然,这种定价方法适用于知名展会、行业垄断性展会以及需求弹性小的展会。

(二)低于竞争对手定价

办展机构为自己的展会制订低于同类展会平均价格水平的展位价格,以低价格打开或扩大市场,提高市场占有率。此种定价需要满足以下条件:第一,展会的需求弹性较大,低价能够有效地促进展位销售;第二,展会的规模效应明显,规模扩大所产生的利润能弥补价格降低所造成的损失,展会将随规模的扩大而增加盈利;第三,办展机构有足够的经济实力来承受一定时期内的低价所造成的利润损失;第四,低价能有效阻挡潜在竞争者进入同类题材的展会,且不会因低价而引发恶性竞争。

显然,此种定价适用于竞争激烈且容易被模仿的展会、需求弹性较大的展会以及新入市的展会。在市场竞争激烈的情况下,办展机构主动发起"价格战",用低价排挤现有竞争对手,或使新竞争者难以进入,以此保持本展会的市场竞争地位和议价能力。

(三)随行就市定价

办展机构按照本地区或本题材展会的平均价格水平为展位定价,以期获得行业平均利润。此种定价的目的在于：其一，平均价格水平在人们的观念中常被认为是"合理价格"，易为目标客户所接受；其二，可与竞争展会和平相处，避免激烈竞争带来的风险；其三，能为办展机构带来合理、适度的盈利。

在会展营销实践中，市场追随者较常采用此种定价方法。主办方用此方法定价时，必须下大力气控制办展成本，因为只有努力控制成本，才能在平均价格水平的基础上比竞争展会获得更高的盈利。

以上我们介绍了会展定价的三种方法，即成本加成定价法、需求导向定价法和竞争导向定价法。在实际应用中，有鉴于这三种定价方法各具特色，办展机构往往将三种定价方法综合运用，以便扬长避短，各取所长。换言之，办展机构为会展产品定价时，既要考虑成本的补偿，又要考虑参展商的心理预期以及对价格的接受能力，还要考虑同类竞争展会的价格水平，在统筹考虑的基础上制订出最终的合理价格。图6-3是展位定价的流程图，供读者参考。

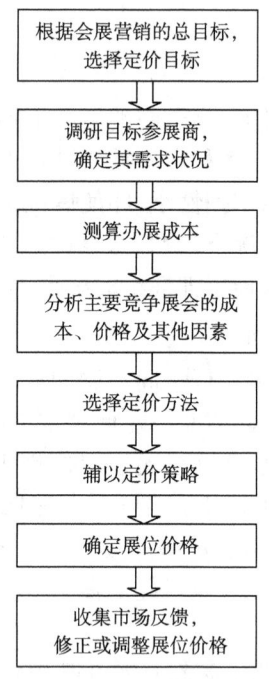

图6-3 展位定价的程序

第三节 会展定价策略

上一节介绍了会展定价的主要方法，办展机构综合运用这些定价方法为展位制订了基本价格后，为使定价更具有吸引力，进而更好地促销展位，还可以运用一些定价策略(或称之为定价技巧),鼓励参展商扩大展位认购面积、尽早支付展位费或连续参展等。本节介绍几种最为常见的会展定价策略。

一、差别定价策略

差别定价策略是指办展机构考虑到参展商及其参展需求的不同,为展位制订不同的价格,旨在获得更高收益或争取更多客户的定价策略。在会展营销实践中,常见的差别定价策略包括以下几种。

(一)不同展位类型,不同价格

办展机构将展位划分为不同的类型,再根据展位类型制订不同的展位价格。通常情况下,展位可分为标准展位和特装展位两种类型。

标准展位又称为标摊,国际通用的标准展位面积为 3×3=9 平方米,由 3 面围板、1 块楣板组成(见图 6-4)。标准展位的基本配置包括两盏射灯、1 个电源插座、1 张洽谈桌、3~4 把折椅,铺设地毯,楣板上统一印刷参展企业的名称和展位号。当然,不同展会,标准展位的基本配置也会略有差异。

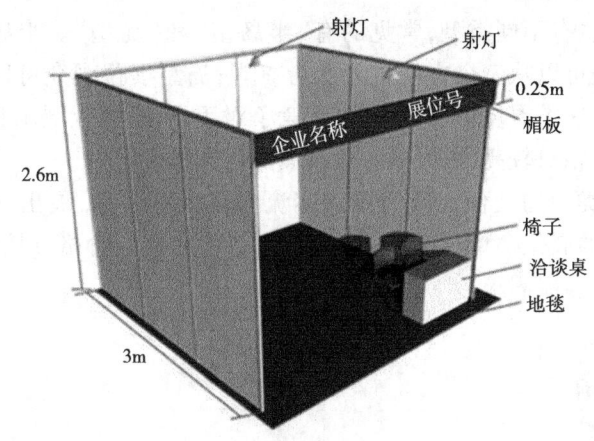

图 6-4 标准展位示意图

标准展位又可以分为"单开口"展位和"双开口"展位(见图 6-5)。其中,单开口展位夹在一排展位的中间,观众只能从前面的过道进入展台内;双开口展位位于一排展位的顶端,观众可以从两面进入展台,与单开口展位相比,面积相同,但多出一条观众进入展台的侧面通道,因而观众流量较前者要大。双开口展位比单开口展位的展示效果好,因此,展位报价前者比后者一般要高出10%左右。

图6-5 单开口展位和双开口展位

特装展位又被称为空地展位(或光地展位),是指不采用标摊装搭的方式,而是申请预留空地,委托布展施工单位使用与标摊装搭材料不同的制作材料,进行复杂的装修布展。特装展位面积一般不少于36平方米(一些展会的特装展位是27平方米起订)。

特装展位也有不同类型,常见的有"半岛型"和"岛型"。半岛型展位三面面向观众,观众可以从三个方向进入展台参观;岛型展位观众可以从任意方向进入展台参观,这类展位自成一体,毫无竞争对手干扰,因此展示和广告效果最好,搭建费用也相对较高,是大型企业参展的首选展位。

以上不同类型的展位在吸引参观客流方面大有差别,展出效果也各有不同。对于不同的展位类型,办展机构会制订不同的展位价格,以满足参展商多样化、个性化的参展需求。

 小案例

图博会展位的灵活定价策略

北京国际图书博览会(以下简称"图博会")现为世界第二大国际书展,自1986年由中国图书进出口(集团)总公司创办以来,至今已成功举办了24届,坚持"把世界优秀图书引进中国,让中国图书走向世界"的办展宗旨。每年有来自80多个国家和地区的2 000余家中外出版商参展(其中境外展商占比超过50%),展示30多万种精品图书,举办文学、出版专业文化交流活动1 000余场,吸引近30万人次参观。

第25届图博会于2018年8月22日—26日在中国国际展览中心(新馆)举

办。针对图书类展览会的特点,考虑到参展企业不同的参展需求,主办方对展位类型进行了灵活划分,并据此制订相应的展位价格(见表6-2)。

表6-2 图博会的展位类型及定价

展位类型	面积	特点	价格
标准展位	3米×3米	满足基本参展需求,无须进行额外搭建,适合小型出版单位	11 300元/个
变形标摊	18~54平方米	在标准展位的基础上进行个性化设计,有12种不同设计方案供展商选择	37 590元起
特装展位	54平方米起订	需自行设计搭建,适合有特殊需求且规模较大的出版单位	1 090元/平方米
联合展位	1.5米×2米	相同类型企业集中展示区域,以展架形式呈现,灵活多变,适合小型出版单位	5 000元起
版权中心	版权桌	仅供商务会谈,适合无须进行产品展示的出版单位	3 500元/版权桌

(资料来源:第25届图博会官方网站。)

(二) 不同位置,不同价格

根据展位在场馆中所处的地理位置不同,为其制订不同的价格。同样3米×3米的标准展位,如果是靠近入口、电梯、通道等人流较密集的位置,有利于观众参观,也易于使参展商捕捉到商机,主办方会制订较高的展位价格,以体现"优地优价"的原则。反之,如果展位位于客流量小的位置,则制订较低的展位价格,旨在把无人问津的展位推销出去。

表6-3是2018上海国际专业灯光音响展览会的展位报价单。该报价就体现了"不同位置、不同价格"的定价原则。展会的主办方将展览区域划分为国际区、国内A区和国内B区。就国内展区而言,A区的位置较B区优越,这个展区的标准展位和光地展位的报价均高于B区,不同展区展位价格的差异由此可见一斑。

表6-3 2018上海国际专业灯光音响展的展位报价

展位位置	标准展位(人民币)	光地展位(人民币)
优越区	19 000元/个	1 680元/m²
国内A区	16 000元/个	1 400元/m²
国内B区(普通区)	8 800元/个	880元/m²

注:标准展位9平方米起订;光地展位27平方米起订。

(资料来源:http://www.prolightsound.com。)

(三) 不同时间, 不同价格

对于同样的展位, 主办方根据参展商报名参展及支付展位费的时间不同, 制订不同的价格。参展商预订展位和交付展位费的时间越早, 所获得的价格优惠越多, 以此鼓励参展商尽早注册、尽快交费, 以便于办展机构回笼资金, 降低风险。表6-4是2018中国国际调味品及食品配料博览会针对报名时间而制订的价格优惠方案, 该报价充分体现了"不同时间, 不同价格"的定价原则。

表6-4 2018中国国际调味品及食品配料博览会的价格优惠方案

优惠条件	优惠措施
2018年4月30日前预订展位并交纳展位费	展位费优惠10%
2018年7月31日前预订展位并交纳展位费	展位费优惠5%
2017年的参展企业将享受展位费5%的优惠	
中国调味品协会会员单位展位费优惠5%	

(资料来源: http://www.cfe-expo.com。)

(四) 不同客户, 不同价格

同样的展位, 针对不同状况的参展商制订不同的价格。如对新客户和老客户、大客户和小客户、组团参展和一般参展、国内参展商和国外参展商等, 办展机构把同样的展位销售给不同客户时, 往往提供不同的展位报价。

1. 老客户和新客户

就参展商而言, 既有第一次参加本展会的新客户, 也有连续多届参展的老客户, 办展机构在服务好新客户的同时, 尤其注重与老客户保持良好关系。原因有三: 其一, 展会都是要持续举办的, 与老客户建立并保持良好而稳固的关系, 对展会的可持续发展至关重要; 其二, 老客户往往有很强的示范效应, 对其他参展商参展有很好的宣传和带动作用; 其三, 维持老客户的成本要远低于吸引新客户的成本。有资料显示, 开发一个新客户的成本是维持一个忠诚客户成本的5倍。

为了维系好与老客户的关系, 主办方在制订展位价格时会对老客户有所倾斜。例如, 已连续举办多年的第24届中国国际汽车用品展览会在展位价格方面就特别制订了针对老客户的会员价格 (见表6-5), 体现主办方对老客户的特别优惠。

表6-5 第24届中国国际汽车用品展览会的展位报价

展位类型		展位价格（人民币）	会员价格（人民币）
标准展位	A类	11 000元/个	10 000元/个
	B类	10 000元/个	9 000元/个
光地展位 （36平方米起租）	A类	1 200元/平方米	1 100元/平方米
	B类	1 000元/平方米	900元/平方米

（资料来源：第24届中国国际汽车用品展览会官方网站。）

2. 大客户和小客户

大客户是指一次性预订展位数量较多的参展商。主办方在制订展位价格时会对大客户有所倾斜，主要出于以下两点考虑：其一，大客户对展位销售做出了直接贡献，为主办方带来较为可观的经济收入；其二，大客户一般都是行业中的大企业，他们参展本身就会提升展会的规格和档次，同时对其他企业参展起到了积极的带动和示范效应。有鉴于此，主办方通常会对大客户实行一定的价格优惠，或者给予较多的价格折扣。

3. 国外客户和国内客户

主办方将同样的展位销售给国内参展商和国外参展商时，收取不同的展位费，国外客户要高于国内客户，即实行所谓的价格"双轨制"。例如，2018中国国际石油石化技术装备展览会将展区分为国际区和国内区，国际区的标准展位价格为30 000元/个，国内区的标准展位价格为16 000～19 000元/个；国际区空地展位的报价为3 200元/平方米，国内区空地展位的报价为1 600元/平方米。

对于向国内参展商和国外参展商收取不同展位费的"双轨制"问题，在会展业界莫衷一是，有人认为这是一种价格歧视，不符合WTO的基本精神，但有人认为此现象的存在有其合理成分，主办方根据展会的具体情况以及市场状况，运用价格杠杆为展会带来更多盈利并无不妥之处。我们认为，由于每个展会的具体情况不同，对如何制订展位价格，对国内和国外参展商是否应收取同一价格或不同价格，应由办展机构依据市场调节的原则，依据展会的经营策略及国际惯例，在对其可能性和经济效益做出评估后，自行确定为宜。

小案例

义博会的展位价格及优惠政策

中国义乌国际小商品博览会（以下简称义博会）创办于1995年，是经国务院批准的日用消费品类国际性展会,由商务部和浙江省人民政府等联合主办,已成功举办了 24 届,系商务部举办的三大出口商品展之一,并已成为我国最具规模、最具影响和最有成效的日用消费品展览会。

第 24 届义博会于 2018 年 10 月 21 日~25 日在义乌国际博览中心举行。本届展会设标准展位 4 136 个,展览面积达 10 万平方米,共吸引 2 150 家企业参展。为切实做好本届义博会的招展工作,主办方对展位价格制订了多项优惠办法。

本届义博会展位的基本价格详见下表:

展馆/展位规格	一层 A1、B1、C1、D1、E1 馆,二层 A2、B2、C2、D2、E2 馆
3×3 标准展位	9 800 元/个
3×2 标准展位	6 800 元/个
光地展位	1 000 元/平方米
说明	1. 双开口展位加收 1 800 元/个 2. 标准展位 3 米×3 米,配备企业中英文楣板、1 张洽谈桌、2 把折椅、2 个射灯、1 个 220V 插座、地毯、统一标改特 3. 光地展位不提供任何展具

在此基础上,主办方推出一系列展位优惠,具体包括如下内容:

1. 提前交款优惠

对 2018 年 6 月 15 日前交足全款的企业,给予 800 元/展位的优惠。

2. 特装优惠

● 申请 6 个展位及以上的特装企业,给予 10% 的优惠;

● 申请 10 个展位及以上的特装企业,给予 15% 的优惠;

● 申请 16 个展位及以上的特装企业,给予 20% 的优惠。

3. 资质优惠

● 全球 500 强企业参展,展位费(限 36 平方米)免费(中国总代理以上);

● 中国制造业 500 强、中国对外贸易 500 强企业参展,展位费优惠 50%(限 36 平方米)。

4. 老客户优惠

● 近 10 年累计参加义博会 3 届或者 4 届,本届报名参展的老企业,可享受 5% 回馈优惠;

● 近 10 年累计参加义博会 5 届及以上,本届报名参展的老企业,可享受 10% 回馈优惠。

5. 以上4项优惠政策办理说明

● 符合条件的企业可享受以上优惠政策,办理顺序为:第1项提前交款优惠——→第2项特装优惠——→第3项资质优惠、第4项老企业优惠。

● 资质优惠、老企业优惠政策各项不重复使用,参照高优惠政策执行。

● 享受资质优惠、老企业优惠的参展商,须在缴纳展位费时,凭有效期内的相关证书、证明原件或加盖企业公章的相关材料复印件申请,逾期不再享受。

(资料来源:http://www.yiwufair.com。)

二、声望定价策略

一些展会由于主办方多年的苦心经营,在行业内形成了较高的知名度和一定的口碑,参展商对它也有信任感,即使展位价格比同类展会高一些,参展商也是能欣然接受的。声望定价就是基于参展商的这种需求心理特点,针对人们"按质论价""价高质必优"的心理,对在参展商心目中享有盛誉、具有较高知名度的展会制订高于同类展会平均价格水平的展位价格,以高价格提升客户对展会的价值判断。

声望定价源于人们"以价格判断价值"的本能心理,特别是在识别名优产品时,这种心理意识尤为明显。办展机构运用声望定价策略,对名、优、特的展会制订高价格,对目标客户识别该展会形成积极的心理暗示,还可能产生扩大销路的积极效果。如前文提到的"广交会",作为我国历史最久、规模最大、商品种类最全、到会客商最多且分布国别地区最广、成交效果最好、信誉最佳的综合性国际贸易盛会,已走过60余年的发展历程,迄今办展已逾百届。以2019年春季举办的第125届广交会为例,本届广交会展览总面积118.5万平方米,展位总数60 651个,境内外参展企业2.55万家,共有来自213个国家和地区的约20万名境外采购商到会参观。

广交会的展位分为标准展位和光地展位两种基本形式。近年来,广交会进口展区的标准展位(9平方米)报价一直保持在3万元人民币左右,而光地展位的报价也在3 000元人民币/平方米的水平。尽管展位价格较其他展会要偏高,但广交会作为一种稀缺资源,其展位长期以来一直供不应求,用"一位难求"来形容绝不过分。据相关报道显示,广交会的展位费原价2万~3万元/个,而黑市上展位费的价格平均在5万~12万元/个。有参展商说,为了能拿到广交会的展位,曾经托朋友想尽办法,以每个近10万元的高价买得。鉴于广交会的展位非常紧俏,炒卖广交会展位的现象屡禁不止,甚至出现了专业转让广交会展位的公司。

三、折扣定价策略

折扣定价是指办展机构给予参展商或招展代理商的一种价格优惠,旨在促销展位。常见的折扣策略包括统一折扣、差别折扣、特别折扣和位置折扣。

(一)统一折扣

统一折扣是指所有参展商都适用一个统一的折扣标准。折扣标准通常按参展商的参展面积大小来制订。参展面积越大,所得到的折扣就越大;当参展面积达到一定的规模时,折扣不再增加。表6-6是某展会的统一折扣标准。

表6-6 某展会的统一折扣标准

展位数	折扣标准
2个标准展位及以下	不予折扣
3~5个标准展位	给予5%的折扣
6~8个标准展位	给予10%的折扣
9~11个标准展位	给予15%的折扣
12个标准展位以上	给予20%的折扣

注:标准展位为3×3=9平方米。

(二)差别折扣

差别折扣是指将折扣标准分为几类,针对不同的标准执行不同的价格折扣。例如,按参展商的地区来源不同,分别给予不同的折扣;或者对标准展位和空地展位执行不同的折扣标准等。

差别折扣从整个展会的角度看,各参展商适用的折扣标准是不一样的,而从某个具体折扣标准所覆盖的全部参展商的角度看,他们所适用的折扣标准是一样的,因此差别折扣不会引起展会价格体系的混乱。

(三)特别折扣

特别折扣是指对那些参展规模巨大、在行业内有较大影响力和知名度的企业给予特别价格优惠。行业知名企业参展对提升展会的档次和影响力,以及带动其他企业参展具有重要意义,且他们的参展面积一般都较大,为吸引这些企业参展,主办方一般会给予特别折扣优惠。

(四)位置折扣

如前面"不同位置,不同价格"中所讲到的,展位处于展馆中的不同位置时,其价值是大有差别的,办展机构定价时除了遵循"优地优价"原则,为地理位置优越的展位制订较高价格外,为了避免较差位置的展位无人问津,往往对它们给予较大的价格折扣,以鼓励参展预算有限的客户认购该类展位。

以上是展位销售中最为常见的几种折扣定价策略。需要指出的是,折扣定价策略是办展机构促销展位的有效手段,执行得好,确实可以起到锦上添花的效果;但若执行得不好,会造成展会整个价格体系的混乱,对本届展会乃至展会的长远发展十分不利。因此,执行价格折扣应特别注意以下问题:

(1)要严格执行价格折扣标准,杜绝办展机构内部不同招展人员为自己能招揽到更多企业参展而破坏统一的折扣标准;

(2)招展代理商是引起价格体系混乱的重要原因,因此,办展机构应加强对招展代理商的招展价格管理(关于对招展代理商的管理,详见本书第7章的相关内容);

(3)避免在招展末期低价倾销展位。这种做法不仅严重挫伤了早期预订展位的参展商的积极性,而且变相鼓励参展商对下届展会采取观望态度;

(4)严格控制特别折扣的适用范围。特别折扣仅适用于少数行业知名企业,对一般企业不适用。

知识链接

执行招展价格时应注意的问题

办展机构应尽量避免在招展过程中出现价格混乱的现象。引起价格混乱的原因很多,有价格折扣制订不科学的原因,也有展位促销策略方面的原因,甚至因招展代理商而引起的价格混乱也屡见不鲜。因此,办展机构须采取有效措施保证招展价格的严格执行。

1. 严格执行价格及价格折扣标准

价格及价格折扣标准一旦确定,所有营销人员都必须严格执行,对于不符合折扣标准的参展商,则不能给予价格折扣。要防止营销人员之间为能招揽到更多的企业参展而破坏统一的价格折扣标准。对于那些声称不给予较多价格优惠就不参展的企业,办展机构应果断地予以回绝,不能为了吸引部分参展商而破坏整个展会的价格标准,因为这将会引发其他参展商的不满。情况严重时,其他参展商也会要求享受更多的价格折扣,若不被满足,甚至会出现罢展、退展的现象,最终导致客户的流失。

2. 加强对招展代理商的价格管理

办展机构付给招展代理商的佣金一般是根据其销售的展览面积或展位数量来确定的。招展代理商为了得到更多的代理佣金,往往不顾主办方制订的价

格标准,低价销售展位,从而引发整个招展价格体系的混乱。为了避免这种情况,办展机构要对招展代理商进行严格的管理与监督,杜绝擅自改变价格标准而低价销售展位的行为。办展机构对招展代理商在招展过程中应进行定期的沟通与检查,一旦发现违规行为,应严肃处理并取消其代理资格,保证招展价格体系的顺利运行。

3. 避免在招展末期低价倾销展位

从展会长远发展的角度来看,随意倾销展位,无论对下届展会的招展,还是对办展机构的形象,都会产生非常不利的影响。有些展会的展位销售不尽人意,甚至在即将开幕时还有部分展位没有销售出去,一些办展机构往往会急于回笼资金而不顾价格标准,将展位大幅度降价出售。这种做法不仅严重挫伤了较早报名参展的企业的积极性,还助长了其他参展商的观望情绪。如果持观望态度的企业数量增多,集体施压于办展机构,展会最终不得不降价倾销展位,则办展机构的经济利益就难以保证,这样的展会,其发展前景也令人担忧。因此,办展机构在招展前必须有所准备,并能采取有效措施,防止此类情况的出现。

4. 严格控制折扣价格的适用范围

位置折扣的适用范围较好控制,因为展会中相对较差的位置一般都是比较明确的,执行起来也比较方便。差别折扣和特别折扣的适用范围有时较难把握,一旦出现问题就会引起价格体系的混乱。在执行差别折扣时,折扣的标准不宜太多,最好不要超过三个,各种折扣的标准划分要非常明确,不能含糊。在执行特别折扣时,可以将适用该标准的企业名单一一列出,并明确达到多大参展面积才能给予的折扣范围。

(资料来源:《会展快讯》2009年第17期,作者:黄彬。本书有所删减。)

本章小结

定价策略是会展营销组合决策的重要组成部分。会展产品的价格体系一般应包括展位价格、门票价格、广告价格和赞助价格,本章以展位价格为研究对象,讨论办展机构如何为展位定价。

首先,需要综合考虑各种影响因素。影响展位定价的因素可分为内部因素和外部因素,前者包括展会的经营策略与定价目标、办展成本、市场发展阶段等因素;后者包括展会的竞争状况、目标客户的需求、展会所依托行业的发展态势等为办展机构自身所不能控制的各种外部力量。

其次,在综合分析各种影响因素的基础上,需要选择恰当的定价方法。常见的展位定价方法包括成本加成定价法、需求导向定价法和竞争导向定价法。在实际应用中,鉴于这三种定价方法各具特色,办展机构常常将三种定价方法综合运用,以各取所长。

再次,在为展位制订了基本价格后,为使定价更具有吸引力,进而更好地促销展位,还需要辅之以灵活的定价策略。差别定价、声望定价和折扣定价是最常见的会展定价策略。

最后,需要采取有效措施以保证招展价格的严格执行。具体包括:严格执行价格及价格折扣标准、加强对招展代理商的价格管理、避免在招展末期低价倾销展位、严格控制折扣价格的适用范围等,防止在招展过程中出现价格混乱的现象。

习题

一、名词解释
展会的市场发展阶段　　展会的需求价格弹性
定价目标　　　　　　　差别定价策略
成本加成定价法　　　　需求导向定价法　　竞争导向定价法

二、简述题
1. 常见的会展定价目标有哪些?
2. 展会的成本费用包括哪些方面?
3. 简述展会的声望定价策略。
4. 对处于不同市场发展阶段的展会,应如何制订展位价格?
5. 对于不同需求价格弹性的展会,应如何制订展位价格?
6. 执行折扣定价策略应注意哪些问题?

三、论述题
1. 影响展位定价的主要因素有哪些? 请分别阐述。
2. 办展机构如何根据竞争对手的情况为自己的展会定价?
3. 差别定价策略包括哪些类型? 具体应如何实施?

四、实训题
调研某一展会的价格方案。利用所学理论知识,分析该展会采用的定价方法与定价策略。结合同类竞争展会的定价情况,分析该展会定价方面是否存在问题,如有,请提出相应的改进建议。

第七章 招展和招商

学习目标

- 理解自行招展和间接招展的特点;
- 掌握常见的招展方式;
- 了解电话招展的工作流程;
- 掌握招展代理的内涵及主要形式;
- 理解对招展代理商的选择、管理与激励手段;
- 掌握展会招商工作的实施要点;
- 能够设计和编写招展函。

引 言

招展和招商是关系到展会能否成功举办的至关重要的工作。通俗地讲,招展是办展机构对参展商的招徕行为,而招商则是对专业观众的组织和邀请。招展与招商之间关系密切,两者互为促进,相辅相成。

办展机构在进行招展(或招商)时有两种选择,即自行招展(或招商)和利用代理商招展(或招商)。不管选择哪种形式,其目的都是促进展会的成功举办和可持续发展。本章将详细介绍招展、招商的理论与实务,特别对招展(或招商)的主要方式、招展文件的编制、招展代理商的管理等重点内容进行系统分析与讲解。希望通过本章的学习,使读者了解招展和招商工作的主要内容,理解两者之间的密切关系,掌握常见的招展(或招商)方式,能够编写招展函、参展商手册等重要的招展文件。

 引导案例

广东外博会:企业不花钱拿展台,采购商免费住酒店

"首届广东外商投资企业产品(内销)博览会"(以下简称"外博会")于 2009 年 6 月 18~21 日在广东省东莞市举行。本届外博会共安排约 2 500 个国际标准展位,来自家电、消费电子、服装鞋帽、玩具礼品等九大行业的广东省外商投资企业,重点展示近万种质优价廉的生活日用消费品。

为减轻企业负担,广东省政府安排专项资金,为参展企业免费提供标准展位。而对参加采购的重点客商及专业采购商,主办方为其提供一定标准的免费客房住宿。

"在外博会上,采购商可以采购到许多原本用来出口、只在国外市场销售的优质商品,参展的都是产品质量过硬的广东外资企业。"省外经贸厅副厅长吴军说,此次参展的产品以质量安全、有竞争优势的终端消费品为主,展会第三天被设为开放日,让市民观众进馆采购。

主办方介绍,从目前采购商的报名情况看,外商投资企业中的著名零售企业基本都已报名参会。截至 5 月 22 日,已有 21 家大型外资采购商报名参展采购并设立展位,6 家大型外资采购商报名观展采购,39 家专业采购商报名观展采购。其中,沃尔玛派出 40 名买手、家乐福派出 51 名买手、卜蜂莲花派出 52 名买手参加。预计届时参会的采购商将达 5 000 家。

"我们将为采购商提供尽可能多的优惠待遇。"吴军说,对全球大型零售企业、全国百强连锁企业以及大型批发市场等重点客商,主办方不但免收展位费,而且将为其提供 2 间 3 晚免费标准客房住宿。对于此次九大类产品的批发零售企业、贸易商等专业采购商,则免费提供 1 间 2 晚标准客房住宿。

附:重点客商的报名及优惠条件

重点客商是指全球大型零售企业、全国百强连锁企业以及大型批发市场等采购企业。

要求:认领展位,派采购经理或买手采购,并安排专人在展位接待厂家。

优惠条件:免收标准展位费、提供 2 间 3 晚免费标准客房住宿。

办理程序:5 月 30 日前填妥《重点客商参展意向书》,连同公司营业执照复印件一并传真至省外经贸厅或省经贸委(注:外资企业的申请由省外经贸厅受理,内资企业的申请由省经贸委受理)。

(资料来源:《南方日报》,2009 年 5 月 26 日,作者:吴哲。)

思考：

1. 案例中提到"广东省政府安排专项资金，为参展企业免费提供标准展位"，请问这样做是出于何种考虑？
2. 外博会为什么要为重点客商提供免费住宿？
3. 从本案例看，展会的招展和招商两者之间的关系是怎样的？

第一节 招展策略

一、招展方式的选择

办展机构将展位销售给目标参展商，有两种选择，即自行招展和间接招展（见图7-1）。前者是指办展机构直接将展位销售给目标参展商；后者是指办展机构通过代理商销售展位，故也称为代理招展。

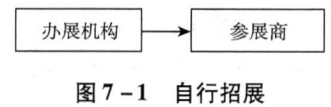

图7-1 自行招展

图7-1中，办展机构直接将展位销售给目标参展商，不经过任何中间环节，此种招展形式为自行招展。这样做的优点在于：

(1)没有中间环节，不需要支付中间流通费用，从而有利于降低会展产品的成本；

(2)办展机构和参展商直接沟通，更便于了解参展商的需求，同时也避免在招展价格、展位划位等方面的业务冲突。

这种招展形式的缺点在于：

(1)办展机构只利用自身的资源进行招展，没有充分调动更广泛的社会资源为本展会的市场开发服务；

(2)可能会因办展机构的招展能力有限，导致潜在目标市场开发缓慢。

图7-2中，办展机构通过招展代理商将展位销售给参展商，此种招展形式为间接招展。该图中只有一个层级的招展代理商。还有的情况是，由一级招展代理商继续转包招展业务，形成二级代理甚至三级代理。值得注意的是，代理商的层级越多，办展机构控制营销管理的成本越高、难度越大，因此，在一个区域内的招展代理商最好不要超过两级。

利用代理商招展的主要优点是：

(1)突破办展机构自身的资源限制，广泛地利用社会资源和外部力量，有助

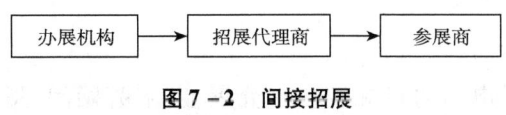

图 7-2　间接招展

于快速开拓市场;

(2)可以使办展机构从招展工作中解放出来,把更多的精力放在展会的组织和服务方面。

这种招展形式的缺点在于:

(1)需要支付招展代理商一定的代理佣金,这无疑增加了会展营销成本;

(2)办展机构与参展商之间需要通过第三方进行沟通,可能会由于信息交流不畅而带来业务协调方面的冲突;

(3)招展代理商一般是独立于办展机构之外且以盈利为目的的经济实体,出于自身利益的考虑,可能会在招展过程中有不当行为,如果监管不力,则会出现虚假承诺、恶意竞争、招展价格体系混乱等问题,直接影响到办展机构和展会的整体形象。

选择哪种形式的销售展位,要视具体情况(如展会的市场规模、办展机构的资源和自身实力)而定。一般来说,如果展会已成功举办了多届,办展机构手中积累了大量客户并已建立了完善的客户数据库,且每届展会的参展商中老客户都占一定比例,此时办展机构可设置专门的机构和人员,直接加强与客户的沟通与交流,采用自行招展的形式;如果展会规模很大,目标客户所处的市场区域分散,尤其是海外市场,办展机构对海外代理商有较大的依赖性,此情况下通常选择代理招展。

二、常见的招展方式

展会招展的主要方式包括直接拜访招展、电话招展、直邮招展、网上招展、其他同类展会招展以及机构合作招展等。

(一)直接拜访招展

招展人员通过登门拜访,与目标客户进行面对面的直接沟通。一般来说,直接拜访招展有较为充裕的时间,招展人员可以比较从容、详尽地向客户宣传和推介展会,有利于增强客户对展会的了解和认知;同时,可以及时了解客户对展会的需求状况,第一时间解决客户的疑义,便于直接促成其行为反应。更重要的是,登门拜访招展易于使目标客户感到亲切和受到重视。该招展方式的缺点是成本较高。有鉴于此,在实际操作中,办展机构往往针对较重要的 VIP 客户采取此方式进行招展。

(二) 电话招展

招展人员通过电话向目标客户推介展会,解答疑问,提供与销售有关的服务。电话招展需要事前妥善规划,沟通过程中要注意抓牢客户心理,达成意向后要注意及时追踪服务,以便获得令人满意的招展效果。电话招展需要把握的要点如下。

1. 事前规划和准备

收集目标参展商的名单是电话招展的第一步。对连续举办过多届的展会,办展机构通常会建立比较完善的客户数据库,该数据库中的企业是电话招展的重点对象。除此之外,招展人员还可以通过购买其他同类展会的会刊或参展商名录收集本展会的目标客户;留意经常在行业媒体,如专业报纸、杂志、网站上做广告的企业,它们也是本展会的潜在客户;此外,还可以通过行业协会(或商会)、政府主管部门、外国驻华机构提供的企业名单收集目标客户信息。

2. 熟悉产品和服务,准备好相应文件

招展人员一定要了解自己展会的特色和优势,了解目前市场中同类展会的状况,自己的展会处于什么样的市场地位以及在客户心目中的市场形象,知道自己展会的劣势在哪里以及如何在电话招展中扬长避短,要知道在与客户的沟通中需要提炼哪些内容以吸引客户的注意和对展会的兴趣。同时,招展人员必须做好相应文件的准备,如提前准备好展会的宣传材料、展位图、标准模式的报价单、参展流程表、参展协议等,便于企业有需求的时候即可提供。

3. 沟通过程中把握客户心理

首先,要了解客户。电话招展想要打动客户,关键是要了解客户,了解他需要什么、疑虑什么以及现在面临的困难是什么,在此基础上有针对性地与其进行交流与沟通。缺乏经验的招展人员总是向客户阐述自己的展会如何好、主办单位的规格如何高、政府如何准备搭台唱戏等,其实客户真正关心的并不是展会如何好,而是展会如何能让他受益,招展时所要说的重点内容也该是如此。招展人员要学会将招展信息变成有效的帮助策略,才能真正打动客户。

其次,要进行信息跟踪以及深入诱导,这是招展成功的关键。招展人员在电话沟通的过程中可能会得到很多信息,了解企业对展会的态度、存在的种种疑虑等,据此要进行有针对性的说服和诱导,打消客户心中的顾虑和不安因素,但切勿强行灌输,那样只会令人反感。

最后,在招展过程中要对客户真诚,不可急于求成,更不能为招徕客户而对展会做不切实际的吹嘘和夸大。

4. 及时追踪服务

电话招展很少有初次沟通就确定成交的,一般是先把展会的信息传达给目标客户。如果客户有参展意向的话,会索要一些详细资料。招展人员要与客户预约下一次通话时间,有必要的话,招展人员还需亲自登门拜访客户,进行更为深入的沟通和磋商。因此,必须做好及时的追踪服务,以期尽快达成合作意向,促成客户的参展行为。

(三)直邮招展

办展机构通过收集、整理、筛选潜在客户名单,确定符合条件的客户群,然后将展会的各种招展资料直接邮寄给目标参展商。由于依赖于信息强大的客户数据库,因此直邮也被称为"数据库营销"。

不可否认的是,直邮招展在我国现阶段的发展面临两个主要瓶颈:

(1)直邮招展的反馈率较低,目标客户认同程度也很有限,大部分直邮信函被客户视为垃圾信件而处理掉;

(2)对办展机构而言,目标参展商规模较大,要邮寄的信函数量众多,这也是一笔不小的开支,而且还需要占用一定的人力资源。

有关营销研究机构的调查结果显示,在直邮活动中,有24%的目标客户可能永远接收不到邮件,而16%的目标客户则将邮件直接抛弃。造成这种结果的直接原因,一方面是由于企业组织机构中存在众多的"过滤者",如秘书、办公室主任等,层层过滤邮件;另一方面是很多直邮信函没有良好的创意、制作不精良、个性不鲜明、传递过程不科学等,导致邮件到达率不高。

办展机构为保证直邮招展的效果,应做好以下三点:第一,应尽量找准目标客户群,提高直邮的针对性,避免不必要的资源和人力浪费;第二,对直邮活动要进行科学、合理的策划,对直邮的整体过程进行有效监控,通过及时纠错与调整,力争取得预期的招展效果;第三,可以委托专业直邮公司进行直邮招展,利用专业公司在业务及管理方面的优势和经验,可以有效地掌控直邮的程序,提高直邮的准确率与时间效率。

(四)网上招展

互联网在展会的信息发布和招展、招商方面发挥着越来越关键的作用。网上招展主要有两种情况:

一是主办方建立展会的官方网站,随时将最新的展会信息通过官方网站进行发布,向目标参展商进行招展宣传,同时,将网站开发成交互式的电子商务平

台,参展商可以在网站上办理诸如展商预约登记等各种业务;

二是在国内外同类网站上做链接,如中国国际机电产品博览会的主办方与商务部、中国机电进出口商会、中国机械工业联合会等政府部门、行业协会的网站建立互链,多角度、多层面地将展会信息传达给目标参展商。

(五)其他同类展会招展

其他同类展会上聚集着大量的行业企业,它们很可能也是本展会的目标展商。办展机构在同类展会上设立展位,宣传和推介本展会,与参展企业进行直接的交流沟通,可以有效地促进招展。或者定期派员前往同类展会,购买展会会刊或参展商名录,可以准确收集潜在参展商的名单,作为本展会招展的重要信息来源。

(六)机构合作招展

展会主办方与相关机构建立业务合作关系,进行展会的招展。相关机构包括行业协会(或商会)、政府主管部门、专业媒体、外国驻华机构等,他们往往以"合作单位""支持单位"的名义出现,利用他们在行业内广泛的影响力以及对企业的号召力,组织行业内企业参展。

办展机构必须要处理好与展会题材所在行业的政府主管部门和行业协会的关系,并最好与全国或海外在该行业有较强影响力的机构合作建立招展组团代理关系,同时要与该行业内的各大专业媒体搞好关系。上述关系不仅有利于招展,而且对提高展会的行业影响力,以及形成展会的品牌效应都是至关重要的。

三、招展文件的编制

招展相关的文书包括招展函、展位确认书、参展商手册等。本节重点介绍招展函和参展商手册的编制。

(一)招展函

招展函是办展机构用来推介展会,进而招揽目标参展商参展的小册子。招展函的主要作用是向目标参展商说明展会的基本情况,并引起他们的参展兴趣。招展函是展位营销的核心资料之一,也是参展商了解展会情况的主要信息来源,招展函的编制在招展策划和展位营销工作中占有重要地位。①

---

① 华谦生:《会展策划与营销》,广东经济出版社,2004年版,第178页。

1. 招展函的主要内容

为了使目标参展商对展会有足够的了解,并对展会做出基本的判断,招展函介绍展会的内容必须准确而全面。一般来说,招展函要包括以下内容:

(1)展会的基本内容。包括展会名称和LOGO、展会的举办时间和地点、办展机构名单、办展起因和办展目标、展会特色(用非常简洁的语言高度概括展会特色,如展会的宣传口号、展会主题)、展品范围和价格等。

(2)市场状况介绍。结合展会的定位,对展会题材所在行业的状况做简要介绍,如行业生产、销售、进出口及发展趋势等。此外,还要简要介绍办展所在地区及国家的市场状况。

(3)展会招商和宣传推广计划。主要包括展会的招商计划、宣传推广计划、相关活动计划、展会服务项目等。

(4)参展办法。主要包括如何办理参展手续、详细的付款方式、参展申请表和办展机构的联系办法等内容。

(5)各种图案。招展函中还应包含一些图片和其他图案,如展馆平面图、展馆周边地区交通图、往届展会现场照片等。这些图片既可以对展会相关情况做进一步的说明,也起到了美化招展函的作用。

2. 招展函的编制原则

办展机构在编制招展函时,应对其内容、图片和版面做细致的规划和安排。编制招展函应遵循以下四点原则:

(1)全面准确。招展函是参展商了解展会的重要资料,也是他们做出参展决策的主要依据,在办展机构与其目标客户进行沟通和联系时起着重要作用。因此,招展函所包括的内容一定要全面、准确,不能出现差错,同时,要生动、简洁,令人一目了然。

(2)简单实用。招展函的内容要简明、实用,切忌拖沓和繁琐,与招展无关的任何内容均不能出现在招展函上。

(3)美观大方。招展函的版式安排、文字图片等的布局要美观大方,让人赏心悦目。同时,文字的字体要符合人们的阅读习惯。

(4)便于邮寄和携带。招展函一般要通过邮寄或招展人员的携带而传递到目标参展商手中,为此,招展函的制作样式要便于邮寄和携带,否则会给招展工作带来不便,还会增加展会的办展成本。

 小案例

第24届中国义乌小商品博览会招展函

第24届中国义乌小商品博览会招展函(续一)

义博会 中外采购云集 内销外贸并举 标准国守底线 质量塑造品牌

中国义乌国际小商品博览会(简称"义博会"),是经国务院批准由商务部主办、浙江省人民政府承办的全国三大日用消费品展会之一,已连续举办23届。第24届义博会将于2018年10月21日至25日在浙江义乌举行,已连续举办23届。第24届义博会主办中国义乌国际小商品(标准)进出口博览会,先后以多种形式参与中国-东盟博览会、中国中东欧国家投资贸易博览会、中国亚欧博览会等重大展会,积极关注改革开放四十大庆盛会,取得较高展会和中国十大影响力品牌展会等殊荣。义博会以"面向世界、服务全国"为宗旨,水渠特色鲜明、国际化水平突出、信息功能齐备,开启国际展览联盟IFES认证。

本届特色:设立标准主题展区,为义博会注入更多云集和采购新元素和新内涵。同时,为优化展商体验,强化行业研究成果,标准化试点示范,高标准产品与标准化展示,实现最佳时尚品牌形象,引领专业化采购趋势,进一步打造高端产品与服务,推出优质产品,把展示效果提升到新的高度;进一步增加优质的人性化服务,促进相关产业发展。同时,预计将有来自全国20多个国家和地区的采购商和游客28万人以上,其中海外采购商2万人以上。

展品范围:

- 五金
- 包电电
- 电子电器
- 日用品
- 文化办公
- 体育及休闲用品
- 服装服饰
- 针纺织品
- 玩具
- 宠物及水族用品
- 汽车用品
- 智能生活方式
- 工艺品
- 饰品及饰品配件
- "一带一路"主题专区
- 妇幼手工艺专区等特色展区。

CHINA YIWU FAIR 1995~2018

01

义乌参展5大优势

1 "义乌上河图"汇集全球小商品
义乌市场有,如同斗纷的画卷上同时揭启动,各型著名中外小商品足之间而生日巨罗万象,有每个销售足之间而生日 巧夺天工的工艺品,摆满了万千店铺。经营26个大类、1804万种商品,已经国际采购商云集的主办方大有大小之别,摆满了万千店铺。以样引,机电、主力主制造各生产采购商大量涌购的是,100万平方米货出口商品,其引进100多个国家和地区的1万种精品采品,开通了"义博商城"-非洲产品常年展示和东盟馆,品质极为一致。

2 "义乌经济带"云集中外商人
自建立、每年以近万次的外商采购商,有100多个国家和地区的1万多名采购商常驻设市场。义乌已成为国内外大商户采购与商品结缘之地,还有大规模设计公司、经济、图博会、设计学习大中心生集的采购与商场交易的、外贸经济形成其在中国约有75名,投资之外、义乌还有本地150个外贸公司,1万余个外贸企业,1万余家生产企业,1个省级产业集聚区,1个省级工业园区等。

3 "义乌新干线"畅达世界各地
作为"一带一路"国家战略的节点城市,义乌至力于推动国际陆海大通道,让义乌花畅达全球的货物,义乌海运通了全面覆盖21个国家城市,形成了阶梯式的全球化对外贸易网,凭借之中在中国城市生产大规模内陆货物的港口,各线及全球各地城市。

4 "义乌电商网"勇立市场潮头
义乌连年十年位列"中国电商百强县"榜首,成为浙江省首个县级"电子商务示范县"。开场县级电子商务大数据应用统计开始计算之前,2017年1月内网电子商务交易额2576亿元。义乌作为首条全中国大电子商务市区,全市有各类电子商务各类场所一万多余家7万。内网还连线已打通近百个中国地市内电子商务中心。义乌已建成2大电子商务平台,8大跨境电商。SHOPEL,数据统计JCDB等不同类型电商基地或电子商务卖家平台,构建起与全球主平电子商务平台无缝连接的对外贸易通道。

5 "义乌会展业"集聚全球商机
义乌是浙江省展中心之一,具有"办展最多、展品最丰富、展效最好"的美誉,每年举办各类专业展会,已成为除北京、上海、广州之外举办国际性展览会最多的城市之一,近年来的每年均举办2场以上跨国际性展品的展会,中国义乌国际小商品博览会、中国义乌国际森林产品博览会、义乌装备博览会等举办的,"一带一路"全市城市商品展会全场地达134万,举办期间成交额超过42.13亿元。

CHINA YIWU FAIR 1995~2018

02

第24届中国义乌小商品博览会招展函(续二)

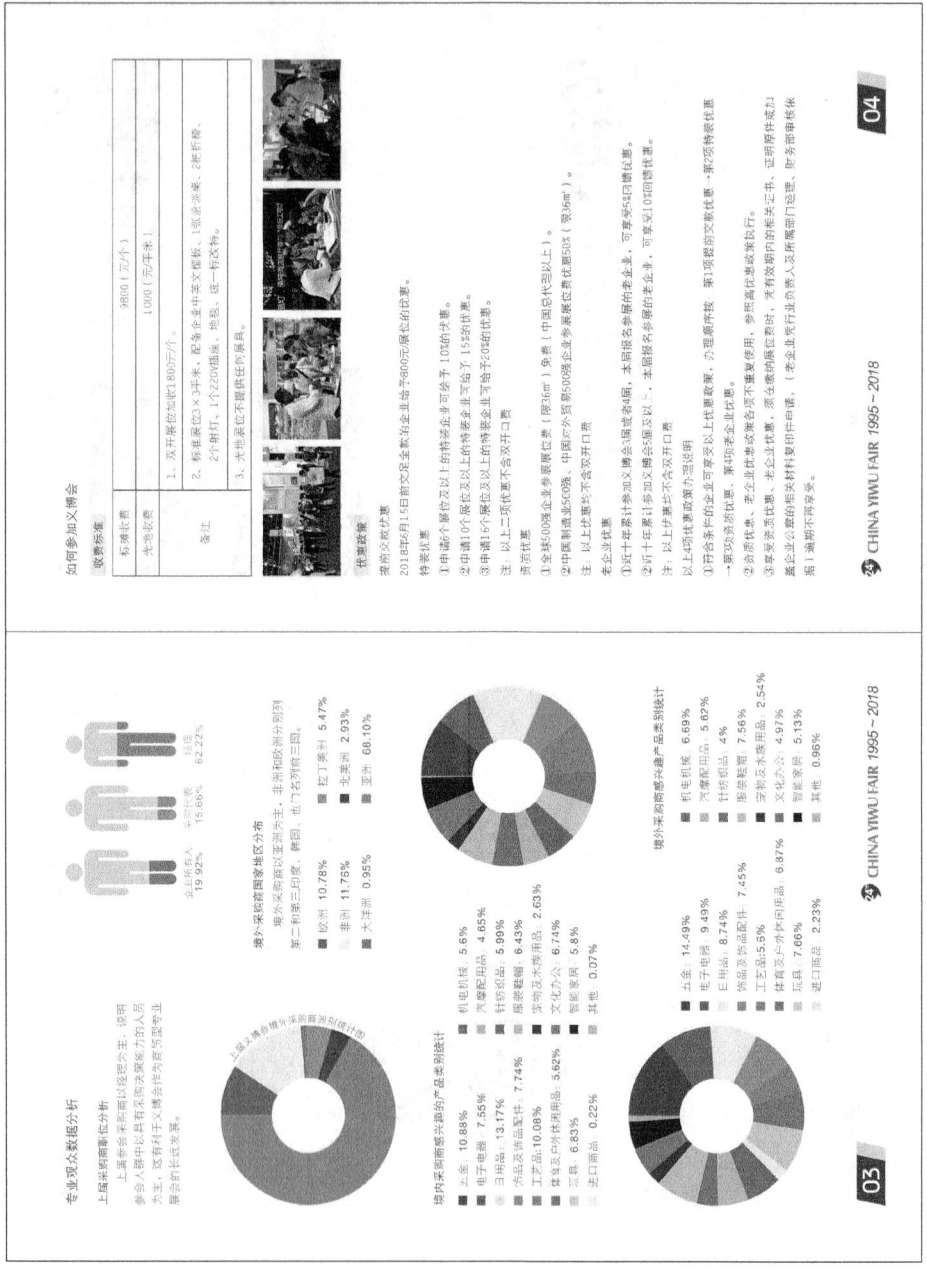

第24届中国义乌小商品博览会招展函(续三)

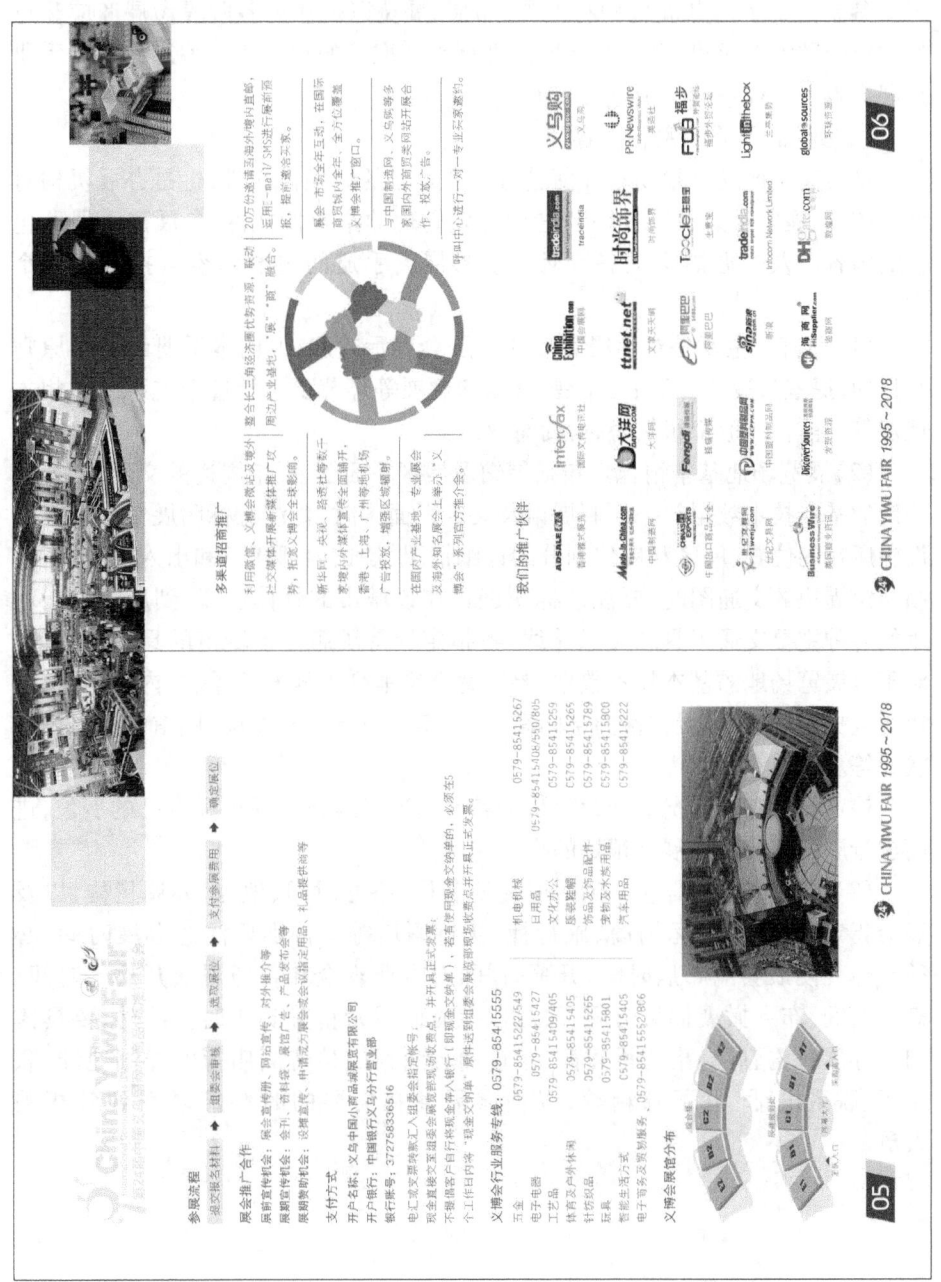

(资料来源:第24届义博会官方网站。)

(二) 参展商手册

参展商手册是办展机构将筹展、布展、展览以及撤展各阶段参展商应注意的主要问题汇编成册,以方便参展商进行参展准备的小册子。编制参展商手册是展会筹备过程中的一项重要工作。

1. 参展商手册的主要内容[①]

参展商手册既是帮助参展商进行参展筹备的纲领性文件,也是办展机构对展会布展、展览和撤展等各环节进行有效管理的指导性文件,参展商手册所包含的内容涉及举办展会的各个环节。参展商手册的主要内容包括以下几个方面:

(1) 前言。主要是对参展商参加本展会表示欢迎,说明本手册编制的原则和目的,提醒参展商在筹展、布展、展览和撤展等环节要自觉遵守本手册的相关规定等。前言一般都很简短,言简意赅。

(2) 展览场地基本情况。包括展馆及展区平面图、展馆周边的交通图、展览场地的基本技术数据等。绘制展馆及展区平面图时,要注意标明展馆各种服务设施所在的位置、展区和展位划分的详细情况、展馆内部通道和出入口等;在绘制展馆周边的交通图时,要注意标明展馆在该城市的具体位置、到展馆可以利用的各种主要交通工具和交通路线、各指定接待酒店在该城市的具体位置等;对于该展览场地的基本技术数据,要清楚准确地列出地面承重、馆内通风条件、货运电梯容积容量、展馆室内空间高度、展馆入口高度和宽度、展馆的水电供应状况等。

展览场地基本情况的介绍对帮助参展商准确地找到展馆和自己的展位,进而进行展位搭装和布展有很好的指引作用。

(3) 展会的基本信息。包括展会的名称、举办时间、地点、办展机构,以及展会指定的承建商、运输商、旅行社、接待酒店等。特别要注意办展时间,必须具体列明展会的布展时间、开幕时间、对专业观众和普通观众开放的时间、撤展时间、布展撤展加班时间等,对以上时间尽量精确到小时。此外,要具体列明办展机构、展会指定承建商、运输商、旅行社、接待酒店等的详细地址、联系人、联系电话、电子邮箱等,以便参展商在需要的时候能联系到各相关人员。

[①] 华谦生:《会展策划与营销》,广东经济出版社,2004年版,第122~123页。

(4)展会规则。即对参展商提出参展所必须遵守的一些规章制度,包括:展会有关证件使用和管理的规定、展会现场安保的规定、展位清洁的规定、物品存放的规定、现场使用水电的注意事项、现场展品销售的规定、消防规定、知识产权保护的规定、现场展品演示的注意事项等。

(5)展位搭装指南。即对参展商顺利、安全地搭装展位和布展所做出的指导和说明,包括标准展位说明和特装展位搭装说明。标准展位的基本结构和配置都是一样的,所以标准展位说明主要是对展位的标准配置做出说明,列明参展商使用标准展位的注意事项,提出如需增加标准配置以外的其他配置的处理办法等。特装展位搭装说明主要是对参展商搭装特装展位做出的一些规定和要求,如使用材料的要求、动火作业的规定、消防安全的规定和铺设电线的规定等。

(6)展品运输指南。即对参展商及时安排展品等物品的运输所做出的指导和说明,主要包括海外运输指南和国内运输指南等。不管是海外还是国内运输指南,都要对展品等的运输方式和运输线路、各种货品的交运和文件提交的期限、货运文件的准备和交付、收费标准、包装、海关报关、回程运输、可供选择的自选服务等做出具体说明。

(7)会展旅游信息。即对解决参展商参展期间的交通、餐饮、住宿、旅游等需要而做出的说明。一般应详细列出各指定接待酒店的档次、协议优惠价格、地址、联系电话和联系人、与展馆的距离等,列出境外参展商和观众入境的签证办法、展会期间及前后可供选择的商务考察和观光休闲旅游的线路和安排等。

(8)相关表格。即参展商在筹展和布展过程中需要使用的各种表格,如特装展位施工申请表、展具租赁及电源申请表、聘请临时服务人员申请表、额外工作证和邀请卡申请表、研讨会和技术交流会申请表、刊登会刊广告申请表等。

2. 参展商手册的编制原则

参展商手册编写好后就可以印刷成册了,在展会开幕前的适当时间内邮寄给参展商,也可以将其发布在展会的官方网站上供参展商阅览和下载。办展机构在编制参展商手册时,应注意以下六项原则:

(1)实用有效。参展商手册所包含的内容应对参展商进行筹展、布展、展览和撤展有较大的指导作用,参展商在得到该手册后,就可以按照手册指引筹备参展的各项工作,因此该手册必须实用、有效。

(2)简洁明了。参展商手册对各方面内容的说明和叙述必须简洁明了、准确具体,同时不能使人产生歧义。否则,在参展各环节的具体执行中就会引起争议,既不利于参展商参展,也不利于办展机构对展会现场进行管理。

小案例

第 26 届中国国际汽车用品展览会参展商手册的封面与目录

第26届中国国际汽车用品展览会
The 26th International Exibition of Automobile Accessories, China

第3届汽车保修设备暨服务连锁、洗车展览会
The 3rd Auto Maintenance & Repair, Carwash Exhibition

参展商手册

2018.03.03-06
北京·中国国际展览中心（顺义新国展）
China International Exhibition Center (Shunyi), Beijing
www.yasn.net

第26届中国国际汽车用品展览会参展商手册的封面与目录(续一)

尊敬的参展商:

　　欢迎您参加2018年第26届中国国际汽车用品展览会!诚挚的感谢您长期以来对雅森平台的信任与支持!

　　为了再次带给您愉快的参展体验和丰厚的收获,作为主办方我们特意为您准备了本手册。

　　本手册详细说明了您参展所需要的所有信息及流程,其中包含本届展会的基本信息、各项设施及服务的申请方式及各项准则。

　　特别提示:由于展馆方各项规定比较繁琐,为了保证您参展顺利,麻烦您务必留意手册中的各项展会规定及相关服务申请准则,并于截止日期前及时提交相关文件及表格,避免逾期提交给您的参展准备工作带来不便。

　　我们会安排专门的服务人员配合您的各项展前准备工作。

　　在手册使用过程中如果您有任何疑问或需要帮助,欢迎致电01057970888,我们将竭诚为您效劳!

　　敬祝

　　马到成功!

雅森国际 总裁

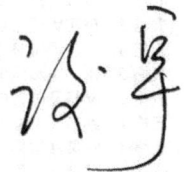

第 26 届中国国际汽车用品展览会参展商手册的封面与目录(续二)

目 录

展会服务联系方式	4
主办方联系方式	4
主场运营服务商联系方式	4
展会推荐特装搭建商	5
展会推荐承运商	7
租赁服务	7
酒店预定服务	8
会议预定服务	9
展会信息及注意事项	10
展会时间表	10
展区分布图	10
展商报到须知	11
参展须知	11
规章制度	12
交通指南	13
知识产权管理规定	15
主场运营服务	16
标准展位搭建	18
一、标准展位搭建方案	18
二、标准展位搭建提示	19
光地展位搭建	20
一、报馆流程	20
二、设计图纸审批	21
三、施工管理规定	21
四、展台清洁工作	22
五、水源、电源及压缩空气的供应	22
六、展台拆除	22
七、消防	22
表格 1　标准展位家具租赁申请表	23
表格 2　展具花卉绿植进馆申报表	25
表格 3　施工管理项目申请表	26
表格 4　特装展位施工申请表	27
表格 5　水、电和压缩空气申请表	28
表格 6　网络及电话申请表	30
表格 7　特装展位参展商安全责任保证书	31
表格 8　特装展位搭建委托书	32
表格 9　特装展位施工安全保证书	33
表格 10　双层展台施工安全保证书	35
表格 11　展览施工管理违约规定	36
表格 12　展商展位管理须知	38
表格 13　无收据承诺书	39
表格 14　发票信息采集表	41

(资料来源:中国国际汽车用品展览会官方网站。)

（3）详细全面。参展商手册的各项内容要尽量详细，以便对参展商筹展给予有效的指导。例如，对布展和撤展加班时间的规定应该具体到小时，对各种表格的返回期限的规定要具体到日等。再如，对展馆入口的高度和宽度、对展馆的地面承重能力、对消防的注意事项等，均须一一列明，不能有所遗漏。

（4）制作精美。参展商手册的排版和制作要美观大方，印刷精美，用纸考究。参展商手册的制作与展会的档次和品牌形象要相符，不能给人以不好的联想。

（5）专业。参展商手册的遣词造句要符合行业习惯和规范，所涉及的术语要专业，内容的编排要符合参展商的筹展程序，应避免让参展商翻来覆去地寻找自己需要了解的内容。

（6）国际化。对于国际化展会，参展商手册的内容编排和制作要尽量符合国际参展商的要求，除中文文本外还要有外文的文本。外文文本的翻译一定要准确，因为海外参展商就是根据该手册筹备各项参展事宜的，如果翻译不准确，将会给他们带来极大的不便。

第二节　招展代理商

办展机构除了自行招展外，还可以借用外部力量，即利用招展代理商来做大、做活招展工作，以此增加招展的业务网络，扩大业务规模，提高经济效益。对招展代理商的管理包括对其的选择、管理和激励，代理佣金水平的制订以及对招展地区与权限的规定等内容。

一、招展代理的内涵及主要形式

（一）招展代理的含义

招展代理是指代理商与办展机构签订合同，在办展机构规定的权限范围内代理招展，并按照实际销售的展位数量或金额提取相应比例的代理佣金。

招展代理有显性代理和隐性代理之分。显性代理一般是专门从事展会的销售代理业务，或在经营其他主营业务的同时从事展会的销售代理业务的公司。办展机构与显性代理商通过签订正式的代理合同，明确双方的权利义务关系，确保招展工作有序进行。隐性代理是指那些拥有客户资源又不便于签订正式代理合同的招展机构，它们往往以"合作单位""支持单位"的名义出现，帮助办展机构招展。政府相关部门、行业协会、媒体、外国驻华商务机构（或贸易代表处），甚至个人，都可以做隐性代理。办展机构通常以口头许诺的方式委托他们招展，并给予相应比例的佣金，佣金一般也会以隐性的形式支付。

（二）招展代理的主要形式

招展代理的形式一般分为以下四种，即独家代理、排他代理、一般代理和承包代理。

1. 独家代理

独家代理是指在一定时期内，办展机构将某一地区的招展权指定一个代理商独家负责，该地区不再有其他代理商招展，办展机构自身也不得在该地区招展。对独家代理商而言，本地区负责招展业务的机构仅此一家，没有竞争对手，因此可获得较多的市场机会和较大的盈利空间。

2. 排他代理

排他代理是指办展机构将一定时期内某一地区的招展权赋予一家代理商，该地区内不再有其他代理商招展，但本办展机构可在该地区招展。换言之，除了办展机构授权的一家代理商可以在该地区招展外，办展机构自身也可以在该地区招展。

3. 一般代理

一般代理是指办展机构在同一地区同时委托几家代理商为本展会招展，本办展机构也可在该地区招展。选择一般代理的形式进行招展时，必须明确各代理商的招展权限，且代理条件必须统一、明确。

4. 承包代理

承包代理是指代理商从办展机构手中承包一定数量的展位，不论能否完成约定的展位销售数量，代理商都应按约定的展位费付给办展机构，这是一种包销展位的代理形式。

与前三种代理形式相比，承包代理商面临的风险最大。为了保障承包代理商的利益，办展机构通常会以高于其他代理形式的佣金或价格折扣将展位分包给承包代理商。

在上述四种代理形式中，独家代理和排他代理由于办展机构只与一家代理商合作，与代理商之间易建立相互信任的合作关系；同时，由于一定市场区域内只有一家代理商负责本展会的销售，避免了多家代理商争夺目标客户而带来的市场混乱，因此这两种代理形式对代理商是比较理想的。但是，采取这两种代理形式，办展机构对代理商的依赖度较高，一旦在招展工作中出现问题，将给展会带来巨大的损失。因此，选择这两种代理形式时，必须加强对代理商的资质和招展能力的审查，严格甄选代理商。

如果说独家代理和排他代理重在选择代理商的话，则一般代理的工作重点应放在对代理商的管理上。采取一般代理形式，由于在同一市场区域存在着多家代理商销售展位，争夺目标参展商，可能会造成无序竞争；如果不同的代理商为争取客户而在招展价格或服务方面做出不一致的承诺，还可能进一步损害办展机构和展会的信誉。此外，这种代理形式在一定程度上增加了办展机构的管理难度。有鉴于此,办展机构应控制一般代理商的数量,同时应加强对代理商的监管。

二、招展代理商的选择

在展位销售过程中,招展代理商处于毋庸置疑的中坚地位,其他渠道虽然在招展过程中也发挥重要作用,但是其稳定性和工作的努力程度通常逊色于招展代理商。因此,办展机构能否建立一支稳定、高效的代理商队伍,是决定招展工作能否顺利完成的关键环节。

办展机构选择招展代理商时,需要综合考虑多种因素。首先,要保证代理商的资质可靠,因为只有可靠的代理商才能切实地履行招展职责;其次,代理商的业务覆盖区域应与会展项目所要达到的目标市场相吻合,同时,代理商应熟悉展会题材所涉及的行业,且在该行业领域内具有业务优势;再次,代理商应有较强的招展能力,以往的招展业绩良好;最后,招展代理商还应具备一定的营销管理水平和营销能力。

对于不同性质的招展代理商,办展机构考察的侧重点会有所不同。如前所述,除了招展公司外,行业协会(或商会)、相关媒体、外国驻华商务机构或贸易代表处甚至个人,都可能成为招展代理。为保证招展代理的资质可靠,必须对其进行考察,只有符合条件的机构和个人才能成为招展代理。

对于从事代理招展的公司,主要考察其以往的代理业绩、其所熟悉的行业和业务范围、业务覆盖区域、营业执照(包括发证单位和有效期等)、人员数量、业务规模、办公地点、负责人等。

对于协会或商会,主要考察其成立的时间、批准成立的单位、业务覆盖区域、会员数量、对行业内企业的号召力等。

对于相关媒体,主要考察其发行量、覆盖范围、在行业内的权威性和影响力等。

对于个人代理,需要重点考察其可靠性和信誉度,包括其身份、履历经历、业务能力、社会关系以及个人信誉。

对于国外代理,主要考察其以往的代理业绩、公司注册证件、个人有效证件、机构实力等,必要时还可通过我国驻国外商务处、贸易代表处和公司协助了解。

知识链接

"四标准"选择国外招展代理商

如何组织尽可能多的境外参展商来华参展,提高展会的品牌效应,是成功

举办一个国际展的关键,而有效选择招展代理商又成为实现这一良好愿望的重要因素。一个好的海外招展代理商至少应具有以下四个条件:

第一,有一定的客户基础。代理商是否掌握与展会主题相关的参展商客户,是他能否胜任招展工作的基础。在国外,能满足这一条件的机构主要有相关行业协会、地区商会等,此外,专业展览公司、广告公司等也可供选择,尤其是一些在境外举办过相同题材展会的机构(企业),更应是首选对象。

第二,熟悉展会各项工作的运作。代理商在其代理的范围(地域)内代表主办方的形象与客户接触,而每一个参展商也会对即将参加的展会进行评估,对参展的费用、程序、展览服务等方面提出各种各样的问题和疑问,这一切都需要代理商进行详细的解答。如果代理商不熟悉展会运作流程,或者没有这方面的工作技能,是不能给予客户满意解答的,也就不能很好地完成招展工作。

第三,信誉良好。良好的商业信誉是经济伙伴之间合作成功的基础。如果对方信誉好,则合作较易顺利进行,否则容易产生经济纠纷,影响合作关系。因此,要通过各种渠道,既要深入了解代理商的代理能力,又要了解其资质信誉情况。对某些国家的代理商,还要了解其代理资格(如果某些国家对代理资格有要求),经过对比,择优取舍。

第四,办展理念相近。由于国内外的社会状况、企业特点、经济环境、个人价值观等方面存在不少差异,因此,在选择代理商时应尽量选择能够互相理解,最好是能接受我方办展理念、工作方法及要求的合作者。除此之外,还要看对方是否有利益要求。如果某个代理商对代理工作没有利益追求,他就不会积极主动地去做好这项工作,这一因素也会直接影响到招展成效。

在完成代理商的选择后,合作双方应签署一份合作协议,通过法律和经济手段确立双方合作的合法性,明确双方的"责、权、利",以利于代理招展工作的顺利进行。

(资料来源:新华网,2003年3月7日,作者:郑子华。)

三、招展代理商的管理

(一)代理商的权利与责任

办展机构必须明确招展代理商的权利与责任,只有权利与责任明确了,代理招展工作才能更好地开展。

1. 招展代理商的权利

(1)按代理合同的约定收取佣金;

(2)从办展机构处获取招展必需的完整资料;

(3)按代理合同享受办展机构对展会的宣传与推广支持;

(4)在规定的时间内预订的展位能得到保证。

2. 招展代理商的责任

(1)按代理合同约定的代理形式和条件履行职责,依法经营;

(2)有责任对所代理的会展项目进行宣传与推广;

(3)定期向办展机构相关负责人汇报招展情况;

(4)对办展机构划定的展位不得有异议;

(5)维护办展机构和展会的声誉和形象;

(6)按办展机构规定的价格(或价格范围)招展,按时收取和缴纳参展款(含定金);

(7)不得对办展机构制订的参展条件做私自改动;

(8)必须协助办展机构做好参展商的服务工作。

明确了代理商的权利和责任后,双方还应签订代理协议,以法律手段保障代理商的权利,同时约束代理商的行为。以下是招展代理协议的范本,供读者参考。

小案例

招展代理协议书参考范本

甲　　方:　　　　　　　　　乙　　方:
代表签字:　　　　　　　　　代表签字:

经甲乙双方友好协商,本着平等、诚信、互利的原则,就甲方授权乙方代理××展的招展事宜达成以下协议:

一、合作说明

1. ××展由××部委和×××部委联合主办,由甲方承办,将于2020年×月×日至×日在××市举行。

2. 展会的主场地安排在××展馆。由甲方统一协调、统一管理、统一分配,具体内容请按照甲方制订的《展馆使用管理规定》实施。

3. 展会日程:

布展时间:2020年×月×日—2020年×月×日

展览时间:2020年×月×日—2020年×月×日

撤展时间:2020年×月×日—2020年×月×日

二、招展代理

1. 本协议所称的招展代理,是指由甲方授权国内外有实力的中介组织或个

人作为××展的招展代理(乙方),并签订招展代理合同,授权乙方在约定的范围内召集参展商。

2. 本协议所指的完成招展任务,是指由乙方招集的、签订了参展合同并交纳了参展费用的参展商,申请使用的展馆实用面积总和达到或超过乙方约定承担招展的展馆实用面积的情况。参展费用包括展馆租赁费用和配套服务的费用。

三、代理商必须具备的资格条件

1. 具有独立承担民事法律责任的境内外法人、其他组织;

2. 具有履约能力;

3. 在中介服务领域具有较高知名度和良好的业绩,有广泛的联系渠道及客户基础;

4. 熟悉对内、对外招展的运作及相关法律、法规和政策的规定;

5. 其他由甲方规定应具备的条件。

四、甲方权利与义务

1. 甲方同意授权乙方代理(　　)展区光地面积和标准展位面积(　　)平方米的招展及相关联络工作。

2. 甲方负责按总体方案和实际需求统一展馆展位划分与分配。为保证展馆的总体协调性,甲方保留调整展位的最终权利。

3. 甲方根据"××展项目价格"收取乙方所邀请的参展商在展会期间的特殊装修展位相关费用。

4. 甲方在乙方完成约定招展任务后按照约定支付乙方代理费用。

5. 甲方负责乙方所邀请的参展商在展会期间的统一管理。

五、乙方权利与义务

1. 乙方负责代理(　　)展区的全面招展及相关联络工作,并且承诺在2020年×月×日以前完成招展任务。

2. 乙方向甲方提供招展计划书,在招展时提供进度情况表,便于甲方能实时掌握招展进度情况。

3. 乙方在招展过程中须统一执行甲方制订的"××展项目价格",未经甲方许可,乙方不得擅自改变统一的项目价格。

4. 乙方应对其邀请的各参展商说明和要求需向甲方交纳的相关费用,具体价格请参照"××展项目价格"的有关规定。进入交易平台的参展商,需按规定程序与甲方签订交易合同。

5. 乙方应对其邀请的各参展商说明和要求在展会期间(包括布展期和撤展期)的场馆使用及配套服务,必须遵守甲方统一制订的《展览现场及施工管理的若干规定》《关于物业管理及安全保卫的规定》《关于消防安全管理规定》等规定,并由甲方统一协调管理。

6. 乙方协助甲方在展会期间对乙方所邀请的参展商进行统一服务与管理。

7. 乙方保证所邀请的参展商展出展品与技术的合法性,保证其不存在任何知识产权纠纷问题,并保证所有提交资料的真实、准确、合法。

8. 乙方有义务维护甲方的形象,不得从事有损甲方及××展形象的行为。

9. 乙方在完成招展任务后有权取得约定的代理费用。

10. 乙方有义务协助甲方解决在招展过程中发生的各种纠纷。

11. 乙方需在本合同生效后五个工作日内向甲方交纳代理保证金(　　)万元,乙方完成招展任务后,甲方在展会结束之后五个工作日内返还代理保证金。该代理保证金的金额为测算代理费用的(　　)%。如果乙方没有完成招展任务,将不予返还代理保证金。

六、代理费用的支付办法

1. 乙方所招集的展位总和低于50个标准展位的(包含50个),代理费用为展位租赁费用已进款额的15%;超过50个标准展位的,代理费用为展位租赁费用已进款额的20%。

2. 乙方在完成招展任务后可以从展位租赁费用已进款额中提取相应的代理费用。

七、违约责任

甲乙双方均应正当行使权利,履行义务,保证本协议的顺利履行。任何一方未能履行本协议均应向对方承担违约赔偿责任。

八、争议处理

在甲乙双方履行本协议过程中如果发生争议,首先应当友好协商解决;协商不成,任何一方均可将该争议提交××仲裁委员会仲裁。

九、其他条款

1. 本协议自双方签署盖章之日起生效,至2020年×月×日结束。如需继续合作,则由甲乙双方另行协商。

2. 本协议一式两份,甲乙双方各执一份。

3. 本协议未尽之事宜,甲乙双方可另行协商并签订补充协议约定。

甲方:　　　　　　　　　　　　乙方:
地址:　　　　　　　　　　　　地址:
电话:　　　　　　　　　　　　电话:
代表人签字(签章):　　　　　　代表人签字(签章):
签约日期:　　年　月　　日　　签约日期:　　年　月　　日

(二)代理佣金的制订

办展机构支付给代理商的佣金,要根据代理的形式、代理期限的长短、代理商的业绩水平等综合确定。需要注意的是,支付给代理商的代理佣金应该与允许代理商给予参展商的价格折扣分开,给予参展商的价格折扣由办展机构决定,以免引起招展价格体系的混乱。

独家代理、排他代理和一般代理的代理佣金通常按办展机构实际收到的、由该代理商招徕的参展商所交纳的参展费总额的15%~20%的比例提取;承包代理的佣金应该高一些,如25%或更高。为鼓励代理商的招展积极性,给代理商的佣金可以采取累进折扣制,即按照代理商销售展位数量或金额设置不同的佣金比例,销售展位数量或金额越高,计提佣金的比例越高。

代理佣金支付的时间和方法,根据具体情况可分为以下三种:第一种情况是定期结算、定期支付,按季度或月度结付,以实际进入办展机构账户的展位费计提一定比例的代理佣金;第二种情况是逐笔结算、汇总支付,代理商每促成一笔交易,该笔展位费到账后即与之结算,但到规定的时间才支付;第三种情况是逐笔结算、逐笔支付,代理商每促成一笔交易,该笔展位费到账后即与之结算,并支付本笔交易的代理佣金。

另外,无论采取何种结算支付形式,都必须规定由此引起的营业税和个人所得税的扣缴办法。

(三)招展价格的管理

代理商是导致招展价格体系混乱的主要原因。代理商一般是独立于办展机构之外的、以盈利为目的的经济实体,通过销售展位赚取一定比例的代理佣金。办展机构付给代理商的佣金一般是根据其销售的展览面积或展位数来确定的。有些代理商为了得到更多的代理佣金,可能会出现不遵守主办方制订的价格标准、低价销售展位的情况,进而引发整个招展价格体系的混乱。

例如,办展机构为了有效地激励代理商多销展位,通常在代理佣金的制订上采用累进佣金制,如代理商销售50个标准展位以下时,按照15%的比例计提佣金;销售50个标准展位或以上时,佣金比例提高到20%。如果代理商已完成了45个展位,为了获得更高的佣金比例,对于剩下的5个展位可能会擅自给予较大的价格折扣;更有甚者,对未完成的极少量展位,采取免费赠送的方式,以凑够展位数。此做法破坏了整个展会的价格标准,会引发其他参展商的不满。情况严重时,其他参展商也会要求享受同样的价格折扣,若不被满足,甚至会出现罢展、退展的现象,严重影响办展机构和展会的整体形象。

为了避免这种情况,办展机构要对招展代理商进行严格的管理与监督,杜绝擅自改变价格标准而低价销售展位的行为。办展机构对代理商在整个招展过程中应进行定期的沟通与检查,一旦发现违规行为,应严肃处理并取消其代理资格,保证招展价格体系的顺利运行。

(四)代理风险的防范

办展机构选择代理招展的形式销售展位,必须对由招展代理商而引起的各种代理风险进行评估和预判,同时采取有效的措施加以防范。一般来说,由招展代理商引起的风险包括以下四种情况。

1. 多头对外的风险

办展机构选择一般代理的形式时,同一市场区域内同时有多家代理商进行招展工作,即使是独家代理或排他代理的形式,也不排除一些代理商为更多地招揽客户而突破授权范围,进行跨区域招展。当多家代理商争夺有限的客户资源时,很有可能会出现恶意竞争、虚假承诺、擅自打折等诸多问题,直接影响到办展机构和展会的形象和声誉。

2. 招展价格混乱的风险

如前所述,招展代理商为了多销展位以获取更多的代理佣金,采用压低展位报价或者擅自打折等方式,引起招展价格体系的混乱,招致其他参展商的不满,破坏展会的统一价格标准。

3. 资金管理的风险

一般情况下,代理商不负责客户参展费的收缴。大多数代理协议明确规定,代理商发展的客户需要把参展费汇入办展机构指定的银行账户,待参展费到账后再与代理商结算代理佣金。但在实际运作中也有这样的情况,即由代理商代为收取客户的参展费,并在约定的时间内将参展费扣除一定比例的代理佣金后汇给办展机构。采取此种结算方式,办展机构面临一定的资金管理风险,即不法代理商代收参展费后卷款潜逃。尽管上述情况属极个别行为,但办展机构与代理商约定参展费管理方式时,务必谨慎行事,以防范风险。

4. 展位分配混乱的风险

参展商都希望获得优越的展位位置,以实现更好的展出效果。代理商为了争取到更多的客户,可能会许诺参展商在展位划位中与主办方通融,并承诺给予其位置优越的展位。而事实是,展位的紧张可能导致代理商最终无法兑现这种承诺,从而带来展位划位方面的纠纷。出现此种情况时,参展商会迁怒于主办方,如果处理不好,则可能造成客户的流失。

以上各种代理风险中,不管是恶意竞争、承诺无法兑现,还是招展价格混乱、展位分配纠纷,尽管是由招展代理商引起,但受伤害最大的还是办展机构和展会的整体形象。为此,应加强对招展代理商的监督与管理,设法防范和降低各种代理风险。首先,严格甄选代理商,从资质、业务能力、信誉、以往的代理业绩等方面综合考虑,选择合格的招展代理商;其次,根据展会的具体情况选择适宜的招展代理形式,控制代理商数量,防止无序竞争;再次,明确招展代理商的权利与责任,以招展代理合同的形式严格约束代理商的行为;最后,加强对代理商的管理与监督,在招展的整个过程中进行定期的沟通与检查,一旦发现违规行为,应严肃处理并取消其代理资格。

例如,第106届广交会在进口展区的招展事宜通告中就明确指出:某一地区或某一行业原则上不超过一个代理,招展代理一律限于一级代理,不得以任何方式转包代理;主办方将根据各代理机构的招展能力,合理划分各自的招展市场和展品范围;进口展区的代理招展期限仅限于第106届,今后的代理合作视本届的代理情况再行考虑。

四、对代理商的协助与激励

招展代理商是帮助办展机构进行展位销售的营销中介机构,他们的工作效率直接影响到会展营销的效果与效益。办展机构应本着双赢的原则,采取切实措施,为招展代理商提供业务协助和支持,同时进行有效激励。

(一)提供招展必需的完备资料

办展机构为代理商提供招展所需的完备资料,包括展会介绍资料、招展函、参展商手册、展位预订及付款通知书等全套招展文件,以便其能够更好地进行招展工作。同时,应注意提供文件的规范化和标准化,保证不同的代理商招展工作步调统一和口径一致。

(二)对展会进行全方位的宣传与推广

要想取得理想的招展效果,宣传与推广工作是必不可少的。为了配合代理商的招展工作,办展机构应对展会进行全方位的宣传与推广,通过多种传播媒体,利用多样化的宣传与推广手段,不断提升展会的知名度和品牌形象,从而为代理商进行招展工作打好基础,铺平道路。因此,加强对展会的宣传与推广力度,不仅是展会品牌建设的需要,也是办展机构为招展代理商提供的重要协助与支持。展会宣传与推广的力度越大,越有利于代理商招展工作的开展。

(三)协助代理商做好人员培训

招展是一项专业性较高的工作。招展人员不仅要具备销售方面的知识和技能,而且要掌握相关的会展专业知识,特别是对所服务的展会应有全面深入的了解,包括该展会的行业背景、运作流程、特色与亮点、目标客户的需求特点等。上述内容对办展机构内部的营销人员可能并不陌生,但对于招展代理商的销售人员未必系统掌握。因此,办展机构应针对代理商的工作需要提供必要的人员协助,或者协助代理商做好内部招展人员的培训工作,不断提高招展人员的素质和业务技能,为代理商招展工作的顺利开展创造条件。

(四)提供必要的营销指导

对于初次合作的代理商,因其对本展会的招展工作还不熟悉,尚未形成稳定、成熟的招展工作秩序,办展机构可以为其提供营销指导,包括制订具体的招展计划、规划高效的招展流程、组建招展团队、培训招展人员等,通过专业的营销指导,协助代理商更好地进行招展工作。

(五)制订累进佣金制,激励代理商多销展位

办展机构除了对招展代理商的工作给予支持和协助外,还要对其进行必要的激励。其中,制订累进佣金制是激励招展代理商多销展位的有效做法。如前所述,累进佣金制是按照代理商销售展位的数量或金额设置不同的佣金比例,销售展位数量或金额越多,计提佣金的比例就越高,以此激励代理商为得到更多的代理佣金而多销展位。但是,累进佣金制在实际执行过程中可能会出现一些制度性风险,对此办展机构应有所防范。

(六)转变代理形式,或与代理商建立长期代理关系

如果说累进佣金制是对代理商的物质激励的话,那么转变代理形式则更多地体现为一种精神激励。对于那些严格执行代理合同、招展业绩突出的代理商,办展机构除了提出口头或书面表扬外,还可以通过转变代理形式的做法表达对其工作的认可,如由一般代理商升级为排他代理商或独家代理商,或者与代理商建立长期的合作关系,使代理商切实感受到办展机构对其的充分肯定与信任,激励代理商更好地开展招展工作。

第三节 招商策略

对展会(尤其是专业展会)而言,专业观众的邀请是办展成功的关键。招商是办展机构组织和邀请专业观众的过程,其中,专业观众是指从事展会上所展示的某类展品的设计、开发、生产、销售或服务的专业人士。邀请到数量多、质量好的专业观众到会参观,是办展机构对参展商提供的最好的服务。

一、了解目标观众的需求

办展机构首先要清楚"参展商想见到怎样的观众,同时观众希望看到何种展商",这是专业观众组织工作的前提条件,也是明确展会主题,确保展会质量的至关重要的因素。

如何组织高质量的专业观众？需要从了解观众的需求出发。对办展机构而言，需要了解目标观众的如下需求：

（1）参观目的：收集信息、寻找代理、寻找新货源、订货或其他；

（2）参观兴趣：全部产品、特定产品、新产品、零配件；

（3）了解展会的信息渠道：新闻报道、广告、内部刊物、直邮信函、展会官方网站等；

（4）其在公司采购过程中起到的作用：决策、参与、建议、不参与；

（5）对展会的感受：时间、地点、宣传、现场服务、参展商等；

（6）被展台吸引的原因：展台设计、展品、现场演示、资料或其他；

（7）是否参观过其他同类展览会；

（8）有哪些尚未满足的观展需求；

（9）对本展会的意见与建议等。

对展会的所有现实或潜在的专业观众，应对其需求进行及时、全面的调查，在此基础上分析专业观众的行业分布、基本数量、需求特征及变化趋势，同时，特别注意对专业观众的意见反馈，为制订"一对一"的个性化营销方案提供参考依据。

对专业观众的需求调查，可采用多种调查方法与手段，如电话调查、展会现场访问调查、邮寄问卷调查、网上调查、焦点小组访谈法、展会现场观察法等。关于调查方法与技术，本书第三章有详细讲解，请读者参考学习。

二、建立目标观众数据库

如同招展需要建立目标参展商数据库一样，招商也是建立在完整而实用的目标观众数据库基础之上的。目标观众数据库是进行展会招商策划和制订宣传推广方案的重要依据，也是制作展会通讯和观众邀请函的基础。一般来说，展会的目标观众范围要比目标参展商的范围广，其涉及的行业也更多。办展机构进行招商时，不能把目标观众的范围仅仅局限在展会题材所在的行业，还要考虑其相关产品的各种用户所在的行业。

（一）收集目标观众信息

建立观众数据库的基础性工作是收集目标观众的信息。当前，专业展已成为展会发展的必然趋势，其结果是产品的目标市场越来越明确，客户定位越来越清晰。在此前提下，收集目标观众信息并不是一件困难的工作。对办展机构而言，一般可通过以下渠道来收集目标观众的信息：

（1）通过行业企业名录收集。

（2）通过行业协会（或商会）收集。各行业都有协（商）会，其下有大量的会员单位,通过与行业协会(或商会)合作,可以获得其会员单位的基本信息。

(3)通过政府主管部门收集。

(4)通过专业报刊收集。

(5)在同类展会上收集。同类展会上聚集着大量该行业领域的专业观众,他们也可以成为本展会的目标观众。

(6)通过外国驻华机构收集。

(7)通过各种专业网站收集。

(8)通过各地的电话黄页收集。

以上是办展机构收集专业观众信息的主要途径。需要注意的是,收集目标观众的信息,除了要收集他们的名称、地址、联系电话、E-mail和网址等基本信息外,还要注意收集他们的产品需求倾向。

除了上述信息收集渠道外,目前展会收集专业观众信息还有一个既常规又十分有效的做法,即在展会现场设立观众登记处,由观众填写信息登记表和收集名片。对专业观众登记信息表,办展机构会在展会结束后进行分类整理,全部保存在观众数据库中,并由专人进行管理。观众登记信息表除了记录每位观众的姓名、职务、所属的行业与地区、联系方式等基本信息外,还有公司信息,如公司规模、成立年份、经营业务、市场区域,以及观众的参观要求、兴趣范围等。

(二)建立目标观众数据库

完成前述目标观众的信息采集后,紧随其后的就是数据存储和数据处理两项工作。其中,数据存储是指办展机构的招商部门将收集到的数据以目标观众为基本单元,逐一输入电脑中,建立目标观众数据库。数据处理是指利用先进的统计技术和强有力的软件支持,分类存储所有收集和整理后的数据信息,并且可以按照多种分类进行查询。

目标观众数据库是办展机构宝贵的资产。建立目标观众数据库应遵循以下原则:

(1)该数据库中要有一定的数据量;

(2)目标观众的数据必须真实可靠,如有变动,应能及时修改、更新;

(3)数据的分类应科学、合理,同时便于查找和检索;

(4)数据库的用户界面要友好、简洁、一目了然;

(5)数据库要适合在局域网上使用,支持多用户同时使用;

(6)对数据库的修改要有一定的权限限制。

(三)进行数据库营销

所谓数据库营销,是指企业通过收集和积累客户信息,经过分析筛选后,有针对性地使用电子邮件、电话、短信、信函等方式进行客户深度挖掘与关系维护等营销工作。就展会招商而言,办展机构以强大的观众数据库为基础,开展数据库营销,将展会的宣传资料、观众邀请函或门票等通过直接邮寄或派送等形式,送达目标观众,邀请其到会参观。

三、招商工作的实施要点

对办展机构而言,邀请和组织到尽可能多的高质量专业观众到会参观,是展会成功举办的关键,也是对参展商提供的最好服务。在专业观众组织和招商推广方面,以下做法是行之有效的。

(一)组织保证

为保证展会专业观众组织工作落实到位,办展机构应成立专门的观众组织机构,由专人、专部门负责专业观众的组织邀请、服务等相关工作。例如,"2018中国广州国际家电配件采购博览会"组委会成立20人专责推广小组,全程负责展会的专业观众邀请工作,通过电话、上门拜访、电子邮件、专业杂志、网站、报纸、电视台等多种渠道发布展会信息,向国内外企业寄发5万份请柬、20万份邀请函、50万张参观券,重点邀请家电制造企业、家电制造设备企业、家电检测认证、家电配件采购商、家电配件代理经销商等专业人士到会参观洽谈。通过多方努力,最终成功组织专业观众达8万人次。

(二)招商宣传

招商宣传是吸引目标观众的主要手段,应贯穿于展前、展中、展后的各个阶段。观众不会仅仅因为被邀请而观展,他们只有在认为可能有实际收获的情况下才会前来观展。因此,招商宣传的内容要集中在观众兴趣范围和利益上,要有针对性和吸引力。

首先,与国内外相关行业的专业媒体(包括各种专业杂志、报纸、网站等)结为宣传联盟,以展会全程推广、行业论坛、学术会议等形式重点推介本展会,吸引相关行业专业买家到会参观。

其次,选择一些极具影响力的大众媒体发布本次展会的广告,或撰写相关软性宣传文章,增加展会的知名度和社会影响力,吸引部分专业观众到会参观。

再次,通过与行业协会、学会合作,于展会同期举办行业年会、权威学术会议等系列活动,吸引该行业内的专业观众参与活动的同时参观本展会。

最后,通过参展商的业务渠道,邀请专业买家到会参观。在宣传与服务上支持并鼓励参展商举办各种类型的技术交流会、新品发布会等相关活动,吸引专业观众到会参观。

(三)机构合作

展会的主办方与各类机构合作,借力行业协会、政府主管部门、专业媒体等合作机构,利用它们在本行业中的权威地位和影响力做好招商工作。具体做法包括:分期向买家发送展会动态资讯;通过电话、信函、传真、电子邮件以及重点客户登门拜访等形式邀请专业买家到会参观;开展有组织的赠票计划,将针对专业观众的邀请函或门票通过合作机构进行大范围的派发。

此外,办展机构还可以充分调动参展企业的积极性,利用参展企业的渠道邀请到专业观众。参展商都有自己的目标客户群,他们既希望在展会中结识新客户以发掘新的市场机会,同时也希望与老客户面对面地沟通,深化合作,增进感情。因此,参展商对邀请客户有很高的积极性。有关调查结果也显示,展会中被邀请的观众来源,主办方邀请和参展商邀请的比例在 1∶3 左右,如何更好地发挥参展商的邀请作用,是办展机构应该重视的问题。

(四)海外推广

对于国际性展会,境外观众数量和质量是评价展会的重要指标。为此,办展机构必须确保一定数量的国际专业买家到会观展。海外推广可通过以下形式:一是与国外著名的商务网站进行文字链接或发布广告,也可以利用国外的专业杂志发布会展广告;二是利用自己建立的数据库或其他数据库资源,对境外目标观众与专业买家进行 E-mail 邀请,并提供观众网上预注册服务;三是保持与境外相关行业协会、商会、驻华使领馆商务处等机构的经常性联络,通过上述机构开展境外观众的邀请与组织工作;四是参加境外观众较为集中的著名品牌展会,并进行招商推广。

鉴于办展机构自身的精力和资源有限,对于境外观众的组织,一般应与海外合作伙伴结盟。海外合作伙伴对所在地区的状况比较熟悉,加之其区域影响力和关系网络,会为展会带来某一特定区域的境外专业观众,并可扩大展会在当地的知名度。

知识链接

法国国际专业展促进会——招募海外观众的专业机构

一个成功的展会需要在全球招募参展商,以丰富、全面的展品吸引专业观众,同时还需要在各国动员专业观众,从而使参展企业可以走向世界市场。建立一个长期高效的海外促销网络是每个展览公司的需求,但任何一家展览公司都很难独自负担一个全球网络,于是便诞生了多家展会联合共享的海外促销网络。法国国际专业展促进会就是典型的代表。

该促进会由巴黎工商会、法国外贸中心、法国展览协会等机构发起,于1967年组建,成立至今,为促进国外参展商和专业观众来法国参展、参观起到了重要作用。目前,法国共有65个展会加入了这一促进网络,它们都是法国最知名的国际性专业展会,通过该促进会在世界各地做海外参展商的招募以及海外观众的促进工作。

为了给会员提供优秀的国际促进服务,该促进会在55个国家和地区建立了办事处。除少数办事处是由促进会总部投资的以外,其他办事处都是财务独立的机构或公司。在经费来源方面,由巴黎工商会和展览场地公司等主要理事单位提供的年度补贴,占经费的一小部分;由加入促进会的展览公司按所需推广的会展项目数及宣传工作量而交纳的费用,占促销经费的绝大部分。

(五)贵宾邀请

贵宾邀请是指针对特别重要的专业观众,制订专门的贵宾邀请计划,为展会的重要观众及买家提供一系列特殊待遇以及各种便利,以提高此类观众参观展会的积极性。

知识链接

特邀买家计划与励展集团的 TAP 计划

特邀买家计划旨在专门邀请具有决策、组织、预算的负责权和影响力的专业买家到会观展,并与参展商展开一对一的邀约洽谈,促成参展商与采购商的合作,也是最直接有效的商业洽谈新模式。

特邀买家享受的权利包括免费往返机票、酒店住宿、参加展会同期的专业会议和活动以及不同等级的服务。特邀买家应尽的义务主要是在展会期间完成预先安排好的与参展商面对面邀约洽谈的任务。

TAP 是励展博览集团大中华区于 2011 年首次推出的特邀目标买家计划,旨在为客户创造显著增值。在展会中,由于参展的时间有限,专业观众希望见到合适的参展商并快速、高效地达成交易,同样,参展商也希望在展会上见到理想的专业观众或买家。通过 TAP 计划,参展商和专业观众的投资回报率都得到了显著提高。

为此,励展集团成立专门的 TAP 小组,TAP 小组在展前从成千上万的专业观众中识别核心买家,通过持续深度沟通和面对面交谈获取采购信息。通过

TAP锁定核心采购决策者、需求制订者和具有影响力的行业人士,核实他们在未来12~18个月是否有明确的采购计划,并在展前和展中为展商和买家提供牵线搭桥服务。通过特别TAP胸卡,参展商可以在现场轻松地识别TAP观众。

目前,励展旗下的大部分展会均已启动了TAP计划,以2014中国国际高尔夫球博览会(China Golf Show)为例,励展TAP团队在展前为30家甄选参展商提供了120多个买家配对结果,吸引了801位TAP到场,促进了现场90多场业务配对会议,得到了参展商的高度肯定。TAP团队展后跟进并预计这些配对会议将产生约5 000万元的购买量,其中10%为现场采购,78%将在展后6个月内完成,12%在展后12个月内完成。

支持TAP计划的是先进的数字技术。励展集团通过数字技术提升客户体验,使预登记观众与参展商能够相互预览对方的信息,并通过展会官网的在线信息匹配系统预约现场会见。

(六)展后推广与服务

目前,还有为数不少的办展机构在展会结束之后,对专业观众就不再提供后续跟踪与展后服务了,这种做法是非常错误的。会展营销工作并不能因为展会的结束而结束,为了保持与专业观众的良好关系,促进展会的可持续发展,展后推广以及专业观众回馈是展会结束后必须跟进的重要工作内容。

1. 展后推广

展后推广是指展会结束后,利用媒体对展会进行的后续跟踪报道和宣传推广,主要是对本届展会的总体报道,将展会规模、专业观众人数、展出效果、成交额、参展商和观众的良好反馈等提供给新闻媒体,通过媒体向社会发布,进一步扩大展会的影响力,为下一届展会的招展和招商工作预热。

2. 展后服务

展后服务是指在展会结束后,及时与专业观众进行沟通与反馈,征询其对展会的意见与建议,加深其对展会的良好印象,树立展会的品牌形象。具体做法包括:

(1)发送感谢信。及时向到会的专业观众发送感谢信,并发送展会的相关报告与最新的评估资讯,使观众直观感受到办展机构的精心服务。感谢信还可附带一份观众满意度调查问卷,体现对观众意见的重视以及对改进下届展会服务工作的信心。

(2)及时更新网站。展会结束后,办展机构应将本届展会的亮点、成果以及相关统计资料及时更新,同时将下届展会的主题、调整内容、报名注册方式等资讯在网站更新发布。

(3)召开观众座谈会。展会结束后,可视具体情况召集观众代表进行座谈,与观众面对面地交流有关观众邀请与现场服务工作中的细节问题,总结经验,发现问题,为下一届招商工作提供借鉴和参考,同时也体现出办展机构对观众组织工作的重视,不失为一种良好的公关策略。

本章小结

招展和招商是会展营销中两项极为重要的工作,两者之间关系密切,互为促进,相辅相成。

在招展方面,办展机构既可以自行招展,也可以通过代理商招展。两种选择各有利弊,要视展会的具体情况而定。招展的主要方式包括直接拜访招展、电话招展、直邮招展、网上招展、其他同类展会招展以及机构合作招展等。为使招展工作顺利进行,办展机构应做好招展函、参展商手册等招展相关文件的编制。

选择代理商招展时应注意,代理分为显性代理和隐性代理,代理形式又包括独家代理、排他代理、一般代理和承包代理。不管选择哪种代理形式,办展机构都必须严格甄选代理商,加强对代理商的管理,防范各种代理风险,同时,在合作过程中对代理商进行有效的协助与激励。

招商是对专业观众进行邀请和组织的过程,因此,了解专业观众的需求是招商工作的前提条件。同时,建立完备的目标观众数据库也是有效招商的重要保障,这包括收集目标观众信息、建立专业观众数据库、进行数据库营销等工作流程。为确保招商工作的顺利开展,办展机构应特别做好组织保证、招商宣传、机构合作、海外推广、贵宾邀请、展后推广与服务等实施要点。

习题

一、名词解释

招展代理　　　显性代理　　　隐性代理
直邮招展　　　机构合作招展　累进佣金制
参展商手册　　特邀买家计划

二、简述题

1. 什么是自行招展?该招展形式有何特点?
2. 什么是间接招展?该招展形式有何特点?
3. 简述招展函的编制原则。
4. 办展机构如何对代理商进行协助与激励?

5. 办展机构如何与机构合作开展招商工作?
6. 办展机构如何针对专业观众进行展后推广与服务?

三、论述题
1. 招展代理的主要形式有哪些?各有何特点?
2. 招展代理可能会带来哪些风险?怎样规避和降低代理风险?

四、案例分析题

2019 CME 中国机床展的专业观众邀请

2019CME 中国机床展于 2019 年 3 月 1 日在上海虹桥国家会展中心圆满落下帷幕,本届 CME 中国机床展汇聚了来自全球的 1 000 余家参展企业,展览面积突破 9 万平方米,较上届增加了 28%。展会包括金属切削机床、金属成型机床、工量刃具、智能工厂、国际品牌五大展区,到会专业观众逾 8 万人次。

展会获得了参展商与观众的一致好评,正如来自三菱电机的参展商代表所言:"作为第二次参加 CME 中国机床展的企业,我们非常看重专业观众的质和量。对于这点,CME 做得很棒,前期推广力度非常大,不管是线上还是线下的推广邀约在同行业里都是佼佼者,在专业观众组织方面占有很大优势。"

为做好专业观众的组织与邀请工作,主办方在以下方面进行了尝试与创新:

首先,组建了服务于专业买家的呼叫团队,Call Center 拥有 80 万条专业制造业数据,每年通过呼叫中心客服人员的一对一邀请,可以组织采购商达 5 万人。

其次,在现场参观体验上进行创新,全面采用数字化逛展管理模式,推出电子门票快速入场、展商店铺一键获取等数字化信息服务,使观众的现场参观体验得到极大提升,提高了观展效率。

再次,推出丰富多彩的同期活动。主办方在展会期间举办了"第四届智能制造与高端数控机床创新高级研修班""汽车轻量化趋势下的工艺发展论坛""2019 中国智能工厂""工业 4.0 高峰论坛"等多项同期活动,共吸引约 2 万人次参会。与此同时,CME 展会现场还推出购机优惠活动:只要在展会期间采购成交的客户,即可享最高 50 000 元的购机优惠。参观客户不仅能够获取最新科技产品信息,也能获得实实在在的优惠。

最后,加强新媒体宣传力度。除利用传统媒体进行展会的宣传与推广外,主办方还通过百度、360、神马、有道搜索引擎等进行定向精准投放,今日头条、新浪、腾讯等新媒体进行立体投放,在线邀约专业观众。网络方面,通过微信公众号、论坛/贴吧发帖、微博以及其他网络新闻转载发布 CME 展会的相关资讯。

展会开幕前,在机场、火车站发布户外广告,通过电话、直邮、EDM、短信等手段邀请专业观众,不断扩大 CME 中国机床展的影响力。

思考:
1. 简述招商对展会成功举办的重要意义。
2. 结合本案例,谈一谈招商工作应注意哪些实施要点。

第八章
会展宣传与推广

◆ 学 习 目 标

- 了解会展宣传与推广工作的程序;
- 掌握会展宣传与推广的主要手段及其应用;
- 了解会展宣传与推广预算的常见方法;
- 了解会展广告的主要形式和常见媒体;
- 掌握会展新闻发布会的实施要点;
- 能够撰写会展广告文案;
- 能够撰写会展新闻稿;
- 能够撰写会展宣传与推广策划方案。

引　言

当前我国会展市场的供求结构已悄然发生变化,绝大多数会展项目已由卖方市场转向买方市场。面对日渐增多的同类题材会展项目,参展商和观众有了更多的选择机会和更大的选择余地。在激烈的市场竞争格局中,如何突破目标客户的选择壁垒,在同类竞争展会中脱颖而出,对办展机构方而言是一个重大命题。

宣传与推广工作是破解上述命题的有效途径。会展宣传与推广是指办展机构有目的、有计划地开展的一系列旨在促进招展、招商以及树立会展品牌形象的活动。对会展项目进行成功的商业包装和市场推广,可以有效地传播会展品牌形象,提升会展品牌的知名度和美誉度,进而达到提升品牌竞争力和扩大市场份额的目的。有鉴于此,办展机构越来越重视会展项目的宣传与推广工作,并在实践中不断探索与创新。

本章将对会展宣传与推广的工作程序、主要方式及其应用进行深入阐述,特别是对会展广告、会展新闻宣传这两种最为有效的会展宣传推广手段进行详细讲解。希望通过本章的学习,使读者了解会展宣传与推广的基本理论,掌握会展宣传与推广手段的运作要领,能够独立完成会展宣传与推广计划的编制。

 **引导案例**

有效的宣传与推广工作对会展营销是至关重要的。下面以2018年第十八届中国国际冶金工业展览会为例,对展会的宣传与推广工作进行简要介绍。

中国国际冶金工业展览会(以下简称冶金展)由中国钢铁工业协会和中国贸促会冶金行业分会共同主办,系全球冶金行业最具影响力的两大展会之一,是继杜塞尔多夫冶金展览会之后的世界第二大冶金工业展览会。2018年5月16日至19日,第十八届中国国际冶金工业展览会在中国国际展览中心新馆成功落下帷幕,本届冶金展共有来自23个国家和地区的1 068家冶金企业参展,展览面积10.8万平方米,观众超过8万人。展会全面展示了国内外冶金行业的最新产品、生产设备以及国际尖端的生产应用技术和材料,是代表冶金工业最高水平的一场行业盛会。

本届展会的成功举办离不开卓有成效的市场推广与媒体宣传。为推介本次冶金展,主办方利用已有的数据库、客户网络、电子邮件和信息网,印刷并寄发了针对参展商的招展函和针对专业观众的参观邀请函;通过国内外相关协会向其会员单位发布展会信息;向外国驻华商务机构和有关国际组织驻华代表机构寄送展览会宣传资料和《展商名录》;在全球六十多个国家和地区进行展会推广宣传;在国内冶金、机械、化工、建筑等多个行业的主要报纸、专业杂志上刊登广告,并进行展会宣传报道。

在媒体宣传方面,主办方设立了专门的展览会信息窗口,对本届展会进行长期深入的宣传报道;不失时机地举办了多场新闻发布会,及时通报展会进展情况;通过行业内的专业媒体对展会进行阶段性和全方位报道;与专业媒体建立长期合作关系,为展会搭建长期宣传运行体系。在媒体选择方面,主办方与《中国金属导报》《联合钢铁》《Steel Metallurgy》、国际钢管网等国内外200多家媒体开展合作,为展会宣传造势,最终确保了参展商的展出效果。

思考:
1. 会展宣传与推广的目的是什么?
2. 会展宣传与推广的主要方式有哪些?

第一节 会展宣传与推广概述

宣传与推广工作是会展营销的重头戏。随着我国会展经济的快速发展,会展市场的供求关系也在悄然发生变化,绝大多数会展项目已由卖方市场转向买方市场。在会展市场竞争日益激烈、会展项目同质化现象日趋严重的今天,以往认为"酒香不怕巷子深"的传统理念早已被"好酒也得勤吆喝"的理念所取代。办展机构精心策划了一个好的会展项目,如果不进行有效的商业包装和市场推广,也只能"待字闺中",得不到市场认可。因此,会展宣传与推广作为重要的营销策略,不仅应该得到各方的高度关注,而且应在实践中不断创新求变。

一、会展宣传与推广的目的

会展宣传与推广是会展企业为提升会展项目的品牌竞争力、不断扩大市场份额而采取的重要营销手段,其目的主要有三:促进招展,促进招商,树立会展品牌形象。以下分别进行阐述。

(一)促进招展

通俗地讲,招展是办展机构对参展商的一种招揽行为。当前我国会展市场竞争十分激烈,同类题材的展会在一年里的不同时间和地点举办,共同瓜分有限的展览市场。表8-1给出了2018年6月—12月期间国内举办的部分印刷包装类展览会。

表8-1　2018年6月—12月国内举办的部分印刷包装类展览会

序号	展览名称	举办时间	举办地点
1	第四届中国国际包装工业展览会	6月12日—14日	上海
2	第15届东莞国际印刷包装标签技术展览会	6月12日—14日	东莞
3	2018中国(上海)国际涂布技术及设备展览会	6月13日—15日	上海
4	2018中国(北京)国际印刷技术设备展览会	6月28日—30日	北京
5	第24届上海国际加工包装展览会	7月11日—13日	上海
6	2018深圳国际包装制品与材料展览会	8月29日—31日	深圳
7	2018中国武汉国际包装机械及材料展览会	9月6日—8日	武汉
8	2018中国(西安)国际3D打印博览会	9月6日—8日	西安
9	第二届京津冀国际印刷包装工业展览会	9月14日—16日	廊坊
10	2018上海国际包装制品与材料展览会	9月19日—21日	上海
11	2018兰州秋季印刷设备展览会	9月21日—23日	兰州
12	2018第五届宁波印刷包装技术展览会	9月27日—29日	宁波
13	2018重庆国际包装印刷产业博览会	11月16日—18日	重庆
14	第十届国际食品机械设备及包装技术展览会	11月16日—18日	上海
15	2018亚太网印及数字化印刷展览会	11月21日—23日	广州
16	2018北京印刷包装工业展览会	11月21日—23日	北京

(资料来源:中国会展网 www.expo-china.com。)

表8-1仅是2018年下半年国内印刷包装领域举办的部分展会,类似的情况在其他行业同样存在。当前我国会展市场竞争日趋激烈,同类题材的展会越来越多,参展商也随之有了更多的选择机会和更大的选择余地。图8-1是参展商的参展决策过程。在此过程中,参展商收集展会信息、比较选择展会项目阶段都是办展机构开展宣传与推广的大好时机。通过成功的商业包装和市场推广,可以使本展会突破目标参展商的选择壁垒,在众多同类展会中脱颖而出。

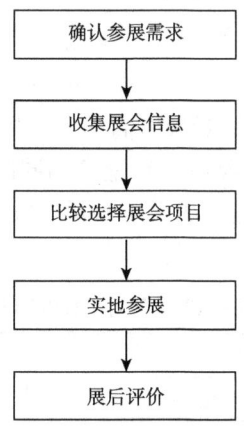

图8-1 参展商的参展决策过程

(二)促进招商

如果说招展是会展组织者对参展商的一种招揽行为,招商则是对观众,特别是专业观众的招揽行为,即邀请观众到会参观。招展与招商关系密切,相辅相成。招展效果好,参展企业尤其是知名企业多、展品新、信息集中,专业观众就到会踊跃;反之,如果招商效果好,观众数量多且质量好,参展商的展出效果就好,企业参展的积极性就高。以往会展营销中曾出现"重招展、轻招商"现象,即办展机构把营销工作的重点放在销售展位上,而忽视对专业观众的组织与招揽。近年来,随着会展营销观念的不断发展,越来越多的会展企业认识到:专业观众是展会发展的生命线,组织高质量的专业观众是展会为参展商提供的最好的服务。

会展组织者要做好招商工作,会展宣传与推广是极为重要的。同参展商一样,专业观众也面临着在为数众多的同类题材展会中做出参观决策的问题,如何在最恰当的时间、地点参观最有效果的展会,他们也需要进行信息收集、评估筛选等工作。会展组织者适时、有效的宣传推广,会加速专业观众的观展决策过程。仍以2018第十八届中国国际冶金工业展览会为例,我们看看会展组织者是如何针对专业观众进行有效的宣传与推广工作的。

 小案例

针对专业观众的会展宣传与推广

一、目标观众锁定

主办方将本届冶金展的目标观众分为以下几大类:

(1)冶金领域的生产单位,包括钢铁冶炼企业、冶金设备制造企业、自动化及检测仪表企业、金属回收企业等。

(2)冶金领域的用户单位,包括国内外市政工程、建筑公司、汽车生产厂家、航空航天、电力水利工程公司、机械制造、铁路等用户单位的领导、采购部经理或相关人员。

(3)冶金领域的贸易单位,主要是从事钢铁产品、设备及相关产品的国内外营销商、贸易商。

(4)冶金领域的教育科研、行业协会、学会、专业机构和媒体。

二、观众组织方法

(1)为保证本届冶金展专业观众组织工作落实到位,主办方成立了展会推广与客户服务部,由专人负责展会的宣传推广、专业观众组织邀请、客户服务等相关工作。

(2)展会前期,先后两次向国内外专业人士、买家直接邮寄展前预览、展讯资料,挖掘潜在观众,收集最新专业观众信息,充实已有的观众信息库。

(3)根据观众来源分类情况,在直接用户中进行详细征询参观意向,并跟踪联系,确保本届展会观众中专业人员比例达到70%以上。

(4)印制30万份门票及请柬,通过各合作协会/学会、各专业媒体、商业信函等渠道最大范围的派发,邀请专业观众到会参观。

(5)召开新闻发布会,在电台、报纸上进行专题报道,发布展会信息。

(6)精心设计展会电子请柬,将展会进展与动态制作成电子快讯,通过网络最大范围地传达给专业观众。

(7)与国内外专业媒体(包括各种专业杂志、报纸、网站等)结为宣传联盟,以展会全程推广、行业论坛、学术会议等形式重点推介本展会。

(8)选择部分国内极具影响力的大众媒体发布展会广告,有选择性地推出一些户外广告,增强展会的社会影响力。

(9) 通过与相关行业(主要针对用户群较多的几个重点行业)权威协会/学会合作,于展会同期举办行业年会、权威学术会议等活动,吸引该行业专业观众参与活动的同时参观展会。

(10) 通过参展商的业务渠道,邀请专业买家到会参观;在宣传与服务上支持并鼓励参展商举办各种类型的技术交流会、新品发布会等相关活动。

(11) 通过电话、电子邮件邀请及重点客户登门拜访等形式邀请专业观众到会参观,并为专业买家提供各种便利,设法增强其参观展会的积极性。

(三) 树立会展品牌形象

会展宣传与推广的目的之一是提升会展项目的知名度。以前人们常说"酒香不怕巷子深",然而,在会展市场竞争日益激烈的今天,我们说"酒香也怕巷子深"。一个会展项目再好,如果不进行有效的宣传与推广,最终很可能无人知晓、无人问津。因此,会展组织者在提供优质的会展产品与服务的同时,还应主动出击,通过周密的宣传与推广策划,利用广告、新闻宣传、公关事件等一系列有效的宣传推广手段,将会展信息传递给目标客户,在较短时间内提高会展项目的知名度。

如果说知名度是品牌的社会知晓程度,是品牌形象的基础,那么,美誉度则是品牌获得公众好评的程度,是品牌目标的核心指标。美誉度在参展商决策过程中具有强大的心理牵引力。因此,会展组织者实施宣传与推广不能仅停留在打造知名度上,还应在塑造美誉度上有所建树,在积极有效地推进会展宣传与推广工作的同时,塑造会展品牌形象,提升会展品牌的美誉度。知名度和美誉度好似一对孪生兄弟,会展组织者在经营品牌的过程中必须统筹兼顾,齐头并进,在打造会展品牌知名度的同时,不断提升会展品牌的内涵与形象,进而提升会展品牌的美誉度。

二、会展宣传与推广工作的程序

会展宣传与推广工作大体分为以下四个阶段,即前期调研阶段、计划制订阶段、计划执行阶段和效果评估阶段(如图 8-2 所示)。

(一) 前期调研阶段

前期调研是会展宣传与推广工作的龙头环节。会展组织者通过案头调查、问卷调查、访问面谈、展会现场观察等调查方法与手段,收集与会展宣传和推广有关的各种市场情报并进行系统分析,具体包括对会展项目、市场环境、参展商、专业观众以及竞争展会的调研与分析,旨在为会展组织者制订宣传与推广工作计划提供重要的事实依据。

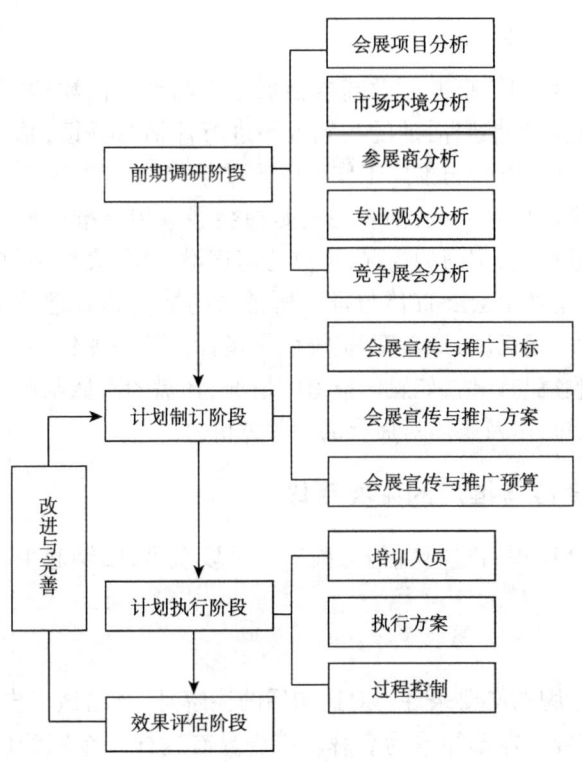

图8-2 会展宣传与推广工作的程序

(二)计划制订阶段

会展组织者在深入调研和系统分析的基础上,制订会展宣传与推广工作计划。包括确定具体的宣传与推广目标、制订切实可行的宣传与推广方案、对方案进行科学的经费预算。在制订会展宣传与推广计划时,一方面要注意时间安排的合理性,另一方面要密切配合展会筹备及招展、招商工作的展开,做到精心安排。此外,还要尽可能预见到在计划执行过程中可能出现的风险,并做好应急预案。

(三)计划执行阶段

再好的计划,如果没有得到有效的实施,也只能成为一纸空文。计划执行阶段是将宣传与推广计划落到实处的阶段,此阶段的工作内容包括:培训相关人员,具体实施前期制订的宣传与推广计划,对实施过程中可能出现的问题如进度安排、预算使用等进行监控。

(四)效果评估阶段

前三阶段工作的结束并不意味着会展宣传与推广活动的完结。会展组织者还应对本次宣传与推广活动的实施效果进行评估与反馈,总结经验,吸取教训,以便下届展会的宣传与推广工作得以改进与完善。效果评估分为销售效果评估和传播效果评估两大类:前者主要是指会展宣传与推广的经济效果,包括宣传与推广促进招展、招商的情况,展位的销售增长率、会展项目的市场占有率等指标;后者是指经由会展宣传与推广所带来的社会和心理效果,如公众对会展品牌的认知度、记忆度、知名度、美誉度等指标。效果评估还应包括对新闻媒体的报道进行收集与评估,如媒体报道的情况、刊播的次数与频率、新闻报道版面大小、时间长短,以及媒体对展会的相关评价等。

三、会展宣传与推广的主要手段

主办方对会展项目进行宣传与推广的手段众多,归纳起来,主要分为以下五大类。

(一)广告

广告是创名牌的必要条件。对这句话的注解是,产品做广告不一定能成为名牌,但不做广告一定不能成为名牌。广告界有这样一个粗浅的公式:名牌 = 质量 + 广告,虽然该公式过于简单且不全面,但其强调的广告在创建品牌中的重要作用是非常准确的,以至于有人笑言:"企业不做广告,就好像小伙子在黑暗中向情人暗送秋波,你知道自己在做什么,而她不知道。"

广告在会展宣传与推广中发挥着极为重要的作用。会展主办方通过媒体向目标受众传达会展信息,旨在塑造会展品牌形象,进而促进招展、招商,以及培养目标客户对本展会的长期忠诚。

(二)新闻宣传

由于会展活动具有"事件性"的特点,本身就易于吸引众多的新闻媒体对其进行采访和报道,这对会展主办方而言无疑是做了免费的宣传。更重要的是,与广告的"自卖自夸"、推销味儿较浓相比,新闻宣传的商业动机非常隐蔽。以新闻报道的形式,站在相对客观的角度宣传会展活动,信息的可信度较高,公众对信息的排斥度较低。此外,新闻宣传还具有成本低(甚至是免费的)、时效性强、宣传效果显著等特点。主办方善于利用新闻效应,适时进行新闻发布,对塑造会展品牌形象、提升会展品牌的知名度和美誉度是非常有益的。

鉴于广告和新闻宣传在会展宣传与推广工作中的重要作用,本章将另辟出第二节、第三节做专题阐述,此处略过。

（三）机构推广

机构推广是指会展组织者与相关机构合作，共同推广会展项目。常见的合作机构包括：

（1）行业协会或商会。他们在本行业内具有重要的影响和强大的号召力，且拥有大量的会员单位，可委托他们代为发放展会宣传资料、代为组织观众、代为在会员中宣传本展会等。

（2）专业媒体。他们在行业内有一定的影响力，拥有一定的客户资源，不仅可以充当会展宣传与推广的喉舌，而且可以直接招展。

（3）政府主管部门。尤其是主管会展题材所在行业的政府部门，与他们合作不仅有利于招展，而且可以获得很多其他便利。

（4）国内外其他展会的主办者。他们与本展会不构成直接竞争关系，可以相互合作，在各自的展会上推广对方的展会。

（5）国际组织。如我国驻外使领馆，与他们合作有利于对境外客户的招展与招商。

会展组织者通过与上述机构合作，利用合作机构的资源进行招展和招商。其中，特别需要处理好与会展题材所在行业的政府主管部门和行业协会的关系，并最好与全国或海外在该领域有较大影响力的机构合作，建立招展组团代理关系，同时要与该领域内的各大专业媒体搞好关系。上述关系不仅有利于招展与招商，而且对提高展会的行业影响力以及形成展会的品牌效应都是至关重要的。

例如，2018年第十七届中国国际玩具展览会在机构推广方面，就充分利用了主办单位中国玩具和婴童用品协会在行业内的影响力进行招展；利用该协会庞大的数据库以及广泛的全国站点网络，吸引专业买家到场参观；利用该协会与国外专业机构建立的广泛深入的合作关系，向海外客户推广；在我国香港、科隆、纽伦堡、莫斯科等国际性专业展会上设立展台，在展会现场向到会参展商和采购商推广本届玩具展。

（四）直复营销

会展组织者利用人员上门拜访、直邮、电话销售、网络销售等方式进行招展、招商。直复营销也是十分常见的会展宣传与推广手段之一，它的最大特点是具有高目标受众选择性。此外，由于是"零级营销渠道"，可以节省大量的中间流通费用，而且与终端客户的零距离沟通，可以使会展组织者更好地了解目标客户的需求与特点，并为其提供更具体、更个性化的服务。

（五）公共关系

公共关系是指会展组织者为维护或改善与公众的关系，树立良好的企业形象或会展品牌形象,进而促进招展、招商所付出的努力以及为此进行的一系列活动。公共关系具有促销动机隐蔽、促销成本低、可信度高并能消除公众防卫心理等特点,因此是一种性价比很高的会展宣传与推广手段。

关于直复营销和公共关系,具体内容详见本书第十章第二节的有关介绍。

四、会展宣传与推广预算

俗话说:"兵马未到,粮草先行。"会展宣传与推广需要必要的经费支持。对所需经费开支进行周密的预算,可以使办展机构对用于会展宣传与推广的花费一目了然,同时在实施宣传推广活动时能有计划地支配和使用经费,减少浪费,提高会展宣传与推广效率。

(一)会展宣传与推广预算的内容

一般来讲,会展宣传与推广的费用包括以下几项:

(1)广告宣传费。主办方为了宣传推介会展项目,需要设计、制作各种形式的会展广告,包括纯商业广告和软文,同时需租用各类广告媒体,为此发生的广告设计、制作费与媒体租用费等费用。

(2)会展资料印刷费和邮寄费。主办方为有效地实施招展和招商活动,需要设计和制作一系列会展资料如招展函、参展手册、观众邀请函、会刊等,并将上述资料直邮至目标参展商和专业买家,为此发生的资料设计、印刷费与邮寄费。

(3)公关活动费。为吸引公众的注意、提升会展项目的知名度和美誉度,会展主办方通常会策划和实施一系列公关活动,如新闻发布会、开幕式等,由此而产生的费用如会议场地租用费、设备租赁费、特邀嘉宾的出场费、同声传译费等。

(4)行政办公费。为宣传与推广会展项目而支出的行政办公费,包括相关人员的工资、差旅费、办公费等,尽管这部分开支在总体的宣传推广费用中所占比例不大,但也必须计算在内。

(二)制订会展宣传与推广预算的常见方法

1. 收入百分比法

收入百分比法即以上届展会收入的一定比例来确定本届展会的宣传与推广经费。这个比例一般为10%~20%。例如,某会展项目上一届的总收入为200万元,本届拟拿出总收入的15%进行宣传与推广,则本次的宣传推广预算为:

$$200 \text{万元} \times 15\% = 30 \text{万元}$$

收入百分比法的最大优点是操作简单方便,用上届展会总收入乘以一定比例就可以预算出本届展会的宣传与推广经费。但该方法也存在较大的缺陷,即以不变应万变,不能灵活地适应市场变化。比如,上届展会获得了较大成功,积累了社会知名度和目标客户群,本届展会招展和招商情况良好,按理应适当减少在宣传推广方面的投入,而按此法,预算不减反增。

2. 任意支出法和支出可能法

这是目前国内会展项目进行宣传推广预算时普遍采用的方法。任意支出法是依据主办方相关决策人员自身的知识、经验,再加上对市场的主观判断而制订出会展宣传推广预算;支出可能法则是基于主办方的财务承受能力而制订会展宣传推广预算,这是一种量入为出的预算方法,即看企业能出得起多少钱,而不是看需要多少钱。

上述两种预算方法共同的优点是简单实用,能灵活适应市场变化,量入为出;缺点是均缺乏科学性,凭主观经验或直觉,易导致宣传与推广预算不足或者浪费。

3. 目标达成法

该方法首先确定展会的宣传推广目标,然后确定为达成上述目标需要采取的宣传推广组合计划,最后进行充分的经费预算。具体步骤见图8-3。

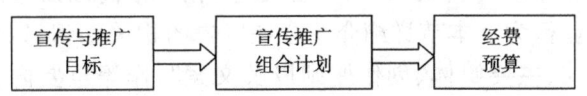

图8-3 目标达成法的实施步骤

目标达成法与前几种预算方法的不同之处在于:它建立在周密的宣传与推广组合计划的基础上,是先制订计划而后预算经费,因此该方法较为科学,能适应市场变化而灵活地制订会展宣传推广预算。但该方法在实践操作中难度较大,因为该方法是以宣传推广目标为前提,而众所周知的事实是目标难以量化,即很难准确地推算出与具体目标对应的宣传与推广活动规模。另外,以此法制订预算时经常忽略了企业的财务承受能力,没有做到量入为出。因此,在应用这种方法时,仍应参考收入百分比法,使预算切实可行。

以上是会展主办方在制订宣传推广预算时较常用的方法。需要强调的是,上述方法都有各自的优点与局限,因此,在制订会展宣传推广预算时最好将几种方法结合起来,以达到最为科学合理的效果。

(三)会展宣传与推广预算书

会展主办方在确定了经费总额后,一般还需编制详细的会展宣传推广预算书。该预算书多采用图表形式,将会展宣传推广组合计划的主要内容、开支范围、经费分配等详尽地表示出来。一般横栏为项目、开支内容、费用和执行时间,竖栏为项目的明细分类,如广告宣传费、新闻宣传费、会展资料印刷费和邮寄费、公关费、行政办公费等。预算书后一般还要附加一段说明文字,对预算书的内容进行解释。

会展宣传推广预算书的格式和内容无须千篇一律,可视具体的业务项目而定。但有一点必须强调,即预算书编制得越详细,宣传与推广计划的可执行性就越强。主办方对用于会展宣传与推广活动的每笔开销一目了然,在实施计划时才能科学地支配和使用经费,提高会展宣传与推广效率。

第二节 会展广告

美国市场营销协会(AMA)对广告所下的定义为:"广告是由明确的广告主在付费的基础上,采用非人际传播的形式,对观念、商品或劳务进行介绍、宣传的活动。"[①]这一定义揭示了广告活动具有如下特点:①大众传播;②非人际传播;③以促销盈利为目的;④需要借助媒体进行传播;⑤必须付费。

广告是会展宣传与推广的重要手段之一。会展广告是指主办方通过大众媒体或专业媒体宣传会展项目,旨在促进招展、招商以及会展品牌形象传播的付费的商业行为。本节详细介绍会展广告的相关知识,以使读者对会展广告的主要形式、主要媒体、创作原则以及文案写作等重要内容有所理解和掌握。

一、会展广告的主要形式

会展广告的主要形式包括纯商业广告和软文两种。

纯商业广告与我们通常所见的消费品广告无异,广告中着重强调会展项目的特征和优势,突出会展品牌形象,力求使受众对会展项目产生好感并留下深刻印象,引导其做出参展或参观决策。纯商业广告"推销味"很浓,人们总会认为主办方在"王婆卖瓜,自卖自夸"或者"自吹自擂",受众对这类广告的信任度普遍较低。因此,会展主办方更青睐另一种广告形式——软文。

软文是指在大众媒体、专业报刊、网站等刊登的各种对会展项目的评论、报道、特写和消息以及相关图片。作为一种隐性广告,软文较纯商业广告可信度更高,也更易被受众所接受。

---

① 倪宁:《广告学教程》,中国人民大学出版社,2004年版,第3页。

 小案例

北京烘焙展让观众"津津有味"

2018年4月19日—21日,以"幸福烘焙、活力北京"为主题的第15届中国国际烘焙展览会(以下简称CBBE)在中国国际展览中心老馆举办。展会期间还同期举办了烘焙大师创意大赛、国际甜品装饰大赛、中国月饼精英技能大赛、烘焙高峰论坛、中国烘焙管理营销技术大讲堂等十多场丰富多彩的活动,向国内外观众展示了中国烘焙行业的最新发展水平和未来发展潜力。

中国国际烘焙展创办于2003年,历经十余年的发展,该展会以其规模大、专业性强、国际化程度高而享誉世界焙烤行业,并已成为一年一度的行业盛会。CBBE 2018更以丰富多彩的同期活动、超高人气和成交量以及良好的服务赢得了业界的信赖与支持。

展会现场,来自国内外烘焙企业展示的新技术、新产品、新工艺、新材料及优质食品原辅料、器具设备吸引了观众的目光。一位刘姓女士告诉记者,她和家人对烘焙颇感兴趣,"听说国展有烘焙展,还有烘焙厨师现场传授技艺,就过来看看,找点新发现"。

丰富多彩的活动组织形式和大量优质的专业观众使参展商在展会期间获得更加多元的信息。汕头市富昇食品有限公司区域经理陈春荣表示,巨大的参观客流使其获得了更多的合作机会。

据悉,作为大型的专业性展会,CBBE已成功举办了14届。本届展会规模又有了新突破,共有40多个国家和地区的6 300家企业参加。本届展会规模有了新突破,展出面积达4万平方米,观众超过8万人次。

以上案例即为典型的软文,其特点是新闻气息比较浓郁,推销动机比较隐蔽。通过在媒体刊登对会展活动的报道,同时配以图片和评论,增强会展宣传与推广的可信度,与单纯的"硬"广告相比,受众对其的抵触和反感度相对要低。

二、会展广告的常见媒体及其特点分析

媒体是负载广告信息的物质载体,是向公众传播广告信息的中介物。对会展广告而言,最大的开销就是付给媒体的购买或租用费,如果媒体策略失误,就意味着主办方的大部分广告宣传费付诸东流,正所谓"成也媒体,败也媒体"。

(一)会展广告媒体形式

会展广告的常用媒体可分为两大类,即专业媒体和大众媒体。

1. 专业媒体

专业媒体是指会展题材所在行业的专业报纸、杂志、展览专业杂志、展会目录、展会会刊、行业网站等,这些媒体直接面对展会的目标参展商和专业观众,因此是会展宣传与推广的首选媒体。表8-2给出了专业媒体的特点分析,仅供参考。

表8-2 专业媒体的特点分析

	优 点	缺 点
专业媒体	直接接触目标参展商和专业观众; 媒体费用相对便宜; 信息容量大,便于对展会进行深度报道和宣传; 媒体寿命较长,重读率较高	专业杂志的时效性较差; 主要针对专业观众招商,对普通观众吸引力差

2. 大众媒体

大众媒体是指各种报纸、杂志、广播、电视、互联网、户外、交通等媒体,既面对目标参展商和专业观众,也面对普通观众,对提升会展项目的知名度、传播会展品牌形象、吸引普通观众有重要作用,但在招展以及吸引专业观众方面不如专业媒体,因此,大众媒体只是会展宣传与推广的补充形式,此类广告多在每届展会即将开幕时发布。

(二)主要广告媒体及特点分析

会展主办方发布广告可选用的媒体形式非常多,一般包括报纸、杂志、广播、电视、户外、网络等。以下对会展广告的主要媒体及其传播特点进行分析。

1. 报纸

报纸被称为现代广告四大媒体之一(另三大媒体分别为杂志、广播和电视,近年来随着互联网的普及,网络被追加为"第五大媒体")。长期以来,报纸一直占据着广告媒体的首席地位。近20年来,电视媒体日趋成熟,网络媒体异军突起,对报纸的地位构成了强有力的挑战,但报纸仍以其特有的传播优势发挥作用。报纸一般可分为党报(机关报)类、专业类、晚报类、娱乐资讯类等几大类。不管哪一大类,其传播特点都具有一些共性特征,详见表8-3。

表8-3 报纸媒体的传播特点

	传播优势	传播局限
报纸媒体	传播范围较广; 传播速度快,时效性较强; 信息的可信度较高; 既适合发布情感诉求型广告,又适合发布说明型广告; 广告信息便于存查	广告的有效时间较杂志、户外等媒体短; 报纸广告的注目率不高; 复制质量较差

会展广告选择的报纸媒体分为两类:一类是会展题材所在行业的专业性报纸,作为招展和吸引专业观众的主导媒体,这类报纸在专业领域具有较强的影响力,对在行业内树立会展品牌形象大有帮助;另一类则具有广泛的传播力和影响力,如《人民日报》《光明日报》《经济日报》等,这类报纸媒体既对专业客户(参展商和采购商)发挥作用,同时又面向大众,更重要的是,在此类报纸上进行广告宣传可以彰显会展项目的实力,提升会展品牌的知名度,进而打造品牌会展。

2. 杂志

不可否认的是,杂志媒体的竞争力在四大媒体中是最弱的,特别是随着网络广告市场的高速增长以及其他新兴媒体的出现,杂志面临着更严峻的竞争挑战。杂志媒体具有针对性极强、广告有效时间长、印制精美等传播优势,同时又具有时效性较差、影响范围有限、读者层面较狭窄等传播局限。

尽管杂志在通常的广告传播中总是扮演配角,并作为辅助媒体存在,但鉴于会展客户群体具有专业性强的特征,杂志在会展广告中常能扮演主角。会展广告选择的杂志媒体包括两类:一类是会展题材所在行业的专业杂志,一类是如《中国会展》《中外会展》等会展类专业杂志。

3. 广播

近几年,广播媒体以其传播速度快、覆盖面广、成本低、移动性强等优势,始终保持着稳步发展态势。广播媒体的传播优势主要表现为:一是传播速度快,时效性强;二是传播范围广,且受众接收信息无时空限制;三是制作简单,播出费用低廉。

当然,广播媒体也有传播局限,其最大的问题是作为听觉媒体,广告信息的形象冲击力差,对要突出表现产品外观、色泽、使用情境等内容的广告,其效果会大打折扣。但这种情况在会展广告中并不存在,因为会展产品本身就具有无形与抽象的特点,较少需要通过广告媒体形成视觉冲击力,因此,广播是发布会展广告不错的媒体选择,特别是展会开幕前期,利用比较密集的广播广告为展会宣传造势,效果很好。

需要特别注意的是,广播是典型的背景媒体,即人们在收听广播时还经常做着别的事情,这就造成受众接收广告信息时注意力往往不集中。为此,发布会展广告时应注意加强播出频率,"强迫"受众记住广告内容,同时注意发布内容简单明了的广告信息,便于受众的理解和记忆。

4. 电视

电视作为现代广告四大媒体中当之无愧的"第一媒体",以其覆盖面广、渗透力强、形象生动等核心优势,在营销传播平台的领先地位尚无法被撼动。

电视媒体的传播优势是:形象生动,视听兼备;覆盖范围广,受众总量大;情感冲击型媒体,具有很强的感染力;时效性强,传播速度快。但电视媒体也并非十全十美,其最大的问题是广告制作费和媒体租用费均很昂贵,不适宜中小企业采用。

对会展广告而言,电视媒体对传播会展品牌形象有一定的帮助,但在招展以及吸引专业观众方面并不如专业的杂志或报纸媒体。因此,在很多广告活动中充当主角的电视媒体在会展广告中只是宣传与推广的一种补充形式,电视广告多在每届展会即将开幕时发布。

5. 网络

互联网作为20世纪90年代以后诞生的新型媒体,具有传统媒体所不能比拟的传播优势,已成为当今最具价值的传播媒体之一。据中国互联网络信息中心(CNNIC)发布的《第43次中国互联网络发展状况统计报告》,截至2018年12月,我国互联网用户数达到8.29亿,互联网普及率为59.6%,其中手机网民规模达8.17亿,网民通过手机接入互联网的比例高达98.6%。在当前电视观众规模已经没有增量甚至出现下降的形势下,互联网用户规模不断增长,且人均上网时间持续增加,特别在移动互联网使用方面更为突出,网络超越报纸、广播、杂志等传统媒体早已是不争的事实,甚至取代电视成为"第一媒体"也是指日可待。

网络媒体具有传播范围广、信息容量大、与受众的交互性强、广告投放效率高、媒体费低廉等传播优势,但同时也不可避免地存在传播方面的不足与局限,主要表现在:①在媒体的普及率和大众化方面较电视、广播等传统媒体还有距离;②与传统媒体几乎没有接收障碍相比,网络要受到一些技术条件的限制,如技术和传输速率对网络广告表现形式的限制;③现行法律对网络广告的监管比较薄弱,虚假甚至欺诈性的网络广告泛滥,受众对网络广告的信任度较低。

网络是主办方发布会展广告的主选媒体。当前会展网络广告主要有两种形式：一是在专业网站或知名门户网站上发布纯商业广告，二是主办方自建网站宣传推广展会。目前很多展会都建有自己的官方网站，主办方既可以在自己的官网上发布广告，又可以将官网开发成交互式的电子商务平台，便于参展商和观众直接在网站上办理各种业务。

6. 户外

户外也是会展广告经常选择的媒体形式。它的突出特点，一是主旨鲜明、形象突出、引人注意，二是广告持续时间较电视、广播、日报等快速媒体要长，适合于对品牌形象的长程传播，三是媒体费用相对较低。会展户外广告能够营造一种比较热烈的氛围，结合其他广告形式共同对展会进行宣传造势，常能取得不错的传播效果。

会展户外广告的形式多样，比较常见的如宣传海报、广告牌、广告条幅等。因受空间和地点的限制，户外广告所传递的信息无法传送到更远的地方，因此，设计会展户外广告时必须做到主题突出、文字简洁、画面新颖明快。

以上对会展广告最为常见的六类媒体进行了系统分析。事实上，十全十美的广告媒体是不存在的，每一媒体既有其传播上的优势，也有其传播局限。为此，会展主办方在实施媒体策略时，应利用媒体组合的整体优势，把各具特色的广告媒体组合起来，扬长避短，优势互补，使会展广告的整体宣传效果达到最佳。

三、会展广告创作原则

目前我国会展广告在创作方面千篇一律，广告信息无非是介绍会展的举办时间、地点、主承办单位、活动议程等，广告内容比较单一和程式化。这种情况或许与会展业的产业特色有关：一方面，会展活动专业性较强，无论是参展商还是采购商，都是专业人士；另一方面，会展广告的目标受众均属于机构客户，他们的购买决策过程是极度理性的。以上特点决定了会展广告的性质，即全面告知型和理性诉求型，也就是说，会展广告必须全面、客观地传达会展信息，广告内容必须真实准确，广告表现手法不能花哨、新奇。

但是也应看到，近年来媒体广告发展呈现井喷态势，受众每天接触海量的广告信息，广告主面临的最大挑战就是如何让自己的广告从浩瀚的广告海洋里突破重围，脱颖而出。会展广告亦不例外。对会展广告而言，如果创作上毫无章法、内容上空洞乏味、表现形式上过于单调，是不可能吸引目标客户的注意，打动他并促使其采取实际行动的，这对支付了大笔广告费的主办方而言无疑是巨大的浪费。会展广告的创作也是有章可循的，以下结合会展活动的特点，提出会展广告创作的基本原则。

（一）突出重点

会展广告必须有明确的主题，切忌头绪太多，杂乱无章。如果不分主次，把会展信息全部拼摆上去，不仅难以突出主题，反而因头绪繁杂而使目标受众抓不住重点，进而影响到广告效果。当然，如果确有必要从多个角度介绍会展项目，可以采取分列体结构，用并列小标题的形式分段叙述，将广告内容化繁为简，条理清晰，脉络清楚。

（二）突出特色

美国广告界泰斗大卫·奥格威曾说："相互竞争的不同品牌越来越相似了。面对同类产品不同品牌之间质量差距极其微小的事实，许多创意人的结论是，向受众讲众多品牌的共有之处是毫无意义的，于是他们专注于挖掘那些微不足道的与众不同之处。"

当前我国会展市场同质化现象比较严重，同类题材的展会差异性很小，如果会展广告再千篇一律、千人一面，则目标客户很容易迷失在众多展会中。因此，主办方在会展广告中必须着力诉求自己的项目有异于同类竞争展会的差异性和优越性，进而形成独特、鲜明的会展品牌形象。差异性和优越性可以体现在很多方面，如会展主题、相关活动、主办方、会展品牌、会展服务等，如果会展项目在某一方面具有了特色，就应在广告宣传中重点诉求，为目标客户选择本展会提供独特而有说服力的理由，进而引导他进行指向性购买。

（三）简明易懂

在信息爆炸的当代社会，受众被淹没在信息的海洋中，只有那些简单明了、切中主题的广告才能令人过目不忘，印象深刻。因此，会展广告应做到主题突出，信息凝练，诉求重点集中，表现手法单纯。会展广告在创作方面要简明扼要，不说废话。尽管广告文稿的篇幅视具体情况可长可短，但可有可无的文字应一概避免。广告文案写作原则上以足以传达广告的主要信息为限，长而不拖沓，短而不晦涩。在广告语言上应力求口语化，简洁易懂，与目标受众进行轻松沟通。

（四）有号召力

会展广告的目的是通过对目标客户进行全面告知和理性诉求，刺激其产生参展或参观的需求，引导其产生参展或参观的欲望，进而付诸实际行动。为达成上述目的，会展广告在创作方面必须做到有号召力和令人信服。应特别注意以下三点：

（1）明确无误地向目标客户展示会展项目的特色和利益点，为其提供购买理由；

(2)较多地运用论证方式,从第三方的角度客观地证明该项目的品质和优势;

(3)在广告中切忌自我吹嘘和空洞无物,与其堆积漂亮华丽的辞藻,不如加入专家评价、会展客户的意见反馈、权威机构证言、政府统计数据或调查结果等实证内容,使广告内容的可信度更高。

需要特别指出的是,为达成号召力而进行的所有宣传都必须实事求是,凡广告中涉及的数据、引用语、获奖情况、调查结果等,必须有据可查。会展广告应遵循真实性原则,我国《广告法》对广告内容的真实性也有十分明确的规定。办展机构作为广告行为的主体,负有最大限度的诚信义务,并对广告内容的真实性和合法性承担相应的法律责任。

四、会展广告文案

广告文案是指广告作品中的语言、文字部分。在平面广告中,文案是指广告作品的文字部分;在广播电视广告中,文案是指人物的有声语言、旁白和字幕。文案是广告作品的重要构成要素之一,美国著名广告人 H. 史戴平斯甚至直截了当地指出:"文稿是广告的核心。"具体到会展广告,其在文案撰写方面有以下需要特别注意的内容。

(一)会展广告文案的结构

会展广告文案一般由广告标题、广告正文、广告口号、广告附文构成。

广告标题是广告的题目,概括了广告的中心思想,即使不读广告正文的人,也可以通过阅读标题获悉广告的基本信息。如"第十届国际发明展览会 13 日在佛山开幕",标题凝练了展会举办的时间、地点、主题等关键信息。俗话说:"看书看皮,读报读题",在全篇广告中,标题字体最大,位置最醒目,是一则广告最重要的部分。相关研究显示,广告文案效果的 80% 取决于标题的力量。

广告正文是文案的中心部分,承担着向目标参展商和观众推介会展项目以及答疑解惑的功能。鉴于会展活动具有较强的专业性背景,会展广告文案多以理性诉求为主,在正文中客观、实事求是地介绍会展项目的特色与优势,洞悉受众的心理需求,了解市场态势,以简明扼要、重点突出的方式宣传推介展会。由于所选择媒体类型不同,会展广告文案的长短有所差异,如在专业报纸、杂志、网站上刊发的广告一般为长文案,而在电台、电视台、户外广告牌等刊发的广告,由于受时间和空间限制,广告文案多短小精悍。无论广告文案长短,总体要求是:"短而不陋,絮而不芜"。

广告口号也称作广告标语,是主办方创作的旨在推广本会展项目,强化公众对会展品牌的深刻印象,而在较长时期内反复使用的特定的宣传语。例如,

2010年上海世博会的广告口号为"城市,让生活更美好"(Better City Better Life)。广告口号创作的总体要求是简短、明确、富有独创性和易于记忆。在会展广告文案中,广告口号不是必须的部分,换言之,有则锦上添花,没有也并不影响广告的整体性。

广告附文是广告文案的附属部分,一般是为了便利客户付诸购买行动而做的服务方面的种种说明,如参展方式、报价、主办方的联系网址与电话等。附文一般出现在正文之后,或者与正文分开编排。附文虽然不是广告文案的主体,但若内容有误或不周全,会直接影响广告的宣传效果,因此也应认真对待,条理清楚。

知识链接

文案吸引阅读的方法

- 在大标题与正文之间,加上副标题,可以激发读者"一山望过又一山"的好奇心;
- 文案的段落越短越好,段落太长,读者容易疲劳而无意继续阅读下文;
- 多用小标题,小标题可诱导读者向前走;
- 明体较黑体容易阅读;
- 关键句最好用特殊字体;
- 使用导引符号可促使读者继续阅读,例如箭标、星标等;
- 在生理上,黑底白字不适阅读,应尽量避免;
- 标题字体应大小一致;
- 高级趣味的文案,是吸引读者的魅力所在;
- 活用赠券,广告里的赠券应放在整个篇幅最上端的中央,这样做在编排上虽不美观,但效果比放在下端要高出80%。

(资料来源:《广告制作》,作者:樊志育。)

(二)会展广告正文的写作形式

鉴于会展广告多为理性诉求型广告,广告正文的写作形式主要分为直诉型、新闻型和分列体三种,以下分别介绍。

1. 直诉型

直诉型会展广告客观地分析市场状况,洞悉目标受众的需求特点,直截了当地介绍会展项目的特色与优势,吸引参展商或观众参与本展会。这种文案形

式的特点是客观、冷静、有条不紊。

2. 新闻型

这是会展广告文案中十分常见的写作形式。以新闻报道的形式撰写广告文案,使会展广告具有"软文"的特点。新闻型广告借助新闻报道的形式增强广告的权威性和可信性,较易取得目标受众对广告内容的信任。

新闻型广告的写作有两个基点:其一,必须以广告信息本身所具有的时效性和新闻价值为基础。其二,写作的表现方式、文体结构、用词都必须是新闻式的,这样才能有新闻般的效果。

3. 分列体

如前文所述,刊载于平面媒体的会展广告多为长文案,如不采用区隔或分列等形式而将所有文字铺陈在一起,就会显得形式单调,易使阅读者产生厌烦,进而丧失阅读兴趣。为此,采用分列体形式,把广告内容分为若干项并予以分门别类的叙述,其特点是条理清晰,使阅读者一目了然。分列体正文一般有以下形式:①一些并列的句子;②格式形式的分列表现;③由并列的小标题统领多个小正文。

会展广告正文采用分列体结构的优点在于:

(1)并列的小标题便于阅读者从一个问题自然地转向另一个问题;

(2)分列体结构将广告正文化繁为简,重点突出,使长文案体现出短文案的阅读效果;

(3)分列体结构以特殊的段落承接方法,如内容的顺应转折、字体的变化、运用鲜明而特别的行文标记等,提醒或刺激读者阅读。

第三节　会展新闻宣传

新闻宣传是指利用会展活动本身所具有的"事件性"特点,广泛吸引媒体报道,借助新闻效应提升会展品牌的知名度,打造会展品牌形象。与纯商业广告相比,新闻宣传的可信度更高,成本更低,因此综合效益更好。

一、会展新闻宣传的主要形式

会展活动是为交流信息和达成贸易服务的,自身具有很强的社会功能性,再加之它具有集聚性以及参与人员广泛性的特点,很容易附加产生"事件性",因此能吸引众多的新闻媒体对其进行报道。善于利用新闻效应,适时进行新闻发布,对提升会展品牌的知名度和美誉度是非常有益的。

会展新闻宣传主要包括召开新闻发布会、编发系列新闻稿、邀请媒体记者进行现场采访报道三种形式。

(一)召开新闻发布会

新闻发布会是会展新闻宣传最常见的形式之一。主办方通过召开新闻发布会,将会展活动的动态信息及时传达出去,把会展活动的亮点与看点发布出去,进而引起公众的广泛关注,对宣传和推广会展项目起到积极的促进作用。

(二)编发系列新闻稿

新闻有广义和狭义之分。广义的新闻包括消息、通讯、报告文学、特写、评论等不同体裁;狭义的新闻特指消息。消息是用概括的叙述方式、简明扼要的文字,迅速及时地报道国内外新近发生的、有价值的、公众关注的事件。会展新闻属于狭义的新闻,即消息,编发会展新闻稿就是撰写消息。

会展新闻稿包括综合新闻稿、专题新闻稿、新产品新闻稿、新展出者新闻稿、活动新闻稿等。不管是哪类新闻稿,均是从媒体的视角,站在比较客观的角度对会展活动进行宣传报道。与推销动机明显的会展广告相比,公众对其的信任度较高,反感度较低。

(三)邀请媒体记者进行现场采访报道

现场采访是指主持人或记者通过话筒或镜头在展会现场进行的同期声播出的口头采访,通过交谈的方式,反映客观事实,同时表明媒体自身的感想和见解。主持人或记者需要在短时间内采访到实质内容,挖掘出货真价实的新闻。现场采访报道以其信息传播速度快、现场感强的优势,更易令公众信服,宣传效果显著,因此成为会展新闻宣传的常用方式之一。

二、会展新闻发布会的实施要点

新闻发布会是一个社会组织直接向新闻界发布有关组织信息、解释组织重大事件而举办的活动。① 主办方通过召开新闻发布会,使会展项目得到媒体的广泛关注,再利用媒体的传播把该项目的特色与亮点传达给公众。会展新闻发布会具有如下特点:

(1)正规隆重。新闻发布会形式正规,档次较高,地点精心安排,场地精心布置;

(2)沟通活跃,由新闻发布和回答媒体提问两部分组成,发布者与媒体双向互动;

(3)集中发布(包括时间集中、人员集中、媒体集中),新闻传播面广,扩散速度快。

---

① 摘自百度词条(www.baidu.com)。

会展新闻发布会需事先制订组织工作方案。该方案一般包括举办时间、地点、邀请出席人员、发布新闻内容、会议议程、经费预算等事项。

(一) 举办时间

一个会展项目从筹备到开幕再到闭幕,可视需要组织多次新闻发布会。展会筹备之初、招展结束之时、展会开幕前、展会闭幕时,都是召开新闻发布会的绝好时机。

在具体举办时间上,有两点细节需要注意:

(1) 由于多数平面媒体刊出新闻的时间是在获取信息的第二天,因此新闻发布会的时间应尽量安排在周一至周三,这样可以保证新闻发布会的现场效果和会后见报效果。

(2) 在时间选择上应避开重要的政治事件和社会事件,因为媒体对这类事件的大篇幅报道任务会冲淡新闻发布会的宣传效果。

(二) 举办地点

新闻发布会的举办地点可以安排在办展机构的办公所在地,也可安排在酒店的会议室或专门的会议中心。选择酒店时需注意,酒店有不同的风格与定位,选择酒店的风格要注意与发布会的内容相统一。同时还要考虑地点的交通便利性与易于寻找,以及离主要媒体、重要人物的远近,泊车是否方便等细节问题。

(三) 邀请出席人员

首先是邀请媒体记者出席。利用媒体对会展活动进行新闻推广,具有效果明显、成本经济的特点,因此,主办方普遍非常重视利用媒体进行会展宣传与推广。在新闻媒体选择方面,应特别注意以下原则:

一是媒体的主要受众群体应与会展活动的目标客户群体相重合;

二是媒体的辐射范围应与会展活动的地域范围相重合;

三是媒体应对会展活动的目标客户群体具有较强的号召力和影响力。

除新闻媒体外,新闻发布会还应邀请政府主管机构、行业协会、外国驻华机构、参展商等单位的代表出席。

(四) 发布新闻内容

在不同时期举办的新闻发布会,所发布的新闻内容有所不同。

(1) 展会筹备之初的发布会:主要向新闻界介绍展会的举办时间、地点、办展目的、展会主题、展品范围、展会的发展前景等,旨在通过新闻界告知参展商和行业人士,起消息发布和事件提示的作用。

(2) 招展结束时的发布会:主要向新闻界介绍展会的筹备进展情况、招展情况、参展商的构成等,旨在吸引目标观众届时到会参观,同时对尚未决定参展的目标参展商提供进一步的参展激励。

(3)展会开幕前的发布会:旨在为展会广泛造势,达到吸引公众关注、引导舆论的目的。这是十分重要的发布会,必须精心策划组织,广泛邀请记者与会。

(4)展会闭幕时的发布会:向新闻界通报展会的展出效果、参展商的收获(签约、成交以及意向成交的情况)、参展商和观众的特点、贵宾参观情况、展望展会的未来发展等,旨在对展会做出总结,为下届展会的筹备打下基础。

(五)会议议程

新闻发布会在10:00~11:00或14:00~15:00举办为宜,新闻发布会时间一般不超过一小时。具体议程如下:

(1)相关领导讲话;

(2)信息发布和展示;

(3)回答记者提问。

在新闻发布会之前,会展主办方应向媒体记者提供事先准备好的资料袋。该资料袋一般应装有会议议程、发言人名单及发言稿、新闻通稿、会展项目的宣传材料、有关图片、纪念品(新闻发布会一般会为记者提供馈赠品)、新闻负责人名片(以备新闻发布后进一步采访、新闻发表后寄达联络)、空白信笺、笔(方便记者记录)等。

对影响重大的新闻发布会,主办方还会为记者提供提问提纲(即答记者问的备忘录)。该提纲经事先讨论,取得一致意见,然后起草并分发给记者,以确保发言人回答记者提问时统一口径和认识。

(六)经费预算

成功举办新闻发布会,必须做好相关经费预算。一般来讲,新闻发布会的经费预算包括以下几个方面:

(1)场地费用。包括场地租用费、设施租用费、会场布置费等。新闻发布会的举办地点通常安排在酒店的会议室或专门的会议中心,为此,需支付场地租金。场地租金已经包含了某些常规设施,如音响系统、主席台、桌椅、投影设备等,而一些非常规的设施如临时性的装饰、展架、移动式同声翻译系统、摄录设备等则需另外支付设备租用费。此外,为烘托新闻发布会的现场氛围,需要进行会场布置,如气球型拱门、背景板、签到台、条幅、花篮等,为此还需支付场地布置费。

(2)人员费。如主持人、礼仪人员、服务人员、摄录人员的劳务费等。

(3)物料费。包括举办新闻发布会所需要的各类物料如邀请函、资料袋、嘉宾胸花、指示牌、签到笔、水果、矿泉水等的费用支出。

(4)公关费。主要是为与会者准备的礼品、误餐费等。

三、会展新闻报道的实施要点

(一)会展新闻报道的类型

会展新闻报道一般分为及时性新闻报道和评述性新闻报道两种。

及时性新闻报道是会展活动进展过程中的新闻报道,其特点可以用"短""小""快"三个字概括。"短"是指新闻报道的篇幅比较短,一般为300~500字左右;"小"是指新闻报道的角度比较小,如某知名参展商携带新品参展;"快"是指信息发布必须及时、迅速。

评述性新闻报道是采用评论的手法进行的新闻报道。与及时性新闻报道相比,评述性新闻报道具有以下几个特点:一是篇幅较长,少则千余字,多则数千字;二是报道新闻的涵盖面较宽,往往反映会展活动多方面的情况;三是在新闻叙述中夹杂评论;四是发布时间有一定讲究,如在展会开幕前或展会结束后。

在写作要求方面,及时性新闻报道比较容易掌握,而评述性新闻报道有一定难度。这是因为,评述性新闻需要写作者对报道对象有比较全面的了解,要大量掌握新闻素材,同时,写作者要有独特的见解和有个性的文字表达能力,因此一般由媒体的资深记者或编辑承担。

(二)会展新闻稿的撰写

新闻稿是用简洁明快的文字迅速及时地反映新近发生的会展事件的一种新闻文体。会展新闻稿的编写分两种情况:一种是由主办方自行撰写,在召开新闻发布会或邀请媒体记者现场报道时,以新闻通稿的形式提供给媒体记者,旨在帮助媒体记者对会展活动有全面深入的了解,便于他们写稿;另一种情况是媒体记者亲自撰写新闻稿。在会展活动举办期间,主办方会邀请媒体记者进行现场采访报道,记者从挖掘热点题材的角度,对展会进展过程中的新闻事件进行报道或评论。

不管是由谁撰写新闻稿,在新闻稿的结构、格式及写作技巧方面还是有一些共性的原则需要遵循的,以下分别阐述。

1. 会展新闻稿的结构

会展新闻稿在结构上一般包括标题、导语、主体、背景和结语五部分。其中,标题、导语、主体是主要部分,在新闻稿中是必不可少的;背景和结语是辅助部分,可视具体情况取舍。

标题由主题、引题和副题组成。主题是对新闻中最主要内容的高度概括;引题和副题则是用来说明主题或加强主题的,以协助主题共同完成标题任务。如果主题能够独立承担标题任务,则引题和副题也可以省去。

导语即新闻稿的首段,它是由消息中最重要、最新鲜的事实或精辟的评论组成,也可以说是新闻事件的浓缩版,旨在使读者迅速了解新闻要点,并吸引他们阅读全文。

主体紧接导语之后,将导语中提及的内容按照"时间顺序"或"逻辑顺序"做进一步的叙述和展开,有时也补充一些导语中未提及的资料,如事件的背景说明等。

背景说明新闻事件发生的具体条件、原因、性质或意义,是为充实内容、烘托和突出主题而服务的。背景既可在主体部分出现,也可在导语或结语部分出现,位置不固定。

结语是新闻稿的最后一段或最后一句话,旨在使读者对新闻的理解与感受加深,从中获得更多的启示。结语的方式有小结式、评论式、希望式等。

2. 会展新闻稿的写作格式

会展新闻稿的写作格式有很多,以下介绍最为常见的三种:

(1)倒金字塔式。倒金字塔式也称"倒三角"结构,是目前媒体写作最常见的一种结构方式。它是以事实的重要性程度或受众关心程度依次递减的次序,先主后次地安排文章中各项事实内容,犹如倒置的金字塔或倒置的三角形,因而得名。这种结构的基本格式(除了标题)是:首先,在导语中介绍一个事件中最有新闻价值的部分,即整个事件中最突出、最重要、最能吸引受众的部分;其次,在主体中按照事件各个要素的重要程度,依次递减地写下来;最后,交代事件中最不重要的部分。需要注意的是,这种格式不符合事件发展的基本时间顺序,因此,在写作时应尽量从受众的角度进行构思,按照受众对事件重要程度的认识来安排事件要素。

(2)新华体式。这是一种中外结合的写作格式。长期以来,我国的新闻报道一般是遵循时间顺序,以"讲故事"的形式对事件进行报道,然而,这种"讲故事"的写法已经不适合受众的阅读习惯,因为没有多少人有时间看一篇长篇大论。新华体式结构吸收了中外新闻报道之长,既将事件中最重要的部分在导语中做简明陈述,又在其后的报道中遵循事件发展的时间顺序。该结构的基本格式(除了标题)是:首先把事件中最重要的部分在导语中简明地概括出来;然后在第二段进一步具体阐述导语中的这个重要部分,形成支持(第二段实际上是一个过渡性段落);最后按照事件发展的时间顺序,把"故事"讲下去。

(3)华尔街日报体式。这是美国《华尔街日报》惯用的一种新闻写作格式,后被广泛采用。其突出特点是从一个"镜头"(如某个人的言行)写起,进而引出整个新闻报道。这种写作格式感性、生动,符合读者认识事物由具体到抽象的规律,因此颇受读者青睐,主要适用于非事件类题材的报道。该结构的基本格式(除了标题)是:首先以人性化的片段开头;然后从人物与新闻主题的交叉点切入,将真正的新闻内容推到读者眼前,集中而有层次地阐述新闻主题;最后回归人物,深化主题。

以下是"2018中国(上海)国际乐器展览会"的新闻稿,请结合该案例,理解会展新闻稿的结构与写作格式。

国际乐器展览会10月亮相上海

由中国乐器协会、上海国展展览中心有限公司、法兰克福展览(香港)有限公司共同主办的2018中国(上海)国际乐器展览会将于10月10日~13日亮相上海新国际博览中心。

据介绍,上海国际乐器展展会规模再创新高,今年将新增两大室外展厅、一大中央舞台,横跨新国际博览中心12大展馆,展览面积达13.8万平方米。截至目前,珠江、敦煌、星海等众多国内外知名企业均已确认参展,包括比利时、保加利亚、捷克在内的13个国家与地区展团将携经典亮相。

来自30个国家和地区的逾2 200家中外企业将带来全球限量新品、高级私人收藏、品牌发布。展会预计吸引来自世界各地的乐器制造商、经销商、艺术家、演奏家、音乐师生及广大音乐爱好者等14万参观人次前来观展。

在展出乐器之外,本届乐器展还将举办各具特色的文化主题活动:华乐国际论坛邀请到知名二胡演奏家邓建栋、古筝演奏家袁莎、中国民族管弦乐学会副会长吴玉霞等,他们将在现场与观众分享多年来的演奏心得和舞台经验;艺术沙龙邀请到著名作曲家谭盾、大提琴演奏家秦立巍、小提琴演奏家黄蒙拉等知名音乐人与音乐爱好者畅聊音乐故事。

今年,展会将继续携手上海市慈善基金会,举办"音乐开启心灵"——关爱自闭症儿童慈善音乐会,希望让这场音乐会成为自闭症孩子们尽情展示的舞台,也让更多爱心人士了解自闭症儿童群体,为他们带去爱与关怀。

(资料来源:《北京青年报》,2018年10月7日,作者:伦兵。)

3. 会展新闻稿的写作原则
(1)锤炼新闻标题,吸引读者关注。

正所谓"看书看皮、读报读题",标题对新闻稿的作用是至关重要的。标题写作的总体原则是简要、突出、吸引人。具体体现为:

其一,标题必须提炼新闻事件的精华,把最吸引人的地方体现出来。

其二,标题必须简洁,字数不宜过多。可采用并排两句式标题,如"北京车展多亮点　观众接近八十万"。

其三,会展项目的名称必须嵌入标题中,否则便不具有推广意义。会展项目的名称可用简称,以尽量少占标题字数。

其四,如果新闻稿的内容较多,篇幅较长,则应在文中按照事件叙述明晰的需要,适当加一些小标题,以概括一个部分的内容,便于读者阅读。

(2)发现新闻素材,提炼报道观点。

会展新闻素材一般有两大来源:一是来自会外的信息,如宏观经济对会展活动的影响、会展题材所在行业的发展情况、政府扶持产业的政策措施等;二是来自会内的信息,如会展项目的题材调整、客户服务措施改进、展位销售进展、客商参展动态、配套活动安排等。

撰写者要善于从这两大信息来源中发现有报道价值的新闻素材,同时,在发现新闻素材的基础上,还要善于从中提炼报道要点。例如,一篇题为"留学展会如火如荼　网络留学教育展亮相冰城"的新闻报道,介绍了2010年10月在黑龙江省哈尔滨市举办的"2010年国际招生网络教育展"。该新闻写道,每年10月是我国学生提交留学申请的高峰期,各国学校也趁机不断推出留学项目,本次国际招生网络教育展以"笑对前程,无忧留学"为主题,改变传统的展会模式,以网络形式举办教育展。该报道以教育类展会的发展现状为背景,在突出了此类展会市场竞争愈演愈烈的同时,引出该网络教育展的新颖展览形式,增强了报道深度。

(3)构思新闻导语,激发阅读兴趣。

导语在新闻报道中发挥着至关重要的作用,它以简要的文句,突出最重要、最新鲜或最富有个性特点的事实,提示新闻要旨,吸引读者阅读全文。导语一方面帮助读者领会报道主旨,另一方面起到导读作用,唤起读者对新闻事件的注意,最大限度地激发读者的阅读兴趣。看下面这段导语:

8月6日,中国(哈尔滨)投资创业项目洽谈会在哈尔滨国际会展体育中心召开,80多家高科技企业参会。会上近百种高科技产品尽管很吸引眼球,但风头几乎全被"5头小胖猪"夺去了。

在这段导语中,"5头小胖猪"夺去的不仅是会场上的风头,也吸引了读者对新闻事件的关注,生动诙谐的写作风格极大地激发起读者的阅读兴趣。

(4)运用恰当图片,吸引读者眼球。

达·芬奇曾说过:"画面所展示的,比钻石更可贵。"在会展新闻报道中,正所谓"一图胜千言",恰当的展会现场图片可以对读者形成较强的视觉冲击和感染力,增加新闻报道的力度。在会展新闻稿中,恰当地配发图片,将图片由"配菜"推到"主菜"地位,注重图片新闻的编排,增强版面的视觉冲击力,吸引读者阅读的同时也给人以视觉美的享受。值得一提的是,在会展新闻稿的编辑过程中,不要为了刻意说明展会规模而选择画面"人山人海"的照片,图片与文字的配合尽量做到相辅相成,避免生硬。

知识链接

会展报道如何创新出彩

伴随着会展经济的快速发展,会展新闻报道逐渐成为媒体聚焦的重要领域。会展新闻的常规写法是报道领导活动和展商情况,采写动态消息和现场新闻。如何跳出常规,把会展新闻写好、写活、写出彩?这需要媒体人创新报道手法,在可读性上下功夫,让读者看得懂又愿意看;从展馆现场找亮点,从人物身上找新闻,让新闻读起来鲜活又生动;从数字中找规律;透过现象看趋势,反映行业发展现状与趋势。

一、在可读性上下功夫,让语言"美"起来

可读性是指新闻便于阅读和吸引读者的特性。要把会展新闻写"软"写"活",写得具有可读性,就要求记者能够用鲜活的文字对会展现场进行还原。因此,在使用新闻写作手法的同时,也要恰当使用文学的表现手法,如运用比喻、拟人、排比等修辞手法,使用描写、抒情等写作手法,增加会展报道的文采,增强会展报道的可读性。

《北京青年报》记者朱玲在报道第61届法兰克福书展时,写过一篇新闻稿《2 500平方米展出"中国印刷史"》。报道开头是这么写的:

"世上竟有如此山水:一张长约39米的宣纸,蜿蜒成'山';1 100个大型木活字,堆砌成'池';池水约20平方米见方,不断有墨'滴'入水,由浓转淡;水墨交融时,一个个汉字浮现。这,便是第61届法兰克福书展主宾国主题馆;它,以'中国'命名。2 500平方米的中国主题馆,成就了本届书展上的最大亮点,也成就了中国出版印刷史最大规模的一次海外展示。"

在记者笔下,中国主题馆宛然一幅壮观的山水画,宣纸为山,木活字为池,池中水墨交融。比喻和数字的运用,散文化的笔法,让场景在读者眼前活起来。报道不仅表现出浓厚的文学色彩,也蕴含着深厚的文化气息。这篇报道让那些没能亲临现场的读者有身临其境的感觉,也让到过现场的读者读出更多更深的内容。

二、从展馆里找热点,让现场"动"起来

"好新闻是用脚底板写出来的""记者要有一双善于发现新闻的眼睛",老记者们常常用这些话来教导后辈,这两句话同样适用于会展报道。展会通常会有若干展馆,展览面积多达几万平方米。如何在偌大的展馆、类似的展品中发掘亮点?这就需要记者有双好脚板,即多跑;有双好眼睛,即多看。在发现新闻后,还要能以受众的身份,带着好奇的眼光,认真细致地描述现场的亮点和故事,这样才能写出鲜明生动、现场感强的会展报道。

《京华时报》记者孙雪梅、胡笑红的新闻报道《服务贸易就在每个人身边》,盘点了第二届京交会上展示的五种离老百姓生活很近的服务贸易,包括可以随时监控校车行驶状况的校车电子监控系统、能在几秒钟之内帮司机找到爱车的智能停车系统、站上去握住两个手柄就能测定人体脂肪重量和肌肉量的仪器、能够打印象棋的3D打印机,以及能够和兵马俑互动的数字动画等。记者通过现场体验的细节描写、观众和展商的对话,为读者再现了京交会现场的亮点,让新闻变得可触、可感。

三、从数字里找规律,让新闻"活"起来

在展会及相关论坛上,通常会发布各种各样的数字。记者在做会展报道时,要把理性的数字变成感性的认识,把抽象的数字变成具象的生活画面,还要通过数字来反映全局、揭示规律。这就要求记者加强分析判断能力,能够从宏观和全局的高度来谋篇布局。

《光明日报》记者王斯敏的文章《看,共和国成长的刻度——通过数据看"辉煌六十年"成就展》,是对中华人民共和国成立60周年成就展的报道。记者巧妙地通过4组数据,反映新中国成立60年来的巨大变化与成就。文章用4组数据作为小标题:从35岁到73岁——让人民享有更长久的寿命;从100元到15 781元——让百姓过上更富足的生活;从0.07万到4 200万——科教为新中国插上腾飞之翼;从315种到1 943种——让精神世界永远"艳阳天"。每个小标题都用两个具体可感的数字,反映60年的发展变化。每个小标题下,又有一组更详细的数据,同时辅以对现场展品的描写、对观众的采访,揭示了60年来人民生活的变化、收入的增长、科教的兴盛和文化的辉煌。

四、透过会展看趋势,让思维"转"起来

会展业常被称为经济发展的晴雨表、行业发展的风向标。从这个意义上来讲,会展报道不应只是现场亮点的描写和动态消息的发布,从会展管窥经济发展冷与热,透视行业发展问题与趋势,是会展报道应有之义。

《人民日报》记者杨旭在对2012年伦敦书展的报道《国际书展,展书更要卖书》中,在描写中国出版社参展热、输出热的同时,也从热闹的表象下提出若干

需要出版界冷静思考的问题:参加国际书展能否等同于走出去？国内出版社应该如何更理性地看待、更科学地利用国际书展？同时通过被采访人之口,做出了对这些问题的部分解答。

一个记者要报道好展会,不仅要多跑、多看,还要多思、多想,善于发现问题、总结规律、探讨趋势,让读者不仅看了热闹,还能有所启发和思考。

(资料来源:《中国新闻出版报》,2014年5月28日,作者:左志红。)

第四节　会展宣传推广方案的撰写

会展宣传与推广活动最终应落实为文字,以文案的形式给出,这既便于办展机构营销决策部门对该项目的宣传推广活动心中有数,也便于指示相关人员执行与运作。撰写会展宣传推广方案,应务求做到科学、合理、清晰、可操作。

一、会展宣传推广方案的基本框架

会展宣传推广方案的格式与内容可视实际情况具体拟定,无须千篇一律。但该类文案的基本结构和写作思路应该有一个大体标准的。美国营销学大师菲利浦·科特勒归纳了营销策划书的基本框架,包括:计划概要、现状分析、机会与威胁分析、目标、营销策略组合、行动方案、费用预算、控制八个部分。借鉴营销策划书的框架,一份完整的会展宣传推广方案也应包括这些内容。会展宣传推广方案的基本框架如表8-4所示。

表8-4　会展宣传推广方案的基本框架

序号	部分	主要内容
1	方案概要	对会展宣传推广方案的扼要介绍,以便营销决策部门的快速浏览
2	背景分析	对本次会展宣传推广可能产生影响的各种宏观环境以及微观环境的背景资料
3	机会与问题分析	以背景分析为基础,指出本次会展宣传推广活动所面临的市场机会与威胁、组织内部的优势与劣势
4	宣传与推广目标	制订会展宣传与推广的具体目标
5	宣传与推广组合策略	专业媒体广告、大众媒体广告、新闻发布会、公关推广、直邮、同类展会推广、合作机构推广等
6	行动方案	制订具体的活动实施计划
7	费用预算	以费用预算表的形式给出计划期内会展宣传推广活动的开支总额及分配范围
8	控制与反馈	包括对方案执行过程如何控制,对可能出现的问题如何应对,对方案执行效果如何反馈,以及如何根据反馈结果调整改进方案等

二、会展宣传推广方案的主要内容

会展宣传推广方案应把会展宣传与推广活动中将要采取的一切部署都列出来,指示相关人员在特定时间予以执行,它是会展宣传与推广工作的正式行动文件。如表8-4所示,一份完整的会展宣传推广方案一般应包括八个方面的内容。

(一)方案概要

方案概要是用简明扼要的文字对该方案做简要提示。在这一部分,应简要说明制订会展宣传推广方案的背景及意义、会展营销现状及面临的主要问题、希望通过本次宣传推广活动拟达到何种目的、主要的宣传与推广手段、方案的主要构成内容等。作为整个宣传推广方案的纲要,这一部分应将全文的要点提示出来,以便会展营销决策部门快速浏览,及时做出指导与决策。

(二)背景分析

背景分析是提供与会展营销活动,特别是与会展宣传与推广工作密切相关的各种宏观环境以及微观环境的背景资料,包括市场环境、目标客户的需求、竞争展会的宣传与推广策略等的调研结果,继而制订会展宣传与推广策略的重要依据。

(三)机会与问题分析

该部分以背景分析为基础,指出本次会展宣传与推广活动所面临的市场机会与威胁、组织内部的优势与劣势。

(四)宣传与推广目标

即确定本次会展宣传推广活动所要达成的目标,包括:销售目标,如招展目标、招商目标、展位销售额、销售增长率等;传播目标,如会展品牌的认知度、好感度、指名参展(或观展)率等。宣传与推广目标切忌过多,一般以2~3个为宜。所有目标应以定量的形式表达,这既有利于会展宣传推广计划的制订和实施,也有利于最后对宣传推广的实施效果进行测定与评估。

(五)宣传与推广组合策略

每一目标都可通过多种途径去实现,方案制订者必须从多种可供选择的策略中做出选择,并在方案中加以陈述。会展宣传与推广策略包括专业媒体广告、大众媒体广告、新闻发布会、公关推广、直邮、同类展会推广、合作机构推广等。

(六)行动方案

宣传与推广组合策略只是提供了开展活动的思路和指导思想,可操作性不强。换言之，相关人员拿到该策略后如何操作、怎样实施，这需要把策略转化为具体的实施计划和行动方案，以便指导相关人员执行与运作。

我们以发布专业媒体广告为例。在行动方案部分，要详细说明实施该策略的具体细节，包括发布广告的具体内容、版式，选择哪些专业媒体，刊登广告的具体时间、次数、每次刊登的版面大小等。例如，选择海报、招贴、邮寄广告等其他媒体形式，应详细说明印制的数量和分发方式、分发日期；在选用多种媒体时，对媒体广告的刊播如何进行交叉与配合，亦需加以说明。

（七）费用预算

通俗地讲，费用预算就是"花钱计划"。会展宣传与推广活动需要必要的经费支持，主办方要拿出一定的资金用于宣传与推广，当然会十分关心经费的使用情况与流向。会展宣传与推广预算一般采用表格形式，给出计划期内会展宣传推广活动的开支总额及分配范围，以便会展营销决策部门对经费开支一目了然，同时也对此方案是否可行做出判断。

（八）控制与反馈

会展宣传与推广需要规定如何对方案实施过程进行控制，有些控制部分还包括发生意外时的应急计划；同时，还要规定方案执行效果如何反馈，以便根据反馈结果对方案进行适度调整。

本章小结

会展宣传与推广是办展机构为提升会展项目的品牌竞争力、不断扩大市场份额而采取的重要营销手段，其主要目的包括促进招展、促进招商以及打造会展品牌形象。广告、新闻宣传、机构推广、直复营销和公共关系是最为常见的会展宣传与推广手段。

会展宣传与推广需要经费支持，且须在事前进行周密的预算。主要的预算方法包括收入百分比法、目标达成法、任意支出法和支出可能法。由于每种方法各有其优点与局限，在编制预算时最好将几种方法结合起来，以达到最科学合理的效果。

会展广告的主要形式包括纯商业广告和软文两种。软文作为一种隐性广告，其可信度更高，也更易被公众接受。会展广告的常用媒体包括专业媒体和大众媒体两大类。其中，专业媒体直接面对展会的目标参展商和专业观众，是会展宣传与推广的首选媒体；大众媒体对传播会展品牌形象、吸引普通观众有一定作用，但在招展以及吸引专业观众方面不如专业媒体，因此是会展宣传与推广的一种补充形式。

新闻宣传的商业动机隐蔽，信息的可信度高，且由于新闻宣传一般都是免费的,因此是一种性价比很高的会展宣传与推广手段。会展新闻宣传主要包括召开新闻发布会、编发系列新闻稿、邀请媒体记者进行现场采访报道三种形式。

会展宣传推广方案作为正式的行动文件,应把会展宣传与推广活动中将要采取的一切部署列出来,指示相关人员执行与运作。一份完整的会展宣传推广方案包括方案概要、背景分析、机会与问题分析、宣传与推广目标、宣传与推广组合策略、行动方案、费用预算、控制与反馈等部分,其中每一部分又包含许多具体内容。

习题

一、名词解释

会展广告　　　　会展新闻宣传　　　　机构推广　　　　软文
收入百分比法　　目标达成法　　　　　大众媒体　　　　专业媒体
及时性新闻报道　评述性新闻报道　　　新闻发布会

二、简述题

1. 会展宣传与推广的主要目的是什么?
2. 简述会展广告的主要媒体及其特点。
3. 会展广告创作应遵循哪些基本原则?
4. 简述新闻发布会的实施要点。
5. 撰写会展新闻稿应遵循哪些基本原则?
6. 简述会展宣传推广方案的基本框架。

三、实训题

以小组为单位,选择某一特定的会展项目,撰写该会展项目的宣传推广方案。要求方案结构完整、层次清晰、可执行性强,最好具有一定的创新性。

四、案例分析题

从第二届"非遗节"看会展报道创新

以新闻报道的形式宣传与推广展会,已成为会展宣传与推广的重要手段之一。如何避免新闻宣传的同质化趋势,形成独具特色的宣传策划与版面亮点?《四川日报》在第二届"中国成都国际非物质文化遗产节"(以下简称非遗节)的宣传报道中进行了创新尝试。

一、跳出会展,挖掘背景,凸显重大意义

会展宣传本身具有大量新闻资源,挖新闻、报动态已经成为宣传"套路"与常态。如何跳出框框谋求新立意,成为媒体不断探索的新课题。在本届非遗节

的宣传报道中,《四川日报》就从宣传主题、表现形式等方面进行了探索。

第二届非遗节在成都举办寓意深刻。首先,这届非遗节是在"5.12"汶川特大地震发生一年后举办,灾后恢复重建正在加快推进,一个充满生机与活力、依然美丽的四川要利用这个平台向全球展示。其次,第一届非遗节由文化部和四川省人民政府共同主办,而这届非遗节的主办方有了新"面孔"——联合国教科文组织,这是该组织参与主办的我国第一个国际文化节,也是该组织首次与一个国家的地方政府联办国际性活动。

基于这样的背景,作为省级党报的《四川日报》,用全新理念宣传报道本届非遗节。除全面展示会展活动本身,还深入解读活动背景、内涵及延伸信息等更丰富的层面,既浓墨重彩报道盛会,更借盛会的平台,宣传四川的深厚底蕴与现代气息,宣传灾后四川的崛起,宣传四川人民自强不息的风貌与文化传承的生机。此次报道中,前期策划组确立"坐标式"的宣传方式,即:宏观背景与时代意义是报道的"横坐标",非遗节本身的动态活动是报道的"纵坐标",有时效、够分量的事件或现象是"原点"。

二、多维观察,立体报道,喊响独特观点

《四川日报》以"新闻+特刊"的方式,对本届非遗节报道进行组合包装。

"非遗节"开幕前,宣传报道着力从文化推力的角度透视新闻背后的故事。《成都非遗节进入"国际视线"》是一篇会前报道,该报道跳出以往报道参展人数、展会规模的形式,从会展背景、参展嘉宾背后挖掘深层次意义,通过联合国教科文组织参与主办、国际论坛吸引众多嘉宾参与、国外展演队积极来蓉等三个角度切入,突出文化张力引来的巨大社会效应。

在特刊专题报道中,《非遗传承:政府推动与产业带动》等多篇稿件都以"非遗节"的新闻为由头,把笔触深入到推动非遗节落户成都、促进四川文化产业发展的角度,分析问题、提炼观点。同时,通过精心策划、筛选题材,在《四川日报》每周推出的"天府周末"封面版及其他版上,陆续刊发展示羌笛、糖画、峨眉武术等非遗项目的6组特写式调查报告,既是与非遗节的呼应和对接,又是从文化建设的角度剖析非遗项目的生存环境与发展之路。

三、三线联动,提前介入,实现机制创新

2009年6月1日至13日,第二届非遗节在成都举行,而真正的新闻大战早在5月初就已打响。《四川日报》成立了30人的策划报道小组,投入到历时近20天的宣传报道中。早在5月初,策划组就介入非遗节执委会,与6大类370多项节会活动与工作人员实现无缝对接,盯人盯项目,拿回第一手资料;根据非遗节的举办背景与意义,确定宣传主旨;根据活动内容设置,形成报道方案,此后又几易其稿,形成有高度、有深度,有观点、有新闻的报道方案;报道计划提前一周出炉,保证非遗节初期每天两个版,天天有动态,天天有观点。比如,开幕当天特刊即推出《13天狂欢,一场世界非遗盛宴》《非遗节上巴蜀元素抢鲜看,麻辣"川味"耀眼夺目》两个主题策划稿件。此外,还策划了《展现绚烂文化,展示不屈脊梁》《灾后重建为非遗保护带来大机遇》等多个主题稿件。

(资料来源:新华网,2010年5月14日,本书略有删改。)

思考:

1.《四川日报》在本届非遗节的宣传报道中是如何发现新闻素材,提炼报道观点的?

2. 如何理解提前介入对会展新闻宣传的影响与作用?新闻媒体应怎样提前介入?

第九章
会展营销管理

学习目标

- 理解会展营销管理的内涵;
- 了解会展营销组织结构的特点;
- 了解会展营销人员管理的内容;
- 掌握会展营销控制的方法;
- 能够编制会展营销计划。

引 言

会展营销的整体战略计划明确了营销目标,制订了增长战略。为保证这些营销战略能够被严格执行,确保达成办展机构的战略意图和经营目标,还需对会展营销活动进行管理,确保展前计划周密、展中实施得力、展后反馈及时,对会展营销的全过程进行严格的监控。

本章将从会展营销管理的角度,讨论与会展营销管理相关的计划、组织与控制,介绍营销管理设计的主要内容。希望通过本章的叙述,使读者了解会展营销管理的内涵,并在此基础上学会如何制订会展营销计划、如何构建会展营销组织、如何培训和激励会展营销人员,以及如何对会展营销活动进行监控和审计。

 引导案例

会展风险管理机制亟待加强

第九届中国北京国际科技产业博览会(以下简称科博会)的最大亮点之一就是首次出现了公众责任险。借鉴发达国家举办大型展会的成功经验,科博会组委会委托中盛国际保险经纪公司对科博会的主会场以及场馆安全现状进行

了全面查勘和评估,对可能出现的各类突发事件编制了紧急预案。在此基础上,组委会为本次科博会所有参观人员投保了高达2 000万元的公众责任险。

在我国,会展业已日益成为一个极具发展潜力的新兴产业。然而,与日渐成熟的会展市场形成鲜明对比的是,很多展馆和会展组织者对保险的态度依然十分冷淡。而在国际上一些成熟的会展市场中,会展主办者的风险管理意识非常强,也懂得怎样通过保险转移财物损失、责任赔付以及经营损失等各类风险。

因为缺乏必要的风险意识,以往国内的会展企业就吃过亏。例如,2003年"非典"期间,北京取消或延期的会展占全年会展总数的40%至65%。展览场馆和主要经营会议场所的损失,占其全年收入的40%左右;主办单位和承办单位的损失,占其全年收入50%以上。而原定于当年春天举办的第六届科博会因为推迟到秋天举办,导致规模只有原计划的1/3。

据了解,现在很多参展商的保险意识还是比较强的,一般会主动找保险公司投保财产险和运输险,但这基本上都属于个体行为。作为展会的主办方或者承办方,仍然缺乏常规的风险意识,很少愿意把展会当作一个整体来投保。由于责任险涉及展会各方的利益,不仅包括主办方、承办方、参展方,甚至还会涉及运输方,而目前法律又对风险发生后各方的责任做不到明确的界定,因此实际操作中的难度很大。

业内有关专家认为,随着我国会展业与国际接轨,风险意识也将逐步提高。因此,对保险业来说,要想更多地挖掘会展保险市场,除了根据会展业的特点,设计有针对性的保险产品以外,还应该注意发挥自身的技术优势,帮助其建立科学、完善的风险管理机制,最大可能地把原有的事后补偿功能转变为事前的预防,这样才能促使会展企业更愿意接受保险。

思考:
(1)对办展机构而言,举办一个展会可能面临哪些方面的风险?
(2)你认为在会展营销管理中,应如何对这些风险进行预防和控制?

第一节　会展营销管理概述

由市场营销学的相关理论可知,营销管理是为了实现企业目标,创造、建立和保持与目标客户之间的互利关系,而对营销活动进行分析、计划、执行和控制的过程。会展营销管理就是利用营销管理的方法与手段,对会展营销活动进行的计划、组织和控制。

一、会展营销管理的内涵与特点

会展营销管理是指对办展机构的经营项目和营销活动进行计划、组织、执行和控制,以便能创造、建立和维持与目标客户的良好关系,实现办展机构经营目标的活动。

会展营销管理的主体不是单个营销人员,而是整个办展机构,所以会展营销管理不是某个人或某个部门的事情,而应该是整个办展机构自上而下的管理工作。此外,会展营销管理关注的内容不是具体的会展策划或营销策略,而是针对办展机构开展营销工作的计划、组织、实施与控制。因此,一个好的会展营销管理者,他可以不是一个优秀的销售人员,也可能不是一个具有创意的策划者,但他一定是一个优秀的会展项目经理,能够协调各方面的关系,计划和安排所有会展营销活动,并对其加以控制和约束。

会展营销管理不同于其他内部管理活动,如项目管理、财务管理、人事管理等,具体表现为:会展营销管理所牵涉的对象不是处于办展机构内的,而是处于办展机构外的不特定对象;会展营销管理的中心不是某个人群,而是整个展会交易的过程;由于营销管理与外在环境的密切性,任何调整不仅涉及办展机构内部的行动,并且还要求外在环境的配合。

会展营销管理具有以下特点:

(1)会展营销管理的目的是使营销工作按计划得以顺利实施和执行。

(2)会展营销管理是一种包括分析、计划、执行和控制的综合性活动。

(3)会展营销管理的实施可以增加办展机构和客户双方的利益。

(4)会展营销管理注重会展产品、价格、促销、渠道、人、有形展示和过程的相互协调与适应,以实现有效的营销。

知识链接

我国会展营销管理亟待加强

会展业作为第三产业中服务贸易的重要组成部分,由于能够带动交通、餐饮住宿、信息通信、旅游观光、物流货运等相关产业的发展,在我国正以每年20%的速度高速增长。从近几年我国会展业的发展来看,虽然办展企业的经营理念日渐更新,会展营销观念正从"会展营销只是办展企业的事情"向全产业链营销观念转变,但办展企业在市场推广方面投入不少、宣传效果不佳等问题一直存在。

目前会展企业对会展营销策划存在着两种截然不同的观点和做法。有的企业,包括国内一些知名的大型会展公司,仍无法脱离粗放式的营销管理模式,经常是仓促应战,会展项目的组织策划尚停留在模仿阶段,展会卖点不明确,缺乏原创性和独特风格,会展营销工作缺乏针对性。而另一类企业则在展前比较早的时间内就制订了严密甚至苛刻的会展营销计划,以指导营销工作的开展。但在大多数情况下,由于原计划与展会的实际情况、目标客户的需求、市场环境的变化等不一致,往往导致会展营销的效果和效率不尽如人意。总体来说,我国会展企业的营销管理水平整体仍处于初级阶段,会展营销过程中存在诸多问题。

首先,对参展商的服务营销不到位。办展机构举办一个展会,从立项、招展、筹展到布展,再到开展和闭展,每个环节都是营销的"节点",其品牌形象和营销水平就体现在每个细节中。俗话说,细节决定成败,这在会展营销中体现得尤为突出。然而,目前办展机构大多不同程度地进行粗放经营,几乎没有系统的客户管理体系,也没有系统的服务流程,参展商或专业观众在参加展会过程中遇到的问题难以解决。同时,在硬件设施建设上仍有欠缺,如展台、陈列、交通、餐饮问题等都阻碍了展会的良性发展。

其次,缺乏有效的传播和沟通。会展营销的参与方包括办展机构、政府、参展商、专业观众以及媒体等,在组织策划展会的过程中,办展机构内部决策管理层与执行层之间、办展机构与外协单位之间缺乏良好的沟通,造成各自对展会策划组织方式、目的存在理解上的偏差。例如,办展机构推出的会展产品和服务与展台搭建的风格、活动组织的形式脱节,问题就可能出在展会的创意策划部门与展会的组织部门之间缺乏沟通。

最后,在制订展会项目预算的同时,高估了展会效果的回报,造成展会投入与产出比例的不协调。近年来,国内展会出现了一种倾向:展台搭建、活动组织一味求大、求豪华,而忽略了展会活动本身应有的功能,最终导致展会项目费用超标,办展机构收支失衡的现象。

从理论上讲,办展机构选准定位,又能把握住营销环境的变化,策划出优秀的会展项目,就应该获得属于自己的成功。但现实中,很多办展机构付出了营销努力,而营销效果却并不理想。营销管理水平成为制约办展机构的经营能力和长远发展的重要因素,因此,必须加强会展营销管理,提升办展机构的营销管理水平。

(资料来源:《东方企业文化》2009年第11期,作者:宋新华,本书有所删减。)

二、会展营销管理的内容

会展营销管理的内容主要包括六个部分,分别是分析会展营销环境、制订会展营销战略、制订会展营销计划、构建会展营销组织、执行会展营销方案和实施会展营销控制,其中,会展营销的计划、组织和控制是最为最核心的部分(见图9-1)。

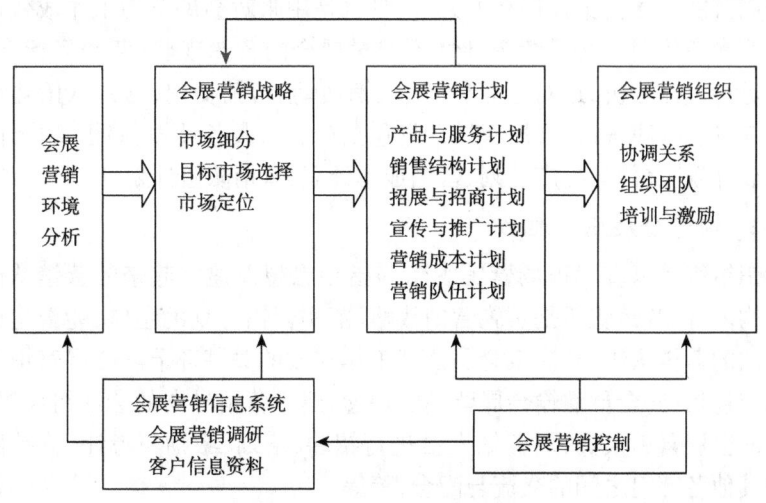

图9-1 会展营销管理过程

(一)分析会展营销环境

营销环境分析是开展会展营销活动的立足点和前提,只有深入细致地对会展市场环境进行调查研究和分析,才能准确、及时地把握参展商和观众的需求,认清会展项目所处市场环境中的优势与劣势,制订积极有效的营销战略和策略,以适应营销环境的变化。会展营销环境包括宏观环境和微观环境两大类。其中,宏观环境包括经济、政策、法律、社会文化、自然生态等环境因素,尽管它对会展活动的影响是间接的,但其作用却是不可忽视的。宏观环境的变化往往影响到办展机构营销战略方向,有时甚至影响到整个行业的发展走向。微观营销环境是指由办展机构内部、目标客户、营销中介、会展服务商、竞争者、社会公众等构成的市场环境,它们与会展营销活动紧密相关,并直接影响会展营销的结果和效益。

(二)制订会展营销战略

营销战略是关系到营销活动成败的关键环节,其制订必须关注客户需求的确定、市场机会的分析,自身优势的分析、自身劣势的反思以及市场竞争等综合因素。营销战略对展会的长远发展起到了规划和指导作用,它对会展营销各项工作进行总体部署,是制订会展营销计划和策略的总体指导方针。

(三) 制订会展营销计划

会展营销计划是对展会的总体营销工作所做的事前规划，是依据总体营销战略而制订的具体营销计划和方案，同时也是用来对会展营销工作成效进行考核的主要参考依据。会展营销计划不但对展会的营销现状、营销目标、营销组合方案进行具体分析，还对销售任务、促销活动、营销费用、营销队伍建设等做出具体安排。一般来说，会展营销计划包括产品与服务计划、销售结构计划、招展与招商计划、宣传与推广计划、营销成本计划、营销队伍计划等。

(四) 构建会展营销组织

营销组织是以现代市场营销观念为指导思想而建立起来的营销队伍。在办展机构内部，营销队伍是实施营销战略、落实营销计划的主体，能否建设一支精干高效的营销队伍，是决定会展营销工作成败的关键环节。会展营销组织管理的内容包括：向全员灌输会展营销的理念，建立营销导向的会展组织机构，选择合适的会展营销人员，对营销人员进行招聘、培训、激励与考评，营销部门内部及与其他各部门之间的交流与配合，等等。

(五) 实施会展营销控制

会展营销控制是指营销管理者对会展营销计划执行情况的监督和检查，审核计划与实际是否一致，如果发现实际的执行情况偏离了预先的计划，就要找出原因并采取适当措施和行动予以纠正，以确保会展营销计划的完成。会展营销控制的主要内容包括：会展营销数据的分析、归纳和总结，用既定的绩效标准来衡量和评价会展营销活动的实际结果，分析各种促销活动的有效性，评估营销人员的工作成绩，采取必要的纠正措施，等等。会展营销控制主要有年度计划控制、盈利能力控制、效率控制和战略控制四种类型。

第二节　会展营销计划

一、会展营销计划的内涵与分类

(一) 会展营销计划的定义

会展营销计划是指办展机构在对会展市场营销环境进行调研分析的基础上，针对具体会展项目制订的营销目标以及实现这一目标所应采取的措施、步骤的明确规定和详细说明。如果说营销战略是"做正确的事"，那么，营销计划则是"如何正确地做事"。一般而言，会展营销计划包含会展产品与服务计划、销售结构计划、招展与招商计划、宣传与推广计划、营销成本计划、营销队伍计划、营销预算编制等较为重要的内容。

(二)会展营销计划的类型

办展机构制订会展营销计划,可以从不同的角度考虑。会展营销计划的主要类型包括:

(1)按计划时期的长短,分为长期计划、中期计划和短期计划。

长期计划的期限一般为 5 年以上,主要是确定办展机构的长期营销工作发展方向和奋斗目标的纲领性计划。

中期计划的期限为 1～5 年,主要是针对市场潜力大且利润率高的会展项目,制订其未来 5 年内应该采取的营销措施和所要达到的营销目标。

短期计划的期限通常为 1 年,如年度计划。主要是针对近期将要举办的会展项目而制订的具体营销目标、营销手段、营销费用、营销人员安排等。

(2)按计划涉及的范围,可分为总体营销计划和项目营销计划。

总体营销计划是对整体营销活动的全面、综合性计划;项目营销计划是针对某一会展项目而制订的计划,如展会的销售计划、品牌营销计划、招展和招商计划、宣传与推广计划等。

(3)按计划涉猎的范围和程度,可分为战略计划、策略计划和作业计划。

战略计划应用于组织整体,是为办展机构在未来较长时期(通常为 5 年以上)而设立的总体营销目标;策略计划是对会展营销活动某一方面所做的策划;作业计划是具体会展项目的执行性计划,如招展计划。

二、会展营销计划的编制

办展机构的营销部门根据营销战略规划编制各种营销计划。在会展营销计划中,直接与现金流相关的是销售计划和费用计划,也是办展机构最重视的营销计划。

(一)展会销售计划的编制

销售计划是营销计划中最为核心的部分,它提出了营销工作应该完成的销售额。办展机构可以根据历史销售记录和已有的销售合同,综合考虑当前的市场情况,制订展会的销售计划。在为一个展会项目制订销售计划时,首先要计算出该展会的盈亏平衡点,然后再编制销售计划。

1. 展会的盈亏平衡点

展会的盈亏平衡点是指某展会项目在实现盈亏平衡时需要达到的最低招展数量或销售额。只有销售达到或超过这个数量,展会项目才能保本并且盈利。因此,招展数量是否达到了盈亏平衡点,是办展机构决定是否举办展会的重要考虑因素。盈亏平衡点的计算公式如下:

$$展会的盈亏平衡点 = \frac{固定成本}{展位单价 - 单位变动成本}$$

当盈亏平衡点 = 1 时,展会处于保本状态;当盈亏平衡点 < 1 时,展会处于盈利状态;当盈亏平衡点 > 1 时,展会处于亏损状态。计算公式中的固定成本通常包括场地租金、广告费用、推广费用、公关活动费用、人员费用、大型活动费用、管理费用摊销、财务费用等,变动成本包括标准展位搭建费用、现场管理费用、销售佣金、资料印刷费、应付税金。

2. 展会销售计划类型

(1)总销售计划。参照上届展会的销售实绩,在上届展会销售额的基础上制订一个销售增长率。一般情况下,处于成长期的展会(5 届之内)的销售增长率可制订在 20% 左右,而进入成熟期的展会(5 届以上)的销售增长率制订得相对低一些,大约 10% 左右即可。

(2)季度销售计划。对有固定周期且有较长办展历史的展会项目,办展机构可进一步为其制订季度销售计划,具体的操作方法为:收集近三年的该展会项目从筹备到开幕期间四个季度的销售额,计算近三年各季度的平均销售额占三年总平均销售额的比重,也就是计算各季度的季节指数,为的是发现各季度对全年销售量的影响规律;再根据本届展会第一季度的计划销售额,利用季节指数计算出各季度的销售量,即得出本届展会的季度销售计划。

例如,某会展公司 2016—2018 年三年的季度销售情况(如表 9 - 1 所示),将各年度的季度销售额合计,并算出过去三年中每个季度的平均销售额,一季度为 40 万元、全年各季度的平均销售额为 68.35 万元;然后计算各季度的季节指数,如一季度的平均销售额为 40 万元,占全年各季度平均销售额的 58.5%。如果该会展公司 2019 年第一季度的销售额为 62 万元,那么按照季节指数依次推算出其他季度的销售额,并累计得出全年总销售额为 423.9 万元。

表 9 - 1　某会展公司季度销售情况

单位:万元

年份	一季度	二季度	三季度	四季度	全年合计
2016 年	30	70	60	50	210
2017 年	40	80	70	60	250
2018 年	50	120	100	90	360
合计	120	270	230	200	820
平均数	40	90	76.7	66.7	68.35
季节指数	58.5%	131.7%	112.2%	97.6%	400%
2019 年	62	139.6	118.9	103.4	423.9

(3)部门(地区)销售计划。办展机构除了可以从时间上编制销售计划,还可以按照不同的部门、参展商分布的区域来编制销售计划。首先要收集最近三届展会各部门(地区)的销售额,计算出三年的销售平均值,然后计算出各部门(地区)的平均销售额占该项目三年总平均销售额的比重;如已知该展会项目的总计划销售额,根据本届展会项目的总销售额乘以各部门(地区)的销售比重,即可得出本届展会各部门(地区)的销售计划。

例如,某会展公司2017~2019年各营销部门3年的销售情况如表9-2所示。将各部门的销售额合计并算出过去三年中各部门的平均销售额,则营销一部为350万元,三年的总销售平均数为1 100万元;然后,计算各部门的销售比重,营销一部为31.8%。如果该展会项目2020年的销售额为2 000万元,按照各部门的销售比重,就可以依次推算出各部门的销售计划。

表9-2 某会展公司各部门销售情况

单位:万元

年份	营销一部	营销二部	营销三部	全年合计
2017年	200	300	200	700
2018年	350	400	350	1 100
2019年	500	550	450	1 500
合计	1 050	1 250	1 000	3 300
平均数	350	417	333	1 100
销售比重	31.8%	37.9%	30.3%	100%
2020年	636	758	606	2 000

(二)会展营销费用计划的编制

会展营销费用支出预算由营销部门制订,提交办展机构的高层领导审核批准后再做实施。营销预算通常包含支出项目、支付时间、预算方法等内容。表9-3是某展会的营销费用支出预算表。

表9-3 某展会的营销费用支出预算表

支出项目	预算金额(元)	支付时间	说明
营销人员费用	50 000	2018年5月	付工资
广告宣传费用	60 000	2018年1月	户外广告费
路演推广费用	5 000	2018年3月	

续表

支出项目	预算金额(元)	支付时间	说明
公关活动费用	10 000	2018年5月	媒体联络费
海报宣传费用	6 000	2018年1月	印刷费
新闻发布会费用	8 000	2018年3月	会场布置费
纪念品制作费用	10 000	2018年5月	
合计	149 000		

第三节　会展营销组织

一、会展营销组织概述

(一)会展营销组织的设置

会展营销组织是设立在会展企业内部,专门从事会展营销管理工作的职能部门,其组织形式受营销环境、营销管理理念以及企业自身所处的发展阶段、经营范围、业务特点等因素的影响。一般来说,会展企业的规模、经营状况、所经营的会展产品与服务决定着会展营销部门的组织结构、岗位设置和营销人员配备:

(1)企业规模。一般情况下,会展企业规模越大,其营销组织的结构就越复杂;反之,其营销组织就相对简单。

(2)市场状况。市场状况决定着会展营销人员的分工,其分工依据可以按展会的行业类型来分,也可按照展会举办地的地理位置来分。

(3)产品与服务特点。会展营销部门内的岗位设置往往与会展企业所经营的会展产品或服务的种类、特色等方面有关。

(二)会展营销组织的职能

目前,我国大多数会展公司内部的组织结构比较简单,其营销部门往往与公司的其他业务部门相融合,形成了经营管理与营销管理一体化的扁平化组织结构。常见的会展营销组织结构有以下两种具体类型。

1. 职能型组织结构

职能型组织结构是最常见的会展营销组织形式,它强调的是会展营销工作中各职能的重要性,通常是按照会展公司所提供的产品或服务项目来进行组织设计。图9-2是某中型会展公司的组织机构图,该公司设立营销部、运营部、工程部、财务管理部和行政人事部。营销部门下辖营销策划部、外联部和招展招商部,而营销策划部又分为会展策划、市场调研、市场推广、公关等职能岗位。

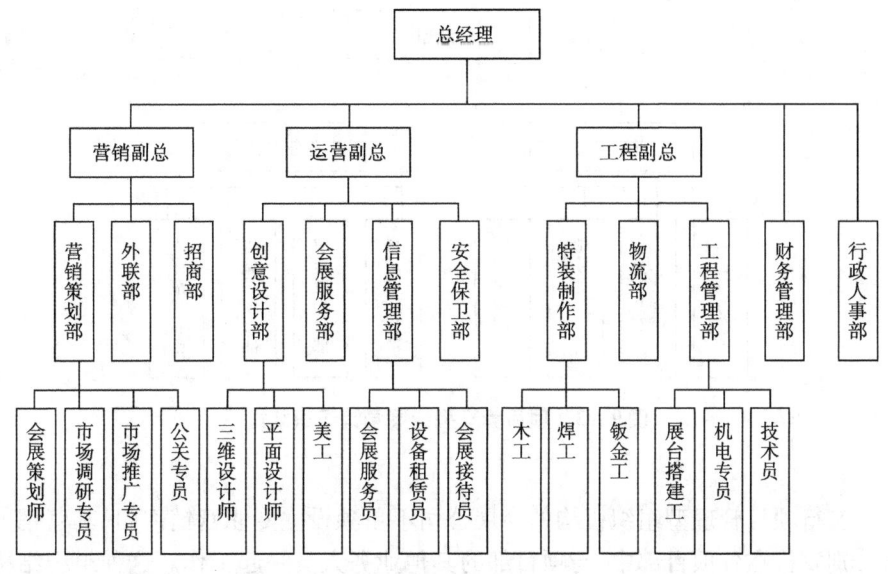

图9-2 某中型会展公司的组织机构图

按职能安排会展营销部门的组织架构,优点在于会展公司的各项职能划分明确,设置了承担会展营销工作的专职部门。这些专职从事会展营销的工作人员通常具有一定的营销知识与技能,在对参展商进行招展和服务介绍中能够运用专业化的营销手段和技巧,营销能力较强。有的会展公司还会设置客户服务部,向参展商和专业观众提供电话座席服务,不但为他们了解会展服务提供便利,更能通过电话营销与参展商联系,进行展会介绍、招展说明、参展提醒、收集参展商意见等。

职能型营销组织结构也存在一定的弊端。由于会展公司按职能设置业务部门,业务部门之间进行横向联系,经常会出现各部门之间的信息沟通不畅问题,这就使得营销部门的工作人员对其他部门的工作内容不十分熟悉。采取职能型营销组织结构的会展公司,应加强各业务部门之间的配合与沟通,定期让营销部门的人员到各业务部门学习,了解展会的最新进展信息,确保营销人员的信息储备不断更新。

2. 项目管理型组织结构

会展活动都是按照项目形式运作的,而职能型组织机构在运作项目时存在比较突出的问题,即不以项目为导向,且缺乏直接对项目负责的强有力的权力中心或个人。有鉴于此,对拥有多个会展项目的会展公司,在实施会展项目时,还可以围绕会展项目设置项目部(见图9-3)。

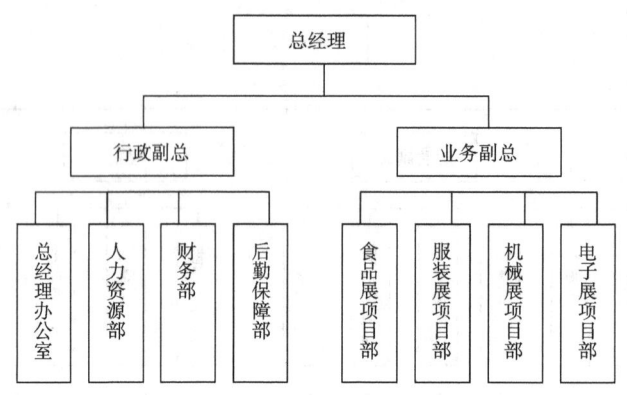

图9-3 项目管理型会展营销组织结构

实行项目管理型组织机构的会展公司不单独设立专职营销部门,其营销人员分别安排在各项目部中,与项目部的其他业务人员一起工作。这种组织结构的优点在于营销人员与其他岗位人员联系密切,熟悉会展项目的特色与优势,掌握展会从策划、筹备、布置、现场管理到展后的全部流程,在进行会展营销时可以非常专业地推介本展会,解答客户提出的关于展会的各类问题。

项目管理型营销组织结构也有较大的不足。它将会展公司的全部营销资源分散到各项目部中,由于每个项目中的营销人员和可利用的营销资源是有限的,导致无法对参展商进行高频度、密集性的集中营销,特别是一些大型展会的参展商数量众多,仅使用该项目下的营销人员,效率较低,很难在短时间内取得显著的招展效果。因此,实行项目管理型组织机构的会展公司应根据展会项目的规模、特点、客户数量、市场变化等因素,不断调整和配备该会展项目的营销人员,必要时可以调动全公司的营销资源为该项目的营销工作提供支援。

二、会展营销人员

(一)会展营销人员的职业能力与职业素质分析

1. 会展营销人员的职业能力分析

职业能力是指顺利完成某种职业活动所必须并影响活动效率的个性心理特征,分为一般职业能力和专业能力。其中,一般职业能力包括学习能力、语言文字表达能力、社交与活动能力、外语和计算机应用能力等从事任何岗位、职业都应具备的通用能力;专业能力是指从事某一特定职业并胜任岗位工作的专项能力。

结合会展营销工作的具体特点,下面对会展营销人员应该具备的专业能力做如下描述:

(1)会展项目的市场调查与分析能力;

(2)会展项目的营销管理与市场推广能力,包括会展产品定价、营销渠道设计、宣传推广方案拟定、关系营销及服务系统设计等能力;

(3)会展合同的谈判能力,包括与会展活动的参展商、赞助商、服务商以及各类代理机构进行商务洽谈与签署合同的能力;

(4)会展产品的销售能力,包括客户需求的识别与引导、销售策略与技巧的运用、上门推销、电话推销、网络推销等销售方法的实施、售后服务等能力;

(5)客户管理与客户服务能力,包括客户购买行为研究、客户关系管理、大客户维护、全过程客户服务等能力;

(6)会展策划与营销相关文案(如会展项目可行性分析报告、招展函、营销策划方案等)的撰写能力。

2. 会展营销人员的职业素质分析

职业素质是指通过教育培训、职业实践、自我修炼等途径形成和发展起来的,在职业活动中起决定性作用的、内在的、相对稳定的基本品质。具体到会展营销人员,其应该具备的职业素质包括以下方面:

(1)强烈的事业心和严谨的工作态度,热爱会展业,对工作充满激情;

(2)具备系统、扎实的专业知识,掌握会展策划、会展营销、参展、招展、招商等各环节的关键知识和技能,具有很强的理论联系实际能力,受过系统的职业技能培训,并有相关实务操作经验;

(3)较强的个人整体素质,思路清晰,思维活跃;

(4)良好的沟通表达能力,善于交际,具有亲和力和感染力;

(5)较强的开拓精神和创新意识;

(6)具备全局观念和团队合作精神。

(二)会展营销人员管理

会展业属于服务业,而"服务行业的经济增长点是人"。会展业自20世纪90年代起在我国快速发展,至今不过二十几年的时间,优秀的会展人才仍然处于供不应求的状况,这其中尤以会展策划与营销类人才最为稀缺。根据我国人力资源和社会保障部颁布的《会展策划师国家职业标准》,会展策划与营销类人才是指"从事会展项目的市场调研、策划、营销和运营管理的专业人员",其核心技能包括会展项目的市场调研、立项、招商、招展、预算、项目销售以及现场运营管理等。办展机构要组建一支素质高、能力强且具有创新意识的会展营销队伍,就需要在会展营销人才的招聘、培养和管理上多下功夫。

1. 会展营销人员的招聘

招聘营销人才是办展机构筹建和充实营销队伍的主要方式。同其他企业一样,会展营销人员的招聘通常需要经过以下四个途径:

(1)接受求职者简历。办展机构可以将招聘启事发布到招聘网站、报纸、杂志等媒体上,或是在自己的网站上发布招聘信息,还可以通过参加人才招聘会、高校的人才招聘专场获得求职者的信息。

(2)安排求职者面试。对接受的招聘简历进行初次筛选,挑选出符合条件的应聘者,安排他们面试。面试时需对应聘者进行会展知识、营销知识、外语知识的考核,也可以通过面对面的观察、提问和交流来考察应聘者的应变能力、亲和力、沟通能力等。

(3)签订劳动合同并试用。对于面试合格的应聘者,可以签订劳动合同并进入试用期。一般来说,试用期限为3～6个月,一些重要岗位的试用期也可能需要1年。

(4)考核并签订正式劳动合同。新员工试用期结束后,人力资源部要对这些新员工进行德、能、勤、绩等方面的综合测评,考核合格的人员将与办展机构签订正式劳动合同。

2. 会展营销人员的培训

培训是提高会展营销人员职业能力与职业素质的重要途径。办展机构要进行有效培训,必须做好以下工作:

(1)做好培训的各项准备工作。首先,培训部门和营销部门的领导要加强沟通,深入分析当前营销人员最需要培训和提高的地方,在培训主导思想上达成一致。其次,培训部门还应对营销人员进行培训需求调查,并对调查结果进行细致的分析,设计培训主要内容,经营销部门领导审定后实施。最后,培训部门依据培训内容,提前联系和安排好培训时间、场地、学员、讲师等细节内容。

(2)安排好培训时间。要坚持集中培训与日常培训相结合的原则,科学安排培训时间。对会展营销人员的统一培训最好安排在12月份前后,这个时期通常是举办展会的淡季,开展培训不会过多耽误日常的营销工作。同时,上一营销年度的工作已基本结束,下一营销年度的工作尚未全面铺开,可根据下一年度的营销计划安排更有针对性的培训内容。一般来说,统一的集中培训时间不能少于一周。在做好统一培训的同时,还要在各部门内开展内部培训,主要是结合本部门营销人员工作中存在的问题进行分析,通过分析,发现问题的成因,同时提出解决问题的有效措施,不断提高会展营销人员的职业能力与职业素质。

（3）实现培训内容的多元化。现代市场竞争对营销人员的素质要求是综合的、全面的,会展营销人员不但要有扎实的营销知识和会展知识,还要具备较强的纪律性、团队意识、创新意识、竞争意识、服务意识以及责任意识。因此,对会展营销人员的培训内容应是多层次、多角度的。对会展营销人员的培训通常应包括以下内容：

第一,企业忠诚度培训。旨在使营销人员了解企业、认同企业的经营理念并融入企业文化,从而树立起"为企业创造利润、为客户提供优质服务"的服务宗旨,培养热忱亲切的服务态度和敬业细致的服务精神。主要培训内容包括企业的发展历史、业务经营范围、企业的经营理念与企业文化、企业的发展目标、营销战略目标、各种营销管理制度,以及员工福利制度等。

第二,专业知识培训。会展营销人员必须具备系统、扎实的专业知识,不仅要熟练掌握营销理论和方法,而且要对会展活动有比较深入的理解,了解展会相关的背景知识和行业状况,深谙展会的运作流程,唯有此,才能有效地说服客户,并通过自己扎实的专业知识赢得客户的信赖。对会展营销人员进行专业知识培训,包括会展业发展现状与趋势、展会相关的背景知识和行业状况、会展营销管理的流程、参展商的参展行为研究、客户关系管理、招展和招商实务、展会宣传与推广策略等。

第三,销售技巧培训。会展营销人员必须具备一定的销售能力,能够运用销售技巧,胜任上门招展、电话招展、售后服务等各项工作,对营销人员进行销售技巧培训,旨在提高他们的沟通能力、应变能力以及现场把握能力,从而提高招展销果,促进整体销售业绩的提升。此方面的培训包括：客户需求的识别与引导、客户心理分析、客户异议处理、商务谈判技巧、接（拨）电话技巧、推销技巧等。

知识链接

什么是会展营销师？

会展营销师是为政府、会展公司、展览场馆、参展商及相关媒体等提供营销决策和服务的专业人士。一个专业展览会的成功离不开优秀的策划与组织,更离不开精心设计的营销方案,会展营销人员是会展活动不可或缺、十分重要和所需人员最多的群体。

考取会展营销师资格证书需要参加全国统一的《会展营销师资格》考试,考试内容分通用知识、实务知识和实践技能三部分。考试合格者获得人力资源和社会保障部中国就业培训技术指导中心颁发的《会展营销师职业培训证书》。

会展营销师需要学习的基础课程主要内容包括会展营销概述、会展活动的内涵与特点、会展营销理念、会展产品与服务、会展客户的采购行为、会展宣传与推广、会展营销渠道管理、会展产品定价方法与技巧、会展赞助策划与营销、会展客户关系管理、办展机构营销管理等。

3. 会展营销人员的激励

会展营销人员的精神面貌和工作态度直接影响展会在客户心目中的形象，甚至决定了营销活动的成败。会展企业应按照现代营销观念建立一套科学合理的激励机制，引导并激励营销人员进行营销活动，确保营销目标的实现。常用的激励方式包括以下四种。

（1）目标激励。目标激励是指给营销人员设立一定的目标，以目标为诱因，引导他们努力工作以实现目标。目标激励要求把展会的经营目标与员工的个人目标结合起来，使集体目标和个人目标相一致。例如，可以为营销人员设定一定时期内的展位销售数量、销售金额、费用支出等目标，根据目标完成情况确定升职、奖金发放等。

（2）参与激励。参与激励是指让营销人员参与到展会的营销管理工作中，使他们产生主人翁责任感，激发他们发挥主观能动性。参与激励的方式有：鼓励营销人员对展会的发展提出合理化建议，对有益的建议进行采纳并适当奖励；鼓励营销人员对会展营销过程进行监督；经常邀请营销人员参与会展营销中重大问题的决策或列席会议；让营销人员及时了解公司的发展计划及发展方向等。

（3）公平激励。公平激励是指会展企业的管理者在各种待遇上，公平对待每一员工所产生的激励作用。在公平的环境中，营销人员享受的工资、奖金、福利、晋升、工作环境等各种待遇应根据其本人的业务能力及对会展营销工作的贡献程度来决定，而不是通过人情或关系来决定。公平的激励手段会激发营销人员专注于工作，通过努力工作实现个人的奋斗目标。

（4）奖罚激励。奖罚激励是指会展企业通过采取奖励和惩罚手段，使营销人员采取符合组织需要的行动。奖罚激励也是当前使用较为普遍的激励手段之一，会展企业可根据营销人员的工作表现及贡献，对其采取奖励或惩罚措施。

第四节　会展营销控制

除了做好营销计划外，会展营销活动的开展还必须对营销活动的过程加以控制,审核计划与实际执行是否一致,如发现实际的执行情况偏离了营销计划,就要找出原因并采取适当的措施和行动予以纠正,以确保会展营销计划的完成。

一、会展营销控制的含义

会展营销控制是指办展机构的营销管理者对营销计划的执行情况进行检查,对营销工作的实际成果进行衡量与评估,对未按照营销计划执行或未达到预定目标的情况采取纠正措施,以确保营销目标完成的过程。

营销管理者需要根据会展营销计划,跟踪营销活动的全过程,对关键的营销环节进行监督和审计,审核营销计划中的每个任务指标是否按时完成,如发现实际的执行情况与营销计划出现了偏差,则应采取相应的补救措施。

进行会展营销控制是办展机构推行现代科学管理的重要一环,它不但有利于办展机构经营管理水平的提高,还有利于办展机构目标管理的推行和目标利润的实现。

二、会展营销控制的内容

会展营销控制一般围绕营销战略、营销运行状态两方面进行,主要采取项目控制、效率控制、盈利水平控制等方式。

(一)项目控制

每个会展项目都会制订具体的营销计划和任务,办展机构可以针对每一个会展项目分别开展营销计划的监督、检查和控制,以确保各会展项目的营销计划得以顺利完成。实施会展项目的营销控制需要根据会展项目的实际进展情况,对展前、展中、展后等不同阶段采取相应的营销控制措施,若发现实际工作偏离了原定营销计划,就要找出原因并采取行动,使营销工作回到计划的轨道上来;如果偏差很显著,则须对营销计划做出相应调整。

整个项目控制的程序可分为前馈控制、同期控制和反馈控制,在不同的阶段要采取适当的营销管理或调节手段,以保证展会各项营销目标的顺利完成。对会展项目进行营销控制是一个动态变化的过程,更是对会展营销计划不断修正的过程。项目控制的流程主要包括以下七个步骤(见图9-4)。

1. 制订项目绩效标准

针对会展项目,要根据组织者自身的规模和营销能力,结合该会展项目市场需求的大小、潜在的参展商数量以及竞争者的营销能力,设立具体的项目绩效标准,如要达到的盈利目标、市场占有率、参展商数量、展位销售额等。

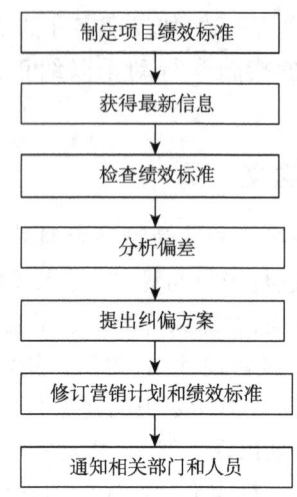

图9-4 会展项目营销控制的步骤

2. 获得最新信息

在制订了会展项目的绩效标准后,营销管理者需要密切关注与该会展项目有关的各种市场信息,尽量收集一些新的市场动态数据资料,从中发现细微的市场变化,分析未来市场动向,以期准确地预测市场发展趋势。

3. 检查绩效标准

营销管理者在对各种市场信息进行实时监控的过程中,会不断发现新的信息,这时需要将新的市场信息与原来掌握的市场信息进行综合分析,不断考察原来制订的项目绩效标准是否合理,是否能够适应市场变化,如果出现偏离实际市场要求的现象,则应对项目绩效标准进行修正。

4. 分析偏差

如果出现绩效标准与实际发生偏差的情况,就需要对出现的偏差进行认真分析,包括出现了哪些偏差;这些偏差出现在哪些业务环节中;为什么会出现这些偏差;造成偏差的原因是什么等,为下一步纠正偏差做准备。

5. 提出纠偏方案

针对偏差分析得出的结论,提出纠正偏差的方案,确定纠正偏差的具体办法。如果仅仅是在会展营销的具体执行过程中出现了问题,就应责令相关营销人员严格按照计划进行。如果是在制订项目绩效标准上出现了失误,则应协调各有关部门、人员,对会展项目的营销计划和绩效标准进行修订,并且对纠偏方案的正确性与可行性进行评价,然后实施具体的纠偏措施。

6. 修订营销计划和绩效标准

对会展项目的营销计划进行修正,同时也要修改相应的营销绩效标准,建立一个与实际相符的营销绩效标准,不但能够确保会展营销工作的顺利开展,而且能为更有效地进行营销控制提供依据。

7. 通知相关部门和人员

修订了项目绩效标准后,要及时通知相关部门和人员,包括该会展项目的策划、管理、运营、销售、客户服务等各部门的人员,使参与该会展项目运作的所有人员都了解到新的绩效标准,并相应地调整本部门的工作计划,以确保顺利完成绩效标准。

(二)效率控制

效率控制也是会展营销控制的重要内容之一,是办展机构为提高会展营销活动的效率,不断寻求更有效的方法来管理销售队伍或改善不良营销绩效的活动。对会展营销而言,效率控制主要是对营销人员工作效率、广告宣传效率和现场服务人员效率等方面的控制。

1. 营销人员的工作效率

营销管理者应如实记录本会展项目营销人员的工作效率,如招展、招商、客户服务等的工作效率。以对招展人员工作效率的控制为例,通常采用的指标包括:

(1)每个招展人员每天平均的销售访问次数;

(2)每次会晤客户的平均访问时间;

(3)每次招展访问的平均收益;

(4)每次招展访问的平均成本;

(5)每次招展访问的招待成本;

(6)每百次招展访问与订购的百分比;

(7)每次招展期间的新客户数;

(8)招展成本占总销售额的百分比。

2. 广告宣传效率

会展营销管理者可以采取多种途径来提高广告效率,包括进行更加有效的展会定位、明确广告宣传目标、制订广告宣传计划、选择广告媒体以及进行广告效果测定等。对广告宣传效率的评价通常采用的指标包括:

(1)每一媒体接触每百名参展商所花费的广告成本;

(2)参展商或观众对会展广告的阅读率、收视(听)率;

(3)参展商或观众对会展广告的记忆程度;

(4)参展商或观众对广告内容和效果的意见反馈;

(5)参展商或观众在广告前后对展会态度的变化;
(6)受广告刺激而引起的询问次数。

3. 现场服务人员效率

为改善展会现场服务人员的服务水平,提高服务质量,营销管理者应对每一服务人员的工作状况进行评估。服务水平的评价方法比较隐性,较难对考核指标进行量化统计,但至少应做好如下记录:

(1)展会中服务人员能否及时到位;
(2)展会中参展商或观众提出投诉的次数;
(3)对客商投诉的反馈速度;
(4)客商对投诉反馈的满意程度;
(5)展会中为参展商及时解决问题的次数;
(6)现场服务人员的专业知识;
(7)现场服务人员的服务态度。

知识链接

对会展服务进行控制的7个关键点

在繁杂的会展营销管理工作中,要有效实现既定的营销目标,必须做好会展营销控制。对会展服务进行控制,应把握好以下7个关键的控制要点:

控制点一:服务内容

提供能满足参展商需求的服务内容。首先,要提供科学可行的专业买家促进计划,包括实力买家邀请、贸易配对活动等,这是参展商最关心的服务内容;其次,要提供完善的配套服务,包括海关通关、检验检疫、运输仓储、食宿交通等服务,为参展商营造便捷、舒适的工作生活环境;再次,要提供有价值的展会信息,如展会规模、参展商数量、行业内知名企业参展情况等,为参展商筹划展会活动、制订参展目标提供信息支持。最后,为感谢多次参展的客商的支持以及争取一些特殊的客商,还可为他们设置一些额外的服务内容。

控制点二:服务标准

服务标准包括服务数量、质量以及价格。服务数量主要是指某项服务的次数,如提供给参展商参与的贸易配对活动次数、贸易配对中能见到的实力买家的数量等;服务质量主要是指服务的速度和效率,如客商投诉的反馈速度、客商对投诉反馈的满意程度等。服务质量也应通过一定的量化指标予以体现。参展商对服务价格比较敏感,所以必须根据市场情况、服务数量和质量,制订合理

的价格,并在参展商决定参展前向其提供各类服务的准确价格,使其明明白白消费。同时,服务价格的制订也要有弹性,对老客户、经济落后地区的客户、团体客户等应给予优惠,但这种优惠必须建立在客户普遍理解的基础上。

控制点三:服务人员

服务人员提供服务的专业化程度直接影响到参展商和观众对展会的评价。而服务人员服务质量的好坏,取决于其个人素质和对服务内容的熟悉程度,因此,必须十分重视展会服务人员的选拔和培训。对一些长期服务于展会的人员,如招展、招商人员,营销管理部门应立足于长期培养,给他们更多的内训和外培机会;还有些服务人员,如接待人员、翻译等,只是在开展前后一段时间内使用,则可以和有关单位协商,采取委托或共同培养的方式,展会临近时再抽调或选用。

控制点四:服务设施

服务设施是指服务的硬件设施和智能化系统。硬件设施包括场馆的空间、水电、空调、电梯、展示器材、运输和吊装设备、安保设施、通信设施、金融服务机构网点数量、邮局和代办运输网点数量、医疗服务点数量、可调度的车辆数量、停车场等。智能化系统包括基于互联网平台的参展商查询系统、媒体服务系统、展台观众流量监测系统等。在当今竞争激烈的会展市场中,先进的服务设施是会展项目成功的重要保障。

控制点五:服务考核

服务考核的目的是确保展会服务的数量和质量达到设计要求,同时也为下届展会提升服务水平积累基础数据。围绕展会服务的考核是一个系统工作,包括考核的内容、方法、反馈、奖罚、提升等。考核内容应根据不同服务岗位的具体特点而制订,突出对重点环节或重点工作事项的考核;考核方法的选用要坚持简便易操作的原则,明确具体操作人、操作时间和操作规范;考核反馈要遵循及时性原则,即对考核结果应及时向当事人反馈,帮助其对服务进行自我改善;奖罚应以公开的形式进行,以鼓励或警示相关人员;提升指根据考核结果,及时与被考核人沟通,帮助其认识不足,并找到提高服务水平的方法。

控制点六:服务跟踪

为保证会展产品有良好的可拓展性,服务跟踪是必不可少的。有效的服务跟踪可以与客户维持并发展良好的关系,为客户提供一些意想不到的增值服务,是确保客户持续参展的重要工作。服务跟踪包括及时征询客商参展的意见与建议、不间断地为客户提供行业信息、重要节日的问候等。服务跟踪必须有整体的计划和步骤,同时应针对不同客户,制订具有个性化的服务跟踪内容和跟踪实施时限。在服务跟踪过程中,必须做好客户意见的收集和反馈工作,对提意见的客户应重点跟踪,因为这些客户往往最有可能成为展会的忠诚客户。行业信息的提供也应尽可能做到个性化,针对不同的客商提供他们感兴趣的行业信息,使之感觉获得了额外利益并受到了重视。

控制点七:服务传播

良好的服务传播是确保展会服务内容及时到达客商的重要保证。展会服务传播的方式包括直接访问、公共关系、大众媒体、互联网、直邮、手机短信等。对于展会的支持方和合作方,如行业协会、专业媒体以及重要客户,办展机构应派专人登门拜访,以显示重视和诚意;对于重点区域的客商,可采用公共关系手段,如赞助公益活动等,树立展会的良好形象;对于客商较集中的区域,通过大众媒体,如电视、广播、报纸、杂志等发布广告,传播展会的品牌形象。

(资料来源:《商场现代化》2007年第24期,作者:钟颖。本书有所删减。)

(三)盈利能力控制

除了项目控制之外,办展机构还需要运用盈利能力控制来测定不同产品、不同区域、不同客户群体以及不同渠道的盈利能力。由盈利能力控制所获取的信息,有助于会展营销管理者决定各种产品或营销活动是扩展、缩减还是取消。以下是展会盈利能力指标的简要介绍。

展会的盈利能力历来被会展营销管理者高度重视,因此,盈利能力控制在会展营销管理中占有十分重要的地位。一般来说,办展机构将销售利润率作为评估展会项目获利能力的重要指标,销售利润率是指利润与销售额之间的比率,表示每销售100元可获得的利润,其公式为:

$$销售利润率 = \frac{本期利润}{销售额} \times 100\%$$

由于对销售利润率的评价常常要与同行业的平均水平进行对比,因此,在评估展会的盈利能力时,最好能将利息支出加上税后利润,这样能大体消除因举债经营而支付的利息对利润水平产生的影响。这种计算方法在同行业间衡量盈利水平时,能比较准确地评价出营销效率。因此,销售利润率的计算公式应该是:

$$销售利润率 = \frac{税后息前利润}{展会销售收入净额} \times 100\%$$

三、会展营销战略控制与会展营销审计

(一)会展营销战略控制

由于展会的市场环境处于动态变化之中,办展机构制订的营销战略在实施

过程中可能会出现实际营销活动偏离总体营销战略的情况,也可能出现因市场环境骤变而导致的原有营销战略与市场脱节的现象,这就涉及会展营销战略控制的问题。

会展营销战略控制是指办展机构的营销管理者对实际的会展营销工作进行分析、评价、监督和控制,对会展营销计划的完成情况进行评审和信息反馈,对整体营销战略进行不断修正的过程。

会展营销战略控制的目的是确保办展机构的营销目标、营销制度、营销战略和措施与市场环境相适应。但是,会展营销战略控制关注的是对未来市场变化的控制,控制的是还没有发生的事件,这就要求战略控制必须根据最新的市场情况重新评估营销计划与进展,有鉴于此,会展营销战略控制的作用很重要,而实施难度也比较大。

办展机构在进行营销战略控制时,可以运用营销审计这一重要工具。在办展机构内部,一般都会有会计审计制度,对一定时期内的财务账表和会计活动进行检查、审核、分析,并根据所获得的数据按照专业标准进行判断,这种财务会计的控制制度有一套标准的理论和做法,无论是法律层面还是制度层面,都已经形成了非常完备的监督管理体系。但是,由于我国会展业实施市场化运作起步比较晚,很多中小型会展企业营销管理能力不强,还不具备开展营销审计的能力,大多数会展企业只是在遇到危急情况时才进行内部营销审计,其目的也只是为了解决一些临时性的问题。而在会展业发达国家或地区,很多会展企业已能够运用营销审计进行会展营销战略的控制。

(二)会展营销审计

会展营销审计是常用的战略性控制手段,是对一个办展机构或一个展会项目的营销环境、营销目标、营销战略和营销活动所做的全面的、系统的、独立的和定期的检查,其目的在于界定营销活动存在的问题并提出改善计划,以提高展会的营销业绩。

会展营销审计通常是由办展机构外部的一个相对独立且富有经验的营销审计机构,对展会的整体营销活动进行审计。如德国的展览会统计资料自愿审核协会(FKM)就是德国展览会的"第三方审计机构"。该机构于1965年由6个会展公司共同创办,发展到今天已有74个德国展会主办者和3个非德国展会主办者成员。该机构每年4月份发布对上一年展会审核的结果,并发布当年申报展会的名单。目前,我国会展业尚未建立一套规范的营销审计制度,加之缺乏外部法律制度的约束,只能依靠办展机构的自主约束规范其营销行为。

会展营销审计的主要特点是不限于评价某一些问题,而是对全部营销活动进行评价,其主要内容包括会展营销环境审计、会展营销战略审计、会展营销组织审计、会展营销系统审计、会展营销盈利能力审计和会展营销功能审计。

1. 会展营销环境审计

会展营销人员必须审时度势,对营销环境进行分析,并在分析经济、政策、生态、技术、社会文化等环境因素的基础上制订会展营销战略。这种分析是否正确,需要通过会展营销审计的检验。由于营销环境不断变化,原来制订的会展营销战略也必须相应地改变,需要通过会展营销审计来进行修订。目前,我国许多展会重复投资、重复举办、盲目上马,不能适应市场需要,不利于形成适度的市场规模,因而难以取得理想的经济效益,原因就在于缺乏充分的会展营销环境的调查与分析。会展营销环境审计的主要内容包括市场规模,市场增长率,参展商对展会的评价,竞争者的目标、战略、优势、劣势、规模、市场占有率,服务商的供应方式等。

开展会展营销环境审计,必须明确影响会展营销效果与效益的外部因素与内在因素。一般来说,外部因素既包括经济、政策、法律、社会文化、自然生态等宏观营销环境,也包括目标客户、竞争展会、会展服务商、公众等微观营销环境;而影响营销效率的内在因素则包括营销战略、营销目标、营销计划、营销组织和营销人员等,以上因素是开展会展营销审计时必须考虑的。

2. 会展营销战略审计

会展营销战略审计主要评价办展机构是否能够以市场为导向,按照参展商和专业观众的需求制订营销战略、确定营销目标、安排营销活动;是否正确地进行了市场细分并准确地选择了目标客户;是否开发出了与自身竞争地位相一致的会展产品;是否能合理地配置营销资源,并保证展会在广告宣传、品牌推广、营销公关等方面的战略卓有成效。所有这些,都需要通过会展营销战略审计的检验。

3. 会展营销组织审计

会展营销组织审计主要评价展会的营销组织在执行会展营销战略方面的组织保证程度和对营销环境的应变能力,主要包括:是否有强有力的决策团队和领导集体;营销组织内部的责、权、利是否明确清晰,进而能有效地开展会展营销活动;是否有一支训练有素的会展销售队伍,对会展营销人员是否有健全的激励、监督机制和评价体系;营销部门与办展机构内部的策划、广告、公关、财务以及其他部门的沟通是否顺畅以及能否密切合作等。

4. 会展营销系统审计

会展营销系统包括营销信息系统、营销计划系统和营销控制系统。对营销信息系统的审计,主要是审计如下方面:办展机构是否有足够的有关会展市场发展变化的信息来源,是否有畅通的信息渠道,是否进行了充分的会展营销研究,是否恰当地运用营销信息进行科学的市场预测,等等。对营销计划系统的审计,主要是审计:办展机构是否有周密的营销计划,计划的可行性、有效性以及执行情况如何;是否有长期的市场占有率增长计划;是否有适当的销售指标及其完成情况如何;等等。对营销控制系统的审计,主要是审计办展机构对年度计划目标、盈利能力、市场营销成本等是否有准确的考核和有效的控制。

5. 会展营销盈利能力审计

盈利能力审计是在展会成本效益分析的基础上,对展会获利能力的审核。具体包括:审核营销费用支出情况及其效益;进行营销费用与销售分析,包括会展销售队伍与销售额之比、广告推介费用与销售额之比、招展费用与销售额之比;进行资本净值报酬率分析以及资产报酬率分析;等等。

6. 会展营销职能审计

会展营销职能审计是对会展营销组合决策,如产品和服务策略、定价策略、招展和招商策略、宣传与推广策略的效率进行审计,包括审计会展产品和服务在目标客户中的受欢迎程度、展位价格制订的有效性、招展和招商的效果、各营销服务机构的工作效率、广告预算、媒体选择及广告效果、销售队伍的规模、素质以及能动性等。

本章小结

会展营销管理是指对办展机构的经营项目和营销活动进行计划、组织、执行和控制,以实现经营目标的活动。会展营销管理过程主要包括分析会展营销环境、制订会展营销战略、制订会展营销计划、组建会展营销队伍、执行会展营销方案和实施会展营销控制。

会展营销计划是指在对会展营销环境进行调研分析的基础上,针对具体会展项目制订的营销目标,以及实现这一目标所应采取的措施步骤的明确规定和详细说明。会展营销计划的制订受市场环境的变化、目标客户的需求、竞争状况等因素的影响,通常包含产品与服务计划、促销推广计划、营销成本计划、营销队伍计划、营销预算编制等。

会展营销组织的形式主要受宏观营销环境、营销管理理念以及办展机构自身所处的发展阶段、经营范围、业务特点等因素的影响。我国大多数会展企业的营销组织都比较简单,常见的有职能型组织结构和项目管理型组织结构。会展营销组织中最重要的工作是对营销队伍的建设与管理,包括对营销人员的招聘、培训和激励。

会展营销控制是指营销管理者对会展营销计划执行情况的检查,审核计划与实际是否一致,对偏离计划的情况采取适当措施予以纠正,以确保会展营销计划的完成。会展营销控制围绕营销战略、营销运行状态两方面内容进行，主要采取项目控制、效率控制、盈利水平控制等方式。其中，会展项目控制是一个动态变化的过程，包括制订项目绩效标准、获得最新信息、检查绩效标准、分析偏差、制订纠偏方案、修正营销计划和绩效标准、通知相关部门和人员七个主要步骤。会展营销审计作为会展营销控制的一部分，是指对办展机构一定时期内的全部营销业务进行总体效果评价，其基本内容包括会展营销环境审计、会展营销战略审计、会展营销组织审计、会展营销系统审计、会展营销盈利能力审计和会展营销功能审计。

习题

一、名词解释

会展营销管理　　　会展营销计划　　　会展营销控制
会展营销审计　　　目标激励　　　　　参与激励

二、简述题

1. 会展营销管理的主要工作内容包括哪些？
2. 会展营销组织的设置需考虑哪些因素？
3. 职能型会展营销组织结构有哪些优、缺点？
4. 如何对会展营销人员进行激励？
5. 会展营销控制有哪几种方法？
6. 会展营销审计的主要内容包括哪些方面？

三、小组实训

以小组为单位，深入调研某一会展企业，对其营销部门的组织结构、岗位设置、人员培训、管理与激励等工作进行分析，提交调研分析报告。

第十章
会展营销新方式

◆ 学 习 目 标 ◆

- 理解会展客户关系管理的内涵;
- 了解会展客户关系管理的实施流程;
- 掌握会展整合营销传播的含义与特点;
- 掌握会展整合营销传播的主要手段及应用;
- 了解会展网络营销的主要形式。

引 言

随着我国会展市场的发展与完善,会展营销理论也在实践中不断发展并日臻成熟。近年来,借鉴市场营销学的前沿理论,结合会展产业特点,一些新的营销理念与营销方式不断涌现,本章选择其中较具代表性的三个,即会展客户关系管理、会展整合营销传播和会展网络营销,向读者做深入、系统的介绍。希望读者通过本章的学习,能够了解会展营销的发展动态及前沿理论,理解上述营销方式的内涵、运作流程及实施要点。

引导案例

北京图博会的整合营销传播策略

北京国际图书博览会(以下简称图博会)是由政府主导、中国图书进出口(集团)总公司承办的国际性展会,1986年创办至今已有32年的历史。图博会早期每两年举办一次,从2002年开始,办展周期由两年一届缩短为一年一届,2018年举办的是第25届图博会。

经过多年的培育与发展,图博会已由版权贸易为主的专业性展会转变为"兼具出版展示、专业研讨、文化展览、互动交流、阅读体验功能的综合性文化展会"。图博会不断推动中国版权的对外输出与国外版权的引进,通过"北京国际出版论坛""中国出版'走出去'成果展""IDPF 数字出版论坛"等活动为国内外出版人创造广泛交流、贸易洽谈的平台。以下我们对该展会的整合营销传播策略进行深入系统的分析。

1. 广告宣传

图博会的主办方对交通广告情有独钟,因为交通广告多设置于地铁、公交车内以及公交站台,人流量大,广告到达率较高,非常适合图博会这种面向大众的展会。图博会主办方在 21 条公交线路上进行广告宣传;2014 年首次在北京地铁 1 号线和 10 号线投放广告,打造"图书馆列车",向广大地铁乘客推荐新书,引起广泛关注;2017 年,图博会地铁广告中加大了对其阅读推广形象大使刘震云的海报宣传;2018 年,图博会增加北京地铁 6 号线的广告。

户外广告也是图博会的主要广告形式之一,展会举办期间,中国国际展览中心(新馆)场馆内外随处可见宣传图博会的挂旗,展馆周边的道路上悬挂着图博会的宣传路旗。

2. 公关推广

2008 年,图博会为响应北京奥运会的绿色理念,提出"绿色书展"倡议,并携手国际环保绿色和平组织,共同启动了"爱书人爱森林"项目,展出各种"森林友好型纸张"的样本以及成功使用这种再生纸印刷的《哈利·波特与混血王子》等图书,从而体现了主办方的环保意识与公益心,提升了展会的公众形象,打造了良好的口碑。

"中华图书特殊贡献奖颁奖仪式"和"北京国际出版论坛"是图博会同期举办的两大品牌活动,前者旨在表彰为推广中华文化和中国出版物等方面做出突出贡献的外籍及外裔中国籍作家、翻译家和出版家,后者旨在传播出版业最新动向,打造国内外出版人的交流平台。这两大活动已经成为图博会搭建与海外作家、参展商长期合作关系的重要桥梁。

为推动全民积极参与阅读,2017 年,北京图博会聘任作家刘震云为阅读推广形象大使,聘期 5 年。在"刘震云和他的朋友们"的主题活动中,马东作为主持人采访了刘震云,并在腾讯新闻网站进行直播,68 分钟的直播收获了 5.4 万观看量。将刘震云聘任为阅读推广形象大使,一是考虑他知名作家的身份,在国内外拥有一定数量的读者,二是作为图博会的老朋友,他多年参与图博会文学沙龙活动,对图博会非常了解,有利于展会信息的正面传播。2018 年,图博会为其绘本展也设立了形象大使,希望吸引众多绘本迷和孩子们一起享受阅读绘本的快乐。

3. 媒体合作

图博会非常重视主流媒体的力量。主办方与中央电视台、中央人民广播电台、中国国际广播电台、北京电视台等6家广播电视媒体,新华社、人民日报、中国日报等22家报纸媒体,新浪网、搜狐网、人民网等8家权威网络媒体以及作为户外媒体的人民日报社人民数字开展合作,对图博会进行全方位的宣传与报道。早在2007年,图博会就设立了媒体中心,与各大新闻媒体进行合作。2017年,在展会现场推出新媒体联合展台,童书类、育儿类、美食类自媒体平台共同展出,以新媒体的力量推动展会信息的二次传播。为宣传其阅读推广形象大使与展会活动,2017年,图博会通过腾讯视频、西瓜视频等网站发布倒计时活动,并在今日头条、豆瓣网开通官方账号,主办方中图集团也在其"头条号"上不断发布图博会的相关新闻,利用更生动、更亲民的媒体渠道拉近与公众的距离。

4. 新媒体策略

网络媒体与新媒体因具备数字化、信息化、社交性等特征,在展会的宣传与推广工作中日益得到重视与利用。图博会目前拥有"北京国际图书博览会"和"e-BIBF"两个网站,分别有中英文页面。其中e-BIBF网站于2007年开通,专门为海外参展商提供参展服务。

图博会官方网站的功能栏设置包括参展信息、展会活动、新闻中心等内容,参展商和观众可以在官网上注册后进行申请展位、预约参观、下载证件,或者查询更多展会信息,官网下方有历届图博会的新闻报道、视频资料等内容,方便公众了解展会情况。

2014年,图博会开通了微信公众平台与官方微博。目前微信公众号包括"北京国际图书博览会""BIBF国际绘本展"等四个账号。在"北京国际图书博览会"账号中,提供门票购买、展会介绍、交通指南、展会亮点介绍等功能,便于公众及时获取最新的展会信息。2014年,图博会在微信平台上举办了"在北京书展遇见50本好书"活动,以倒计时的形式每天推送一个主题和两本中外文好书,读者转发推荐好书的帖子并写下短评或感想@图博会,再截图发给图博会的微信平台,可获取杂志一本,展会举办的最后一天抽选出一名"BIBF爱书人"。该活动引发读者的强烈关注,出现了很多精彩的读书短评。2017年,图博会为《冰与火之歌》中文版系列书籍在微信平台上举办粉丝留言活动,评论点赞数最高者可获得整套书籍,该活动吸引了众多读者和影迷参与,是当年图博会微信平台上最受瞩目的活动。

5. CI策略

CI即企业形象识别,指企业有意识、有计划地向公众传达自己的特色,进而树立品牌形象,具体包括理念识别(MI)、行为识别(BI)和视觉识别(VI)三个系统。其中,视觉识别体现在展会名称、Logo、包装、品牌、展馆标示与设计方面。图博会的主办方非常重视视觉识别系统的设计,2010年与中央美院合作对展会的主形象、现场指引标识等进行了全新设计。下图左侧是图博会的旧版 Logo，这款标识好似一本立放着的图书，书脊上标有"BIBF"字样，封面是一只石狮子端坐在地球上的图案，右上角的"CNPIEC"是主办方中国图书进出口（集团）总公司的英文简写。2016 年，为庆祝图博会创办三十周年，主办方还在标识上加了一个飘逸的"书签"，书签上标有数字"30"，仿佛在图博会这本厚重的书上留下一个珍贵印记。

2017 年，为进一步传播图博会的品牌形象，提升图博会的国际知名度和影响力，主办方对展会 Logo 进行了新一轮的公开征集。下图右侧为图博会的新版 Logo，该标识着重突出展会的英文简称"BIBF"，既保留原有的书香韵味，又着力突出展会名称在整个标识中的比重，更具有可识别性。新标识设计出来后得到了广泛的应用，不仅在广告宣传中反复使用，而且出现在展馆内外、参展证、参观证、背板、路旗、宣传口袋、信封、信纸及明信片等各种场合。

图博会旧版 Logo

图博会新版 Logo

思考：
(1) 会展整合营销传播的主要手段有哪些？
(2) 图博会的整合营销传播策略有哪些值得学习和借鉴之处？

第一节　会展客户关系管理

客户关系管理（CRM）被认为是 21 世纪打造企业核心竞争力的重要手段，它不仅是一个营销管理系统工程，更代表着一种经营管理思想，即以客户为中心，视客户为最重要的企业资源，通过稳定良好的客户关系以及高度的客户忠诚为企业创造独特的竞争优势。

正所谓"得客户者得天下"，面对日益激烈的竞争态势，越来越多的办展机构意识到实施客户关系管理对保持展会的市场竞争优势、获得稳定超额利润以及实现可持续发展具有重要意义。本节将系统介绍会展客户关系管理的内涵及实施流程,对我国会展业实施客户关系管理的现状进行深入研究,梳理和总结客户关系管理实施过程中存在的主要问题,并提出解决措施与建议。

一、会展客户关系管理的内涵

近年来,我国会展市场竞争日趋激烈,展会题材同质化的现象日益严重,造成包括参展商、采购商、观众在内的会展客户的分流。据不完全统计,大部分展会的客户流失率都在25%左右,有的展会客户流失率甚至在50%以上。在新的竞争态势下,会展市场营销已进入客户主导阶段,客户关系与客户价值受到比以往更多的关注,客户关系管理思想及其系统应用在我国会展业界得到日益广泛的关注。

会展客户关系管理是指办展机构通过各种渠道收集客户信息,借助CRM(客户关系管理)应用软件系统,积累和共享客户知识,有针对性地为不同客户提供个性化服务,快速而妥善地处理客户需求,从而提升客户对展会的满意度,培养客户对展会的忠诚度。

对会展客户关系管理的理解,可以从以下三方面入手:

(1) 会展客户关系管理体现了"以客户为中心"的营销思想。

现代市场营销观念已由"以产品为中心"转变为"以客户为中心",越来越多的企业意识到稳固持久的客户关系对自身长远发展的重要意义。会展客户关系管理的核心思想是将客户(既包括参展商、与会者、专业观众,也包括场地提供商、各类服务商、合作单位等)作为最重要的企业资源,通过深入的客户分析与完善的客户服务来满足客户需求,在帮助客户实现最大价值的同时,实现办展机构自身价值的最大化。"以客户为中心"要求办展机构变以往与客户的交易关系为战略合作伙伴关系,将关注重点由内部业务的管理转向对外部业务即客户关系的管理,把"为客户解决需求"的经营理念贯彻到企业经营管理的所有环节。

(2) 会展客户关系管理强调"关系也是一种资产",对客户关系的管理实质上是对展会战略资产的管理。

人们通常把企业发展所必需的厂房、设备、资金、技术、人才等理解为资产,然而,事实上这些资产只是产品价值得以实现的部分条件而非完全条件,其缺少产品价值实现的最后阶段也是最重要的阶段,而这一阶段的主导者是客户。办展机构作为不生产物质产品的服务性企业,更应视客户为重要的资产,视客户关系为企业发展不可或缺的重要资源,不论是在市场营销、销售实现还是在客户服务与支持等业务流程上,都把客户视为价值链中的重要环节。

(3) 实现会展客户关系管理的工具是CRM应用软件系统。

办展机构实施客户关系管理的技术支持是基于数据库、互联网、计算机联机数据分析处理、数据挖掘和聚类分组算法等信息技术形成的 CRM 应用软件系统。鉴于会展客户关系管理有其自身的特点,办展机构应在考虑自身业务运作流程和功能需求的前提下选择适合的 CRM 系统。该系统一般应具备如下特点:①强大的客户数据库,且鉴于会展业客户信息一般每年以 20%～35% 的速度在变化,因此该数据库应能对客户数据及时地更新删补,对敏感数据进行有效保护;②较强的数据聚类分组分析功能,能按办展机构的要求对有关客户信息进行聚类分组分析;③较强的数据挖掘功能,能从大量繁杂的客户数据中探寻出有用的客户信息,提升信息的价值,确保与客户互动时更加体贴周到;④符合会展活动的业务和服务流程。

二、会展客户关系管理的实施流程

会展客户关系管理是一个将客户信息转化为客户知识,再通过高影响的客户互动将客户知识转化为客户关系,最终形成客户忠诚的循环过程。这一实施流程包括以下四个主要步骤(见图 10 - 1①)。

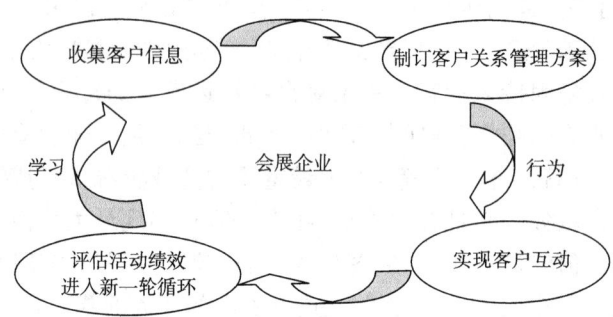

图 10 - 1　会展客户关系管理的实施流程

(一)收集客户信息

收集客户信息是办展机构实施客户关系管理的第一步。展会所面对的客户市场是一个广泛而复杂的群体,办展机构在与客户群体的接触中,通过各种途径如互联网、客户跟踪系统、呼叫中心档案等收集客户信息,包括客户资料、参展需求、交易历史资料等,并将数据存储到统一的客户数据库中。

需要指出的是,在收集客户信息的过程中,零乱的或不完整的客户数据是没有利用价值的,且大量关于参展商、采购商、服务商、合作单位的各类记录以

---

① 该图摘自马勇、王春雷:《会展管理的理论、方法与案例》,高等教育出版社,2003 年版。

及商业机会的信息资料分散于各部门或岗位员工的私人邮件、文本文档、传真件、工作簿中,这就需要整合与客户接触的各业务单位的客户信息,将它们集成到统一的会展客户数据库系统中。

表10-1给出了会展客户数据库中所涉及的相关客户信息,供读者参考。

表10-1 会展客户数据库中的信息

参展商信息	全部展商清单/本年签约展商/潜在展商/未审核展商/展商回收站/邮编为空的展商清单/联系人为空的展商清单/打印展商信封/批量展商分配/未分配展商清单/组团设置	展位数量排序表/展商经营产品项目统计表/展商投入金额排序表/展商地区统计表/海外展商统计表	展商款项情况表/展商广告款项情况表/展商活动款项情况表/展商运输款项情况表/展商租赁款项情况表
专业观众信息	观众清单/本届预登记观众/未审核观众/观众回收站/错误列表/重复记录列表/条形码重复观众/地址为空观众/邮编为空观众/城市错误观众/国家错误观众/姓名地址重复观众/打印观众信封/成批设置观众条形码/成批删除未参展观众/观众查看	观众查询统计/观众职业统计/观众企业性质统计/观众经营产品项目统计/观众地区统计/海外观众统计/观众入场情况统计/观众来源统计	从网上导入观众数据/标准观众数据导入/将有条码观众导出到Excel
供应商信息	展馆	酒店	租车公司	会展搭建公司	会展物流公司	公关公司	广告公司
主办单位信息	主办单位	承办单位	协办单位	支持单位	开幕嘉宾	媒体

(二)制订客户关系管理方案

从办展机构实施客户关系管理的角度来看,对各类客户一视同仁是不合算的,CRM要求"看人下菜",即针对不同客户制订不同的营销策略方案。国外学者指出,CRM应让客户更方便、对客户更亲切、个性化和立即反应,才能更好地维系客户关系。办展机构实施客户关系管理应体现以人为本的思想,确认"一对一"的营销方式,视客户的不同而提供针对性服务和差异化服务,提高办展机构自身在客户互动中的投资机会。

首先,应对会展客户进行细分,即将客户信息转化为客户知识,通过参展商的个性化资料、参展支付费用及频率、参展方式、地理区位、客户的关系网等指标对客户进行细分。其次,在客户细分的基础上识别不同价值的客户或客户群。CRM观念认为,并非所有客户都是企业的盈利客户,客户价值也有高低之分,企业应采用科学的方法筛选出优质客户,进而将其资源投放到可能为企业带来高回报的优质客户群上。最后,在客户识别和客户筛选的基础上,针对不同客户的消费行为模式,预测其在本次会展活动中可能的服务期望和参展行为的变化,制订不同的营销策略,提供针对性服务。

（三）实现客户互动

办展机构使用各种互动渠道和前端办公应用系统,如客户跟踪系统、销售应用系统、客户接触应用和互动应用系统等,通过与客户互动,随时追踪客户的需求变化以及参展后的有关评价,不断修改客户关系管理方案。

例如,办展机构可利用数据库和分析技术创造一个集中的"单一客户视图",并用它量身定制与每个客户的实时互动。如"销售预测"就是利用客户数据,以附加的产品和服务来定位特殊的客户群。当客户来电时,公司CRM系统可以迅速识别来电者,并对此客户信息和公司能提供的现有产品进行分析,同时帮助预测此客户的可能性买入,确定什么产品最适合他,并在几分钟内将建议发送给一线销售人员,使销售人员在客户挂机之前就能推断出要销售的展位或服务类型,知道客户以往的交易习惯,增加销售成效。

以往,市场营销活动一经推出,通常无法及时监控活动带来的反应,而效果如何只能最后以销售成绩来判定。CRM却可以通过客户服务中心或呼叫中心及时地进行互动反馈,适时调整下一步的营销活动。

（四）评估活动绩效

这是指办展机构通过捕捉和分析来自客户互动中的数据,理解客户对各项营销措施所产生的具体反应,为下一个CRM循环提出新的建议,以此不断改善客户关系。对会展客户关系管理实施效果进行评估可采取以下方法:

(1)进行客户调查。即利用各种与客户互动的方式测试客户需求的满足程度、客户对展会的满意度以及展会的运作成效等。通过WEB站点和展会现场调查就是很好的方法。调查中让客户回答一些预定问题,如对参展商提出诸如"您对本次展会的服务是否满意?""您是否打算明年还参加本展会?""您是否达成了贸易合同或找到了有合作意向的伙伴?"等。调查问卷对帮助办展机构理解其客户的感受和体验有很大作用。

(2)通过呼叫中心性能指示器测量。客户满意度的相关参数可通过呼叫中心性能指示器进行测量,如:客户解决一个问题需要联系公司的次数,对相关路由往返的电子邮件成功执行分类的比例;Web站点上经常被提问的问题出现的频度、Web 交流转变为电子邮件和电话交流方式的数目,等等。这些参数有助于帮助办展机构判断其 CRM 系统的实施效果。

(3)交易评测。通过实施 CRM 产生的实际交易情况来测评 CRM 系统的效果,如一定时期内展位销售数量增加的百分比、展位销售与去年同期相比的提升情况、由销售机会转变为实际订单的展位数量等测评指标。

三、我国会展企业实施客户关系管理的现状

有资料显示,早在 2000 年,国内一些软件开发商如北京昆仑亿发科技有限公司、西安远华软件有限公司等就着手推出了针对会展企业的 CRM 整体解决方案。但客观地讲,我国会展企业实施客户关系管理仍处于初级阶段,主要受以下原因所限:

(1)尚有为数不少的会展企业没有真正树立起"以客户为中心"的经营管理理念。会展企业尽管深知"客户是企业最重要的无形资产"这一事实,但在实际工作中,对客户关怀和客户满意度重视不够,对客户的个性化需求更是无从考虑。展会结束以后主动征询客户意见和建议的很少,大部分展会的主办方只是整理好客户的名片以备来年招展或招商时再用,很少关心客户对本次展会是否满意以及是否在展会中受益。更有诸如不能兑现展前承诺、服务不周、投诉处理不及时、展后沟通不够等问题出现,最终导致大量客户流失。

(2)CRM 系统结构复杂,费用昂贵。CRM 全套方案做下来动辄几十万元、数百万元,因而目前我国实施 CRM 系统的多是银行、电信、石化、制造等大型企业,本土会展企业因规模普遍偏小,资金实力不雄厚,较难承受昂贵的费用。这是目前 CRM 在我国会展业不能得到很好应用的重要原因。

(3)我国会展企业现有的管理能力不足以承受实施 CRM 的要求。首先,CRM 作为先进的营销管理理念,必须在科学的营销管理体系中才能保障实施。我国目前绝大多数会展企业营销体系还不完善,使 CRM 实施较难。其次,CRM 的应用必须仰仗企业先进的信息化建设。我国绝大多数会展企业由于种种局限,尚未将核心业务流程、客户关系管理等延伸到互联网,用户或供应商还不能在真正意义上通过互联网与企业进行互动、实时的信息交流;甚至许多公司自己开设的网站与公司自身的呼叫中心都不能连贯,信息无法畅通。最后,实施 CRM 对会展企业的人力资源能力提出了较高要求。CRM 最终是一个管理过程,需要人来控制实施,而我国会展企业中专业人员比较匮乏,人力资源能力还未达到 CRM 要求的水平。

四、我国会展企业实施客户关系管理存在的主要问题

客户关系管理在我国会展业的实施还处于初级阶段,真正有效实施 CRM

系统的本土会展企业仍是凤毛麟角。究其原因,除了受上述因素所限外,会展企业自身也存在一些认识及操作上的误区,主要表现为以下五个方面:

(1)认为CRM只是一套管理软件系统和技术。

很多会展企业认为实施CRM就是花钱买一套软件系统,像财务软件一样买回来就可以用。会展企业把实施CRM看成是技术问题,而忽略了CRM在本质上是一种经营管理理念,是一个以客户为导向的企业营销管理系统工程。这种认识上的错误,导致企业将CRM项目预算的90%都花在购买功能齐全的软件系统上,而忽视了对人员的培训和系统流程的调整。

(2)认为客户关系管理只是销售部门的事。

很多会展企业内部存在一种认识误区,即认为客户关系管理既然是以客户为核心的营销管理创新,那么,理所当然地应由公司的销售部门或客户服务部门负责实施。这种认识是片面的。全体员工都应对CRM负责任,因为CRM的最终目的在于赢得对企业有价值的客户,要做到这一点,只有不断提供令客户满意的产品或服务;而优质的产品或服务需要全体员工的共同努力,只靠销售部门难以建立客户关系管理体系;CRM实质上是一种整合营销,它需要各部门的参与和配合。

(3)认为CRM功能越多越全越好。

一些会展企业选择CRM软件时,并没有充分考虑自身的业务运作流程和功能需求,而是盲目选择模块多、功能全的应用软件。实际上,一些华而不实的功能模块不但增加了系统的固定成本,同时也使系统的复杂度变大,维护成本提高。适合自己的才是最好的,会展企业选择CRM系统应基于自身的业务需求,盲目追求功能多而全反而会导致不必要的资金与管理资源的浪费。

(4)对实施CRM的投资回报期望过高。

一些会展企业把CRM看成是包治百病的灵丹妙药,认为本企业的所有问题都可以通过实施CRM来解决。CRM是在市场竞争日趋激烈、客户需求日趋个性化的情形下产生的,它主要是帮助企业充分利用客户资源,通过与客户的互动交流不断提升客户的满意度,实现由"以产品为中心"向"以客户为中心"的转变。CRM力图解决的是企业竞争中最直接和最关键的问题——市场问题,但它不可能解决企业的所有问题,比如企业战略选择、企业文化塑造、企业制度确立或企业融资等问题。

(5)对实施CRM的投资成本构成不清楚。

很多会展企业认为实施CRM最大的经费支出是购买软件,而据国外研究,CRM实施前期和后期投入的经费比介于1:3与1:4之间。对相当可观的CRM系统实施后期所需的修改、升级及维护费用,很多企业事前并没有做出合理预估。

 小案例

表 10-2 是某会展公司 CRM 软件的基本情况。

表 10-2　××会展公司 CRM 软件的主要功能及介绍

功能	功能简介
客户数据库管理	客户数据库的建立是对客户进行管理的前提和基础,通过 Excel 自动导入原有客户数据,软件还可以自动备份、刻录客户数据库
数字通讯管理	除日常方便联络客户外,还可在节假日、纪念日自动定制各种信息,为客户提供个性化服务。主要功能包括手机短信群发、电子邮件群发、在线客户互动等
重点客户分类管理	根据客户级别进行分类管理,将重点客户、普通客户分级管理,对重点客户采用会员制手段进行跟踪交流
客户财务管理	客户的财务账务可以及时反映在软件界面上,便于各级管理人员进行决策分析和业务考核,同时,客户可以通过网上支付、汇款等多种手段实现客户费用的自动管理
客户个性化服务管理	针对客户需求的不同为其提供个性化服务。这些服务需要根据客户等级的不同,分层次、分类别享用。同时,软件服务模块的框架是可以扩充的,如客户对某项服务的预约、提醒功能、查询统计、文件上传下载、论坛发帖、在线订阅等
客户在线互动管理	展会数据库可以根据客户等级的不同向其开放,实现数据共享,有助于对客户的个性化服务和展会数据的价值提升,为客户提供切实服务
客户分析管理	对客户数量、客户财务管理情况、客户进展状态、历史客户状况等信息进行查询和统计,以便对客户进行跟踪管理,提高营销效率

第二节　会展整合营销传播

整合营销传播(Integrated Marketing Communication,IMC)理论产生于 20 世纪 90 年代初的美国,90 年代中期进入我国。作为重要的营销传播理论,整合营销传播强调以目标客户为核心并与其进行双向沟通,整合多种传播工具和传播手段,共同对目标客户产生影响,形成对品牌形象的一体化传播。整合营销传播理论对会展营销,尤其是会展项目的宣传推广具有积极的借鉴意义,办展机构在进行会展项目的宣传与推广时,极有必要下功夫贯彻整合营销传播的思想。

一、整合营销传播理论回顾

(一)整合营销传播与 4C 理论

整合营销传播理论被公认为新营销时代的主流,它的形成与现代市场营销理念的发展是分不开的。20 世纪 90 年代以后,市场营销 4P 组合理论渐为 4C 理论所取代(见表 10-3)。

表 10-3 从 4P 理论到 4C 理论

4P→4C	实施要点
Product→Consumer (产品) (需求)	研究消费者的需求,注重销售的不是企业能够生产的产品,而是消费者希望购买的产品
Price→Cost (价格) (价值)	研究消费者对产品的价值感以及愿意支付的成本,摒弃传统的企业定价策略
Place→Convenience (渠道) (便利)	从消费者的角度考虑怎样使购买方便,而不是企业销售渠道规划
Promotion→Communication (促销) (沟通)	与消费者保持持久性的联系,做好整合营销传播和互动传播

由表 10-3 可知,4P 理论到 4C 理论的演变体现了"以生产者为主导"到"以消费者为主导"的市场营销理念的转变。4C 理论的核心是消费者的需求,变"请消费者注意"为"请注意消费者"。

(二)整合营销传播产生的背景——传统营销传播受到严重挑战

4C 理论强调与目标客户进行有效的沟通与互动,而不是将产品简单地促销出去。在沟通手段与沟通形式上,传统营销传播受到严重挑战,主要体现为:

(1)传播媒体的发展以及受众更加细分化。传统媒体不断发展,新型媒体不断涌现,传播媒体无论在数量、种类、还是规模上都有了前所未有的发展。一方面,受众对媒体的选择机会越来越多;另一方面,受众也在不断被分化。因此,在没有一种媒体可以覆盖所有消费者、垄断所有消费信息并完全左右购买决策的情况下,就需要整合多种传播媒体,使其共同对消费者发生作用。

(2)信息的可信度下降。消费者接触信息的广度增加而深度降低,单纯一种媒体发送的信息可信度下降,以多种方式、多个途径与消费者进行信息交流就显得愈发重要。

(3)传播媒体的费用上升而传播效果下降。传播媒体的费用上升,导致企业需要付出比以往更多的信息传播费用,但传统营销传播所达到的实际传播效果并不理想,这就需要企业将全部"具有传播价值"的活动进行整合,以取得整体效益。

(4)同质性产品增加使得品牌形象更重要。品牌形象的塑造仅靠单一的传播手段是不够的,必须使消费者有多个信息接触点,进行系统、持续、统一的传播。

(三)整合营销传播理论框架的形成

整合营销传播理论的形成基于市场营销学、传播学、广告学等领域学者的共同研究。

(1)达恩·舒兹首先提出了"整合营销传播"的概念。美国西北大学教授达恩·舒兹(Don E. Schultz)于1990年首先提出了"整合营销传播"的概念,他在著作《新广告运动——战略性统合传播规划》中说:"在混乱复杂的市场环境中,再没有比此时更需要整合营销传播了……对消费者、经销商或零售商做整合性单一讯息传递是重要的关键,唯有经过通盘的统合后才可能让讯息一致地传达给目标对象。"

1993年,达恩·舒兹又与他人合著《整合营销传播:揉在一起发挥功用》一书,确认了整合营销传播的理论框架,进一步明确以消费者为中心的观点,同时强调建立资料库的重要性,认为这是确保与目标受众沟通渠道畅通的基础,继而可以利用关系营销,强化"品牌—消费者"的联系。

(2)菲利浦·科特勒提出"营销传播一体化"。菲利浦·科特勒是美国著名的市场营销学家,他于1994年在著作《市场营销管理》第八版中专门增加了一章,阐述营销同其他功能合作关系的重要性。他从传播学角度对营销传播进行了探讨,提出"营销传播一体化的组织和管理",以及运用营销资料库系统的"可持续发展"营销观念,公共关系也被提升到了营销公关的层次。

(3)贝尔驰教授兄弟提出"推广组合"概念。美国圣迭戈州立大学的乔治·贝尔驰(George E. Belch)和迈克尔·贝尔驰(Michael A. Belch)教授兄弟提出了"推广组合"概念,他们认为,推广组合是整合营销传播的工具,应把广告、人员推销、公共关系或公共报道、促销活动等联结起来,统一管理。

贝尔驰教授兄弟在1993年编写的教科书《广告与推广管理》中导入了整合营销传播的概念,他们1998年又将其书更名为《广告与推广:整合营销传播观点》,该书重要结论为:"推广组合是整合营销传播的工具。"

至此,整合营销传播理论有了比较系统的、完整理论架构。

二、整合营销传播的内涵与特点

(一)整合营销传播的概念

作为一个相对较新的理论,整合营销传播仅在美国就有八种以上的定义。

比较具有代表性的如美国广告协会对整合营销传播下的定义为:"这是一个营销传播计划概念,要求充分认识用来制订计划时所使用的各种带来附加值的传播手段——如普通广告、直接反应广告、销售促进和公共关系,并将之结合,提供具有良好清晰度、连贯性的信息,使传播影响力最大化。"

我国学者对整合营销传播的定义为:"整合营销传播指统筹运用各种传播方式并加以最佳组合,以特定的目标群体为传播对象,传达基本一致的营销信息,促进联系和沟通的系统传播活动。"①

这里,各种传播方式不仅包括广告、新闻宣传、公共关系、销售促进、企业形象视觉管理等营销传播要素,而且包括产品自身、卖场建设、经销商沟通、新媒体使用等(见图 10-2)。整合营销传播就是要整合上述各种传播手段和形式,从而使传播的影响力最大化的过程。

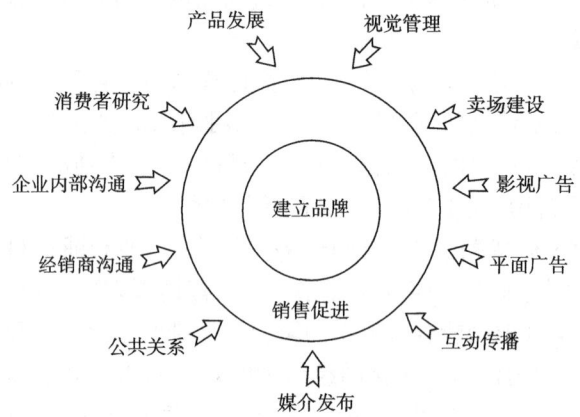

图 10-2 整合营销传播的手段

(二) 整合营销传播的特点

与传统营销传播相比,整合营销传播具有以下四个鲜明特征:

1. 以消费者为中心,重在与传播对象的沟通

整合营销传播强调以消费者为中心,度身打造适合的沟通模式。这里的消费者不是所有消费者,而是特定的目标对象。整合营销传播的目的就是综合运用多种传播手段,坚持"一个观点,一个声音"的原则,传达企业或品牌的一致形象,进而影响特定消费者的行为,并希望建立品牌与特定消费者之间的永续关系。

---

① 倪宁:《广告学教程》(第二版),中国人民大学出版社,2003 年版,第 143 页。

2. 整合多种传播方式,使目标受众更多地接触信息

整合营销传播强调把企业的一切营销和传播活动进行一体化的整合,如前所述,广告、新闻宣传、公共关系、销售促进、企业形象视觉管理、卖场建设、经销商沟通、新媒体使用等,都是传播工具,将它们进行有效的整合,使消费者在不同的场合、从不同的信息渠道获得对某一品牌的一致信息,以增强品牌诉求的一致性和完整性。

3. 形象整合,信息传播突出声音一致

整合营销传播强调以"一种声音"进行诉求。不论采用何种传播技术和手段,都必须做到信息传播的统一、一致,同时受众接收到的信息也应单一、明晰,即"speak with one voice, hear one voice",为建立强有力的品牌形象服务。如果受众通过不同渠道获得的信息南辕北辙,甚至互相抵消,整合营销传播就失去了意义。

4. 强调传播活动的系统性

整合营销传播是复杂的系统工程,强调营销信息传播的系统化以及传播过程中各种要素的协同行动,发挥联合作用和统一作用。

(三)整合营销传播与会展营销

会展市场营销已进入客户主导时代。办展机构对会展项目进行商业包装和市场推广时,必须遵循整合营销传播的思想,通过统筹运用广告、新闻宣传、公共关系、销售促进、企业形象视觉管理等多种传播方式,用统一的传播目标和传播形象向目标客户传递一致的会展信息,以减弱会展营销各环节中的信息不对称,实现营销传播效果的最大化。

三、会展整合营销传播的主要手段

在会展项目的整合营销传播中,经常运用的传播手段包括广告、直复营销、营销公关和销售促进等,这些传播工具各有偏重,各具特色(见表10-4)。

表10-4　会展整合营销传播的主要手段

传播手段	定义	优点	缺点
广告	办展机构通过大众媒体或专业媒体宣传展会,旨在促进招展、招商以及提升会展品牌形象的付费的商业行为	①密集性和大众性; ②便于快速树立品牌知名度	①一般不促成直接的行为反应; ②广告效果的滞后性和累积性; ③大众媒体广告价格昂贵; ④受众对广告有抵触心理

续表

传播手段	定义	优点	缺点
直复营销	办展机构利用人员拜访、直邮宣传资料、电话推广等方式进行展会营销。直复营销具有高目标受众选择性	这是一种有针对性(依靠准确的数据库)和可衡量效果(依靠反馈结果)的互动营销体系	①沟通范围有限; ②沟通成本较高
公共关系	办展机构为与公众沟通感情、维护或改善关系、塑造和提升会展项目的公众形象所付出的努力以及为此进行的一系列活动	①促销动机隐蔽; ②具有高度可信性并能消除公众防卫心理; ③促销成本较低	①不促成直接购买行为; ②在速度和密集性方面较广告逊色
销售促进	旨在刺激目标客户购买或销售代理商经销的一切短期激励手段	①较强的激励性; ②明显的邀请性; ③旨在促进短期销售和刺激即期购买	①短期效应; ②作用的暂时性和局限性

近年来,随着互联网技术的快速发展,特别是移动互联网的普及,越来越多的办展机构利用新媒体平台,如微信、微博、App应用、自媒体平台等,对会展活动进行宣传与推广。相较于传统方式,新媒体具有更加便捷的承载信息和传递信息的特点。

 小案例

新媒体广告在会展营销中的运用——以广州家博会为例

新媒体可界定为"数字化互动式新媒体",其特点是数字化和具有高度的互动性。新媒体广告主要包括以下三种:一是PC端互联网媒体形态类广告,以各类互联网电视、视频、博客、论坛、网络游戏、门户网站以及搜索引擎类广告为主,同时还包括网页弹窗、视频插播等;二是手机等移动终端类广告,以移动电视、车载电视、地铁电视等为主要表现形式,通过移动电视节目的包装设计,增加受众黏性,便于广告投放;三是户外投影及电子显示屏等形态广告,包括户外视频、户外投影、户外触摸等。下面以广州家博会为例,对该展会的新媒体广告运用情况进行分析。

广州家博会的全称为"中国(广州)国际家具博览会",每年的3月份在广州

琶洲举办,素有我国家居家具行业"晴雨表"的美誉。广州家博会的新媒体广告涵盖PC端互联网新媒体、手机等移动终端以及户外新媒体等多种形式。

1. PC端互联网新媒体广告

首先,主办方建立了家博会的官方网站,为参展商和观众开通在线客服咨询等服务,以此加强展会的信息交流与回馈机制,提升客户对家博会品牌的忠诚度。其次,利用综合类网站进行宣传。从开展前直到展会结束,家博会主办方选择中国展会网、广州展会网、广州展会信息等专业展会门户网站,以及新浪新闻、新华网、凤凰资讯等综合性新闻网站,对展会情况进行宣传介绍;同时,选择腾讯、优酷、爱奇艺等视频网站,向受众动态展示展览会的具体内容。最后,利用论坛、博客类平台宣传。除了在相关新闻和视频网站传播外,广州家博会同时会选择诸如百度贴吧、知乎以及新浪微博等论坛、博客类网站进行信息的输出和宣传,从不同角度与受众进行互动与交流。

2. 手机等移动终端类广告

具体包括:

(1)手机微信公众号。广州家博会建立了官方微信公众号,实时推送家博会相关内容。参展商、服务商、观众可以通过展会公众号获取最新资讯和其他相关信息,同时还能享受"免费索票""领取福利""在线咨询"等相关服务。

(2)资讯类App。广州家博会利用"今日头条"等资讯新媒体平台进行展前预热与宣传、展中亮点新闻播报以及信息数据的实时汇报,及时向公众展示展会的举办情况,提高展会的关注度和品牌知名度。

(3)车载电视。公交、地铁以及出租车等车载广告是广州家博会最常选用的广告形式,主要是基于广州公共交通巨大的客流量和相对较为集中的人群特点,以达到最佳传播效果。

3. 户外广告

广州家博会的户外广告主要以户外LED屏新广告投放为主,如大型商场、商务楼宇、小区电梯、地铁隧道等的LED液晶屏。主办方通常选择在展会开办前1~2个月开始投放户外广告,特别是临近展会时投放力度最大,以加深受众对家博会的印象,提高家博会广告的人群覆盖率。

通过以上对广州家博会新媒体广告的分析,我们对会展营销中的新媒体广告运用提出几点建议:

一是注重新媒体广告的创新应用。尽管有效利用新媒体的灵活性和趣味性,在宣传中开发更多互动性、奖励性的环节。例如:转发信息免费送门票或赠品,通过设定奖品来吸引关注的同时助力宣传;开发游戏,虚拟历年展会情况,通过"闯关"游戏让受众了解展会,同时也给出一定激励;设置信息分享,转发展会相关推文至朋友圈,集赞获取门票或纪念品等。总之,利用"一传十,十传百"的有创意的大众力量进行宣传,可以大大降低展会的宣传成本,同时也能提高受众的接受程度。

二是关注新媒体广告的效果反馈。对新媒体广告的重视不仅在于投放力度大小,更在于对新媒体广告效果的掌控。对新媒体广告,应建立一个及时、完整的评价体系,从而实现对广告效果的监控以及对广告策略的修正。例如:了解媒体工作人员与展会的主办方沟通是否顺畅,主办方是否将想推送的信息、资讯、活动准确地传达给媒体;了解受众关注展会的媒体渠道;了解不同新媒体广告给他们留下的印象;等等。通过调查,不仅可以了解本次新媒体广告的效果,而且为下一届展会的筹备提供建设性的意见。

三是合理规划新媒体广告的投放组合形式。在投放周期上,应根据展前、展中、展后的不同时段进行差异化设计,如展前应以户外新媒体广告为主,提高展会知名度,展中应以互联网和手机新媒体广告为主,提供实时资讯,展后则以手机新媒体广告为主,做好信息反馈和调查。同时,在受众群体上,应针对不同展会目标受众的特点,合理整合多种新媒体广告的推送时间和频率,以实现展会信息的结构化输出。

(资料来源:《中国商论》2019年第5期,作者:何瀚林。)

需要指出的是,会展营销传播单靠某一种传播手段是很难获得成功的,办展机构必须有效地整合包括广告、新闻宣传、营销公关、直复营销、新媒体等在内的多种传播手段,使之发挥"协同效应",共同对目标客户产生影响,才能达成最佳的传播效果。

关于会展广告和会展新闻宣传,我们已在本书第八章的第二节、第三节分别进行了详细介绍,故本节仅介绍会展整合营销传播的另外三个重要手段,即直复营销、销售促进和营销公关。

(一)直复营销

美国直复营销协会对直复营销(Direct Marketing,DM)所给出的定义为:"借助于一种或多种广告媒体,以在任何地点产生可度量的反应或达成交易的互动营销体系。"直复营销包括人员销售(Personal Selling)、直接邮购(Direct Mail Marketing)、电话营销(Telemarketing)、电视营销(Television Marketing)、网络营销(Internet Marketing)等多种形式。

无论是哪种形式的直复营销,都包括以下几个步骤(见图10-3)。

直复营销最大的好处是"零级销售渠道",即商品销售无须经过代理商、经

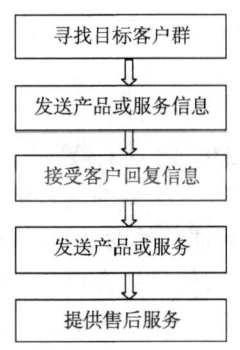

图 10-3 直复营销的流程

销商等中间环节,可以一路直奔终端客户处。企业不仅可以节省大量的中间流通费用,而且可以与终端客户零距离沟通,从而更直接地了解客户需求,并为其提供更具针对性和个性化的产品或服务。

具体到会展营销,最常见的直复营销形式包括以下四种:

1. 人员销售

人员销售是一种人际传播过程。通过销售人员面对面地与客户沟通,了解客户需求,便于直接促成其行为反应;可以及时解决异议;更为重要的是,可以使双方建立起一种长远的利益关系。人员销售可以与广告活动密切配合:广告引起潜在客户的注意或购买欲望,为人员销售做好铺垫;销售人员通过面对面的讲解、演示以及答疑解惑,促使客户采取购买行为,推动广告的传播效果。

人员销售是主要的会展营销方式之一。办展机构的销售人员通过登门拜访,与目标客户进行面对面的沟通,向其宣传和推介会展项目,促进招展与招商。人员销售有利于增强目标客户对会展项目的了解和认知,同时易于使目标客户感到亲切和受到重视。但鉴于运行成本较高,因此在实际操作中,办展机构往往针对较为重要的 VIP 客户采取此形式进行促销。

2. 直接邮寄

直接邮寄是通过收集、整理、筛选潜在客户名单,确定符合条件的客户群,然后利用产品目录、传单、直邮广告等媒体,主动将信息传达给客户,以激起他们的购买欲望;又或借助推广资料上令人眼花缭乱的各种优惠或促销,吸引客户立即回复。直邮依赖于信息强大的客户数据库,因此有人将其称为"数据库营销"。

直邮是展会最常采用的宣传推广方式之一。办展机构直接向目标客户邮寄展会的各种宣传资料如招展函、观众邀请函、宣传单、门票等,简单易行、成本较低、针对性强且效果较好。不过对办展机构而言,直邮数量如果过于庞大,也将成为一笔不小的开支。因此,直邮时应尽量找准目标客户群,提高直邮针对性,以避免不必要的浪费。

3. 电话营销

电话营销是通过电话向目标客户推荐产品,回答咨询,提供与销售有关的服务。电话营销的核心内容是推广产品的语言组织和语言表达。通常,训练有素的电话营销员(大部分是声音甜美的女性)会在电话的那一端,用精心设计的考究语言,井然有序地介绍产品,使目标客户产生购买欲望。

电话营销也是办展机构进行招展、招商的常用方式之一。因其具有省时、省力、省费、沟通快速等特点,现已成为最主要的招展(或招商)手段。建立并完善以电话营销为基础的营销模式,已成为会展营销活动能否成功的必要条件。

4. 网络营销

互联网的飞速发展改变着人们的购物习惯和沟通方式,这为网络营销提供了广阔的天地。网络营销在提高企业形象、增强品牌知名度、吸引目标客户等方面显示出了其他传统媒体所无法比拟的优势,已成为现代企业营销的重要方式之一。目前,会展网络营销的主要方式有:建立展会官网、发放电子广告、邮件群发、交换链接等。关于会展网络营销的知识,本章第三节将详细讲解,此处从略。

(二)销售促进

销售促进(Sell Promotion,SP)是指以刺激目标客户购买或销售代理商经销为目的的一切短期激励手段。其突出特点是具有较强的激励性、明显的邀请性,旨在促进短期销售和刺激即期购买。

如果说广告使消费者对产品产生兴趣,那么,SP就是将消费者的兴趣直接转化为购买行动。为此,企业开展市场营销活动时常常将广告宣传与销售促进配合使用——二者互补联动,常能达到意想不到的营销效果。

销售促进在消费品市场营销中被广泛采用。近年来,随着我国会展市场竞争的日趋激烈,越来越多的办展机构认识到销售促进在招展、招商中所发挥的立竿见影的效果,并开始大量使用。

会展营销中的销售促进分为以招展代理商为对象的销售促进和以终端客户为对象的销售促进。

1. 以招展代理商为对象的销售促进

招展代理商是会展营销渠道的中间环节,其主要职责是进行展位销售。招展代理商的工作成效直接决定会展营销的效率,因此,主办方应做好对招展代理商的SP,协助其更好地销售展位,激励其多销、快销,同时对招展代理商的销售成果进行物质奖励和有效激励,进而促进会展市场的开发。具体方式包括:

对招展代理商的工作提供业务支持、配合代理商进行招展宣传、建立科学的佣金管理制度、加强对代理商的培训等。

例如,为激励代理商多销展位,主办方会提供佣金累进折扣,即按照一定时期内代理商累计销售展位数量或面积给予其代理佣金。累计销售展位的数量越多或者面积越大,佣金比例就越高,以此激励招展代理商的工作积极性。

2. 以终端客户为对象的销售促进

以终端客户为对象的销售促进旨在鼓励参展商持续参展或者多订购展位。针对展位销售促进的基本方式有两类:一是根据客户类别、付款时间等因素确定不同的展位价格;二是根据单次认购或累计认购面积,给予参展商一定比例的优惠。当然,除上述两种方式外,办展机构还可根据自身条件进行销售促进,以达到更好的展位销售效果。如2010年5月举办的"第四届上海国际室内供暖、通风及净化展览会",正值世博会举办之时,组委会特别承诺将为参展商免费提供世博会参观门票,用上海世博会的影响提高展会的吸引力。

(三)营销公关

营销公关(Marketing Public Relations)也是整合营销传播的重要工具之一。广告以培养消费者对品牌的长期忠诚为主旨,销售促进以促进短期销售和刺激即期购买为主旨,营销公关则以塑造和提升企业在社会、公众心目中的形象为主旨,三者互为补充,相辅相成。

就会展营销而言,营销公关是指办展机构利用各种传播手段与公众沟通感情,旨在塑造和提升会展项目的公众形象。与其他整合营销传播手段相比,营销公关具有促销动机隐蔽、促销成本低、具有高度可信性并能消除公众防卫心理等特点。会展营销公关的常见类型包括以下几种(见图10-4)。

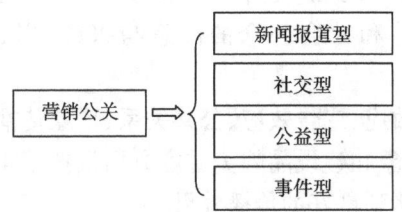

图10-4 营销公关的常见类型

1. 新闻报道型

新闻报道型指会展主办方和新闻媒体合作,通过消息、快讯、深度报道、开辟专栏等形式对会展活动进行宣传。同样是向目标客户传达信息,区别于广告的张扬与自夸,新闻公关的表现方式显得客观、公正,更易打动目标客户。

2. 社交型

办展机构通过策划和实施一些能够引起公众注意的公共关系活动,达到会展宣传与推广的目的,具体方式有客户联谊会、答谢会、开幕式、周年庆典活动等。成功的公关活动不仅能持续提高会展品牌的知名度和美誉度,而且能提升客户的满意度和忠诚度,最终促进会展营销。

3. 公益型

办展机构通过捐款捐物、慈善活动、义卖等方式对社会公益事业进行赞助,通过打造良好的公益形象来提升会展项目的知名度和美誉度。在实施公益型公关时,需借助大众媒体的力量对此进行正面报道,以达到更好的宣传会展品牌形象的目的。

例如,2016 年第 14 届北京国际汽车展览会首次推出公益板块,在展馆入口处专门开辟 400 平方米的空间,特别设立"星光溢彩"公益专区,展出了 30 余幅自闭症儿童的绘画作品以及画作的艺术衍生品。此次公益活动旨在以绘画等艺术手段为自闭症儿童进行康复训练,并对这些画作进行义卖,所得善款用来帮助自闭症患儿的家庭减轻一定的经济负担,同时也能够体现自闭症患者的社会价值。"星光溢彩"公益专区不仅为车展本身增添特色,而且让自闭症患者等特殊群体感受到来自社会的温暖。该活动得到了新华网、凤凰网、新浪汽车等众多媒体的广泛报道,在推动公益发展的同时也提升了展会的品牌形象和社会美誉度。

4. 事件型

事件营销(Event Marketing)是近年来国内外非常流行的一种公关传播与市场推广手段。事件型公关是指办展机构通过策划、组织和利用具有名人效应、新闻价值以及社会影响力的人物或事件,通过制造有"热点新闻"效应的事件,吸引媒体和社会公众的注意与兴趣,以达到传播会展品牌形象的目的。

事件营销集新闻效应、广告效应、公共关系、形象传播、客户关系于一体,在市场推广、树立品牌形象和建设品牌美誉度方面发挥了重要作用。会展营销活动利用事件营销亦能达到良好的传播效果。

第三节 会展网络营销

随着互联网技术的发展与普及,利用网络进行会展项目的市场推广及品牌建设已在会展营销活动中得到了广泛应用。与传统营销模式相比,网络营销具有发展前景广阔、不受时空限制、交互性强、营销成本低等特点,已成为数字经济时代一种全新的营销理念和营销模式。

一、网络营销的定义与特点

(一)网络营销的定义

网络营销是以互联网为基础,利用数字化的信息和网络媒体的交互性来辅助营销目标实现的一种新型的市场营销方式。[①] 换言之,网络营销是以客户为中心,以互联网为主要手段,为实现企业营销目标而开展的一系列活动,包括市场调研、网站策划与建设、网站优化、网络广告、网络推广等各项工作。

(二)网络营销的特点

网络营销作为一种全新的营销理念,其飞速发展的背后依靠的是传统营销模式所不具备的一些鲜明特点,主要表现为以下几方面。

1. 良好的发展前景

2019年2月,中国互联网络信息中心(CNNIC)发布了《第43次中国互联网络发展状况统计报告》。据该报告统计,截至2018年12月底,我国互联网用户数达到8.29亿,互联网普及率为59.6%,其中手机网民规模达8.17亿,网民通过手机接入互联网的比例高达98.6%。巨大的上网人数带来了巨大的商机。通过网络寻找客户、寻找需要的产品已经成为一种习惯。网上巨大的消费群体特别是企业的商务习惯变化,给网络营销提供了广阔的空间。

2. 突破传统营销模式对时间和地域的限制

相比于传统营销模式,互联网跨时空信息交换的特点使企业进行24小时全球营销成为可能,随时随地与客户沟通,不再受时间和地域范围的限制。

3. 一对一的人性化营销

区别于传统营销模式的一对多、单向的信息传播,依靠互联网的交互性,网络营销可以轻松实现供需双方的互动与沟通,而且这种营销模式是一对一的和个性化的。同时,由于避免了推销员强势推销的干扰,网络营销也具有了非强迫性的特点,因此也更加人性化。营销人员通过网络向客户提供信息并与之进行交互式沟通,达到与客户建立长期良好关系的目的。

4. 营销成本更低

网络营销的低成本主要表现在两个方面。其一,广告费用更低。相对于在报纸、电视等传统媒体投放广告,建立并维护企业官方网站的成本非常低。其二,沟通费用更低。通过电子邮件与客户沟通,不仅减少了印刷方面的支出,而且也大大降低了以往通过电话、信函等方式沟通的成本,降低了由于迂回或多次交换带来的损耗。

---

① 摘自百度词条 http://www.baidu.com。

5. 营销效率更高

互联网具有随时更改信息的功能,企业可以根据经营决策的变化、市场供求的变化以及目标客户的变化,及时更改或补充商品信息,调整报价,或者将最新的产品信息及时传达给目标客户。同时,通过网络营销,可以实时接收客户的反馈,及时与之进行有效沟通,或利用交互技术直接回答客户提出的疑问,实现一对一的、直接的市场营销。

二、会展网络营销的主要形式

办展机构利用互联网传播范围广、信息容量大、时效性强、信息交互性强以及成本低廉等优势,开展网络营销,进行会展项目的市场推广与品牌建设。目前会展网络营销的常见方式包括以下几种。

(一)建立展会的官方网站

官方网站是办展机构为目标客户提供了解展会、参加展会以及评价展会的信息沟通平台。通过官方网站发布展会信息和提供展会动态,一方面是对展会进行有效的宣传与推广,另一方面为目标客户提供便利,例如,参展商和观众可在官方网站上办理展位申请、参观预约登记、证件申办等多种业务。

图10-5是2019年第25届中国义乌国际小商品博览会的官方网站,该网站设计有简体中文、繁体中文、英语、西班牙语、阿拉伯语、法语等9种文字和语言,方便目标客户浏览。同时将"参展商入口""采购商入口""客服中心""资讯""义博会概况"等栏目设计在首页最醒目的位置,并在这些栏目下编排有针对性的内容,例如,在"参展商入口"栏目下,设计了"如何参展""参展服务""各类下载""企业推广""海外展专区"等子栏目,便于客户获取期望得到的有关信息与服务(见图10-6)。同时,提供"网上博览会"服务,使一些客户不出家门也能在线参观展会。

(二)投放电子广告

办展机构在建立官方网站作为发布展会相关信息的权威平台外,还经常在目标客户浏览量比较集中的网站投放展会的电子宣传广告,以达到吸引目标客户关注与浏览的目的。鉴于大部分展会的专业化程度较高,办展机构往往选择专业性网站,以提高电子广告投放的针对性。

图10-7为"阿里巴巴展会网"的网页截图。在该网页的正上方和左侧均滚动显示"第10届中国国际五金电器博览会"的广告信息,包括展会名称、LOGO、举办时间、地点以及联系电话等。尽管"阿里巴巴展会网"的浏览量不及我们熟知的一些门户网站,但在会展网站中具有一定的影响力,且其目标客户相对集中,通过在网站页面投放展会电子广告,可以对招展和招商起到很好的宣传效果。

第十章 ◎ 会展营销新方式

图10-5 "第25届中国义乌国际小商品博览会"的官方网站

图10-6 "参展商入口"栏目下分设的不同内容

(三)邮件群发

群发邮件已成为会展行业使用最为频繁的营销工具之一。电子邮件具有传输信息量大、传递速度快、成本低且内容易于保存等特点,办展机构通过向会展数据库中的客户和准客户大量发送邮件,广泛地宣传和推介展会,以低成本

图10-7 "阿里巴巴展会网"的网页截图

的方式实现营销目标。需要注意的是,群发邮件的内容中应包括展会的信息和链接,同时,语言应生动、简洁、有吸引力。

办展机构进行群发邮件时,可以采取租用电子邮件地址数据库的方法,通过从出租经纪人处或直接从拥有数据库的公司处租用电子邮件数据库地址,大量发送宣传邮件,扩大会展目标客户群。需要注意的是,这些公司或组织的出租行为必须事先征得其订户或会员的同意,同时,数据必须符合会展宣传与推广的需要。

(四)交换链接

交换链接也称友情链接、互换链接等,是一种与展会有直接或间接关系的公司或个人交换网站链接的简单合作形式,以达到互相推广的目的。交换链接也是会展网络营销的常见方式之一。

例如,"中国鞋网"是中国鞋类行业网络媒体中最具知名度与影响力的网站,通过和多个展会项目合作,设置交换链接。图10-8是"中国鞋网"的网页截图,在该网页的显眼位置设有"第16届上海国际鞋业博览会""2019广州国际鞋机鞋材皮革工业展"等展会的链接,网站浏览者可直接点击进入对方的官方网站。同样,对方网站也设置了"中国鞋网"等的相应链接,这就起到了互为宣传的作用。

第十章 ◎ 会展营销新方式

图10-8 "中国鞋网"的网页截图

知识链接

"线下+线上"会展模式与"线上+线下"会展模式

传统会展和网络展览的融合已经成为会展业发展的必然趋势。"线下+线上"会展模式是指一些实体展会利用互联网构建网上展示平台,作为自己线下展会的补充,如网上广交会、网上义博会等,使观众足不出户就可以浏览、参观展会。"线下+线上"会展模式融合了网络展览和实体展览,它的发展方向是从线下到线上,线下为主、线上为辅。

与"线下+线上"会展模式相对应的,目前我国会展领域还出现了"线上+线下"会展模式,不过这种模式的发起者不是实体会展公司,而是长期扎根于网络的电子商务公司。该会展模式由线上业务和线下业务两部分组成。线上业务主要改进原有的电子商务平台,向专业化网络展览平台过度;线下业务主要是依据自身网络平台收集的大量行业信息,了解市场需求与动态,寻找适合办展的领域和主题,举办线下实体展会。

"线上+线下"会展模式在我国首现于2008年。当年网盛生意宝公司宣布涉足线下会展业,并投资1 000万人民币在上海成立了实体会展公司"网盛会展"。该公司于2008年12月携手中国贸促会化工行业分会在上海成功举办了"2008中国国际精细化工展",这是国内互联网企业首次举办全球性专业展会,也是网盛首度突破 B2B 线上服务,进军线下 B2B 会展领域。时隔一年,该公司又在上海举办了"2009 中国国际精细化工展",展会规模超过欧美等同类精细化工展,成为世界精细化工领域规模最大的专业展览会。国内电子商务巨头阿里巴巴也从 2008 年开始将触角伸向会展业。不仅在同年 8 月推出了网上博览会系统,实现了几百万客商同时登陆贸易通,在线进行商务洽谈和交易的壮举,而且在线下成立了阿里会展有限公司,并于 2009 年分别在广州、杭州、成都成功举办了三届网货交易会(简称"网交会")。除了网盛生意宝、阿里巴巴公司以外,慧聪网、环球资源和中国制造网等 B2B 电子商务上市公司,也都已涉足线下会展业,以线上"虚拟展会"加线下"实体交易会"的虚实互补方式,为展会带来充沛的人脉和企业资源,同时帮助网络客户实现快速发展。

三、会展网站建设

(一)会展网站的主要构成

会展网站是办展机构发布会展信息的权威平台。目前国内大多数展会都有自己的官方网站,展会可在自己的网站做广告,还可将网站开发成交互式的电子商务平台,参展商和观众可以直接在网站上办理各种业务。

会展网站的主要构成包括展会介绍、相关信息发布、行业资讯、展商服务、观众服务、媒体中心、联系方式等栏目。除此之外,添加互动系统也是目前会展网站构成的重要部分。互动系统一方面可用于办展机构和网站浏览者之间的直接信息交流,如网上答疑、满意度调查等;另一方面可用于网上交易,如网上预订展位、网上支付等。前文提到的"第 25 届中国义乌国际小商品博览会"官方网站就是很好的例子,读者可结合图 10-5(该展会官方网站截图)一并理解和学习。

(二)会展网站的设计原则

会展网站的重要商业功能决定了网站在设计时应遵循以下原则。

1. 风格简洁稳重

会展网站是供目标客户了解相关信息并进行有效沟通的平台,主办方在网站设计上应力求体现简洁、稳重的风格。与展会主题无关的信息务必要删除,同时,会展网站的整体布局和色调搭配也应避免过于花哨。

2. 内容详尽权威

会展网站是主办方发布会展相关信息的权威平台,对大多数参展商和观众而言,浏览会展网站是其了解展会、决定是否参展、参观的重要途径。因此,会展网站的内容应尽可能详尽全面,当其他媒体宣传信息和会展网站信息有出入时,应以会展网站信息为准。

3. 功能简单实用

主办方建设会展网站的根本目的是为展会的组织、招展、招商和管理服务,会展网站的功能以满足需求为准,不需要面面俱到。同时,会展网站的栏目设置避免过多,且注意脉络清晰,使网站浏览者能够快速查询所需信息,提高工作效率。

知识链接

会展网站设计的注意事项

1. 首页设计要简洁

没有必要做成大篇幅的动画,因为并非所有上网的人都能正常浏览动画,且动画下载占用时间较长,尚未看到具体的内容就让人失去耐心,这样做有悖网站建设的初衷。但建议在有可能的条件下尽量采用多语言版本,以吸引境外展商与观众,增强其对展会的了解,同时也是展会走向国际化的必然。

2. 展会介绍要全面

应从展会的历史、成长、规模、优势、特色、行业地位、媒体评价、荣誉及诚信等方面,配以照片多层次、多角度地进行宣传与推介。需要注意的是,对公司理念之类用于内部营销的内容,无须过多介绍。

3. 会展产品及办事内容要详细

要将会展项目的名称、举办时间、场馆、主承办单位、参展范围、以往实况照片、具体参展报价、相关参展办理流程以及与展商紧密关联的《参展商手册》等详细资讯放在网上。一些展会的主办方出于竞争或保密等原因,上述内容在网站上显示得不够完整、详尽,这样做并不利于展会的组织管理工作。

4. 要提供联系方式

建议将办展机构各相关部门及具体负责人,如招展部门、现场办理部门、货物租赁部门、各地招展招商代理机构、客服中心等详细的联系方式通过网站显示出来,便于参展商或采购商需要提供服务时能够及时联络、沟通。

5. 具备下载和打印功能

网站上公开发表的照片、文章、表单、说明书等资料,应具备下载和打印功能,便于浏览者在网下研究会展项目,增加招展、招商的机会。

对于其他的栏目,主办方可按照自身的需求进行个性化设计。需要注意的是,真正有意向参展或参观的展商或观众都非常注重实效,而不会对网站是否花哨评头论足。因此,网页的美工制作只要做到恰如其分地表现即可,没必要搞得过于花哨。

(资料来源:黄彬:《展览网站建设与展览营销》,人民网,2010 年 7 月 18 日。)

本章小结

本章选取了近年来会展营销实践中较具代表性的营销理念与营销方式,即会展客户关系管理、会展整合营销传播和会展网络营销,分别进行了深入系统的介绍。

会展客户关系管理是一个将客户信息转化为客户知识,再通过高影响的客户互动将客户知识转化为客户关系,最终形成客户忠诚的循环过程。会展客户关系管理的内涵包括以下三方面:第一,体现"以客户为中心"的营销思想;第二,强调"关系也是一种资产",对会展客户关系的管理实质上是对办展机构战略资产的管理;第三,实现会展客户关系管理的手段是 CRM 应用软件系统。

会展整合营销传播是指办展机构统筹运用多种营销传播手段,以特定的目标客户为传播对象,传达基本一致的营销信息,促进联系和沟通的系统传播活动。会展整合营销传播的主要手段包括广告、直复营销、营销公关和销售促进等。办展机构对会展项目进行商业包装和市场推广时必须遵循整合营销传播的思想。

网络营销具有发展前景广阔、不受时空限制、交互性强、营销成本低等优势,已成为数字经济时代的一种全新的营销模式,并在会展行业得到广泛应用。建设官方网站是会展网络营销的重要方式。作为发布会展信息的权威平台,会展网站设计时应遵循风格简洁稳重、内容详尽权威、功能简单实用的原则。

 习题

一、名词解释

会展客户关系管理　　会展整合营销传播　　会展网络营销
事件营销　　　　　　直复营销　　　　　　营销公关

二、简述题

1. 简述会展客户关系管理的内涵。
2. 简述会展整合营销传播的特点。
3. 会展直复营销的主要形式有哪些?

4. 办展机构如何进行营销公关？
5. 会展网络营销的主要形式有哪些？
6. 简述会展网站的设计原则。

三、论述题

1. 试述当前我国本土会展企业客户关系管理实施的现状及存在的主要问题。
2. 会展整合营销传播的主要手段有哪些？各有何特点？